현장에서 通하는

채무자회생법 실무

천기문 저

 # 머리말

　채무자회생법은 제1조(목적)에서 시작하여 제660조(과태료)를 마지막 조문으로 끝맺음하고 내용 측면에서 큰 틀은 4개편으로 구성됩니다. 현행법은 구 회사정리법, 화의법이 규율하던 내용을 회생, 파산, 개인회생에 관하여 각각의 개별법이 아닌 1개의 법률로 3개의 절차를 동시에 규율하고 있습니다. 제1편 총론은 나머지 3개의 절차에 공통으로 적용되는 통칙적인 조문으로 구성되어 있고 그 다음으로 회생절차(제2편)가 파산절차(제3편), 개인회생절차(제4편) 이어집니다.

　회생, 파산, 개인회생 절차가 채무자의 정상적인 변제가 어렵다는 여건 하에서 그 회생과 공정한 배당을 목적으로 한다는 점에서 공통점을 가지고 있는 관계로 3개의 절차를 규율하는 법규는 각 절차의 개별적 특성으로 말미암은 차이점도 있지만 공통되거나 유사한 내용을 포함하는 경우도 다수 있습니다.

　또한 신용회복절차 또는 채권기관의 자율적 채무조정 절차와 달리 채무자회생법의 채권조정절차는 법원에서 진행된다는 점에서 차이가 있습니다. 이런 특성으로 인해 법원에서 인정된 채권은 확정판결과 같은 효력이 부여되고 그것을 통하여 통상 소송절차를 경유하지 않고 집행권원을 확보할 수 있는 길이 열려 있어 채권관리의 편의성이 제고되고 있기도 합니다.

책의 구성은 법률 순서대로 회생절차 먼저 시작하려 하였으나 신용보증재단중앙회 강의시 수강생들의 의견을 반영하고 초급자들의 편의를 위해 현업에서 빈번하게 발생하는 개인회생절차, 파산절차, 회생절차 순서로 편집하였습니다. 글의 전개방식은 채무자회생법의 조문을 기본으로 하여 실무자들이 조문과 본서의 내용을 쉽게 비교할 수 있도록 하고 관련 조문을 내용마다 표시하였습니다. 또한 책의 지향점이 실무자들의 전반적 이해와 업무의 보조자료 역할이면 충분하기에 저의 경험과 지식 너머에 있다고 판단되는 영역은 과감하게 생략하였습니다.

　현업에서 활동하는 종사자분들께 작은 도움이 되기를 희망하며, 경험과 지식의 일천으로 발생되는 오류나 착오부분은 깊이 혜량해 주시기를 바랍니다.

　마지막으로 서울신용보증재단 한종관 이사장님, 응원해 주신 전국 보증재단 실무자들 그리고 2019년 강남지점 팀원들께(한윤미, 김용기, 김성민, 김동환, 박다미) 감사를 표합니다.

추천사

회생업무 담당자에게 이정표가 될 것으로 기대

　최근 몇 년 사이, 서울신용보증재단을 비롯한 공적 금융지원기관의 채권 관리 패러다임은 크게 변화해 왔습니다. 기존에는 공적 재원 관리를 위한 채권 회수에 초점을 두었다면, 지금은 채무자의 건전한 재기 지원에 그 가치를 두고 있습니다. 즉, 재단의 채권 손실을 최소화하면서도 채무자가 다시 일어설 수 있도록 새로운 기회를 열어주는 것이 채권 관리의 핵심이라 하겠습니다.

　이를 위해 가장 기본적인 것이 바로「채무자 회생 및 파산에 관한 법률(약칭 '채무자회생법')」입니다. 법조문에도 명시되어 있듯 채무자회생법의 목적은 채무자 또는 그 사업의 효율적인 회생을 도모하는 것입니다. 따라서 변화된 패러다임에 부합하는 채권 관리를 위해서는 채무자회생법에 대한 이해가 반드시 선행되어야 합니다.

　이러한 맥락에서 이번에 새로 발간된 천기문 이사의 '현장에서 통하는 채무자회생법 실무'는 채권 관리 현장의 실무 담당자들에게 더없이 귀중한 자료가 되어줄 것입니다. 시중에 비슷한 주제를 다룬 책들이 많지만, 대부분 학문적 관점에서 접근하거나 법률 전문가를 대상으로 하여 아무래도 업무에 활용하기에는 한계가 있는 것이 사실입니다. 그러나 이 책은 법률적 지식을 종합적으로 아우르면서도 실무 적용 포인트를 놓치지 않고 있습니다. 현업에서 가장 빈번하게 접하는 개인회생, 파산, 회생의 순으로 구성하였을 뿐만 아니라, 법조문에 대한 이해를 토대로 각 절차별 특성과 유의사항까지 종합적으로 다루고 있기 때문입니다. 특히 각 장의 마무리 단계마다 확인문제를 통해 실무 적용능력을 더욱 향상시킬 수 있도록 구성하였습니다.

서울신용보증재단의 직원들을 포함하여 채무자 회생지원의 현장에서 더 나은 길을 찾고자 하는 실무자들에게 이 책이 훌륭한 이정표가 되리라 확신하며, 각고면려(刻苦勉勵)의 자세로 또 한 권의 훌륭한 책을 집대성하신 천기문 이사님의 남다른 열정에 찬사를 보냅니다. 감사합니다.

서울신용보증재단
이사장 **한 종 관**

전국 보증재단 실무자들의 기대평

■ '채무자회생법'을 법리적 해석에 충실하면서도 실무적 관점에서 현장에서 바로 통(通)할 수 있게끔 설명하여 채권관리 담당자들뿐만 아니라 일반 대중들도 채무자회생제도를 이해하는데 큰 도움을 주리라 생각됩니다. 채권관리 실무팀장과 노동이사 역할 수행으로 바쁜 와중에도 좋은 책을 쓰시느라 수고 많으셨고, 출간을 축하 드립니다. *(서울신용보증재단 김용기 차장)*

■ 첫 번째 "사건유형별 채권관리사례"도 실무에서 교본처럼 잘 사용하고 있는데 두 번째 채무자회생법도 너무나 기대됩니다. 실무에서의 경험과 사례 그리고 법률이 종합적으로 정리되어 너무나 유용했는데, 이번 책도 초심자 및 종사자에게 무척 도움이 되기를...... *(강원신용보증재단 류수정 대리)*

■ 두서없고 막연했던 내용이 깔끔하게 정리되고 재단중앙회에 강의시 들으며 가슴에 와닿는 사례가 생생하네요. 잇템 실무교본이 되기를 희망합니다. *(전남신용보증재단 김경묵 계장)*

■ 내가 아는 단 하나 존재하는 채무자회생 실무자용 학습교재! 문제발생시 이 교재를 통해 해결 끝! *(대전신용보증재단 한재협 대리)*

■ 바쁜 일상 가운데 실무자용 채무자회생 교재를 출간을 축하합니다. 회생지원 업무에 큰 도움이 될 것 같습니다. 이번에도 현장에서 통하는 실무저서가 되길 기대합니다. *(대구신용보증재단 박선미 과장)*

■ 시중에 있는 전문서적으로는 초급자 관점에서 이해하기 어려운 부분들을 강의시 사례와 연계하여 잘 정리해주셔서 큰 도움이 되었습니다. 현장에 일하는 직원들에게 일독을 권하고 싶습니다. *(울산신용보증재단 추화랑 대리)*

■ 채무자회생을 접하는 방법이 단순한 이론에 그치지 않고 다양한 실무경험을 바탕으로 한 시각이 반영된 새로운 첫 걸음이 되기를 바라며....... 채권관리 담당자를 위한 교과서가 되었으면 합니다. *(전북신용보증재단 강성기차장)*

■ 채무자회생이 사후관리의 핵심파트라고 생각합니다. (개인)회생·파산 등 채무자회생에 관한 실무교재의 출간은 현업에 종사하는 사람들에게 유용한 길잡이가 될 것으로 보입니다. *(경북신용보증재단 허수창 과장)*

■ 업무하면서 항상 곁에 두고 참고해야 할 책이 아닐까 싶네요! 한 번보고 덮을 사람은 없을 것 같습니다. 출간을 진심으로 축하드립니다.
(전남신용보증재단 김승현 차장)

■ 현장에서 통할 수 있는 서적을 이제야 접할 수 있어 설레입니다. 궁금한 것이 있을 때 여기저기 찾아봤는데 이 책을 계기로 문제해결을 위한 시간이 많이 단축 될 듯합니다. 실무자 입장에서 감사드립니다.
(부산신용보증재단 황지현 계장)

■ 짙은 바닷길, 험한 물길 이끄는 등대처럼 현장이라는 짙은 바다를 훤히 밝혀주는 서적이 되어 실무자 및 관련 종사자분들께 도움이 되길 바랍니다.
(제주신용보증재단 오정석 주임)

목 차

제1편 총 칙 ··· 1

제2편 개인회생절차 ·· 11
   1. 통칙 ·· 13
   2. 개인회생재단, 개인회생채권 ································· 15
   3. 별제권 · 상계권 · 환취권 ······································ 24
   4. 부인권 ·· 27
   5. 개인회생절차의 신청 ·· 37
   6. 보전처분 등 ··· 40
   7. 개인회생절차의 개시결정 ······································ 42
   8. 개인회생채권의 확정 등 ·· 47
   9. 변제계획 ·· 56
   10. 절차폐지 및 면책 ·· 63
   11. 확인 문제(O, X) ·· 68

제3편 파산절차 ··· 71
   1. 파산신청 ·· 73
   2. 파산선고 ·· 75
   3. 법률행위에 관한 파산의 효력 ································ 80
   4. 파산절차의 기관 ··· 82
   5. 파산재단의 구성 및 확정 ······································ 84
   6. 파산채권 · 재단채권 ··· 91
   7. 배당 ·· 95
   8. 파산폐지 ·· 96
   9. 면책 ·· 97
   10. 확인 문제(O, X) ·· 105

제4편 회생절차 ········· 109

1. 회생절차개시의 신청 ········· 111
2. 채무자의 재산 보전(개시결정전) ········· 116
3. 회생절차개시의 결정 ········· 123
4. 회생절차개시결정의 효과 ········· 125
5. 회생절차의 기관 ········· 132
6. 부인권(채무자재산 확보) ········· 137
7. 기타 채무자재산 확보 ········· 150
8. 회생절차의 이해관계인 ········· 154
9. 회생채권자 목록 제출 등 ········· 171
10. 회생채권 등 조사, 확정 ········· 177
11. 회생계획안 제출 ········· 182
12. 권리변경과 변제방법의 내용 ········· 190
13. 관계인집회와 회생계획안의 심리와 결의 ········· 200
14. 회생계획안의 서면결의 ········· 203
15. 회생계획안의 인가 ········· 204
16. 회생계획 인가결정의 효력 ········· 212
17. 인가결정 후 관련 내용 ········· 221
18. 회생계획과 관련된 참고 판례 ········· 225
19. 회생절차의 폐지 ········· 227
20. 회생절차의 종결 ········· 230
21. 간이회생절차 ········· 231
22. 확인 문제(O, X) ········· 234

제5편 채무자회생 사례 문제 ········· 241

사례 1. (개인)회생인가결정 등에 대한 효력 ········· 243
사례 2. (개인)회생, 파산절차에서 미포함된 채권과 강제집행 ········· 249
사례 3. 법인회생절차에서 출자전환과 채무변제의 효력 ········· 253
사례 4. 금지명령문과 채무자 부동산에 대한 가압류 ········· 257
사례 5. 개인회생절차를 이용한 집행정본 취득 ········· 260
사례 6. 채무자회생절차에서 저당권자의 지위 ········· 264
사례 7. 개인회생채권자표의 효력과 청구이의 소 ········· 267

사례 8. 개인회생개시결정과 이행의 소제기 ············· 270
사례 9. 사해행위의 수익자에 대한 강제집행 ············· 273
사례 10. 미신고된 담보권에 기한 배당금 수령과 부당이득 성립 ········ 276

제6편 중요 결정사항 공고 例 ············· 279
1. 개인회생절차 개시공고 ············· 281
2. 개인회생절차 인가결정 후 폐지 공고 ············· 283
3. 개인회생 변제계획인가결정 공고 ············· 284
4. 개인회생채권 폐지결정 공고 ············· 285
5. 개인회생채권 이의기간 및 채권자집회기일지정공고 ············· 286
6. 포괄금지명령 ············· 287
7. 회생절차 개시결정 및 관계인집회 공고 ············· 288
8. 특별조사기일 및 제2,3회 관계인집회기일 공고 ············· 290
9. 회생계획 인가결정 공고 ············· 291
10. 회생절차 종결결정 공고 ············· 294
11. 회생절차 폐지결정 공고 ············· 295
12. 파산선고결정 및 면책이의신청기간 공고 ············· 296

제7편 법인 회생계획안 例 ············· 299

참고서적
▮ 회생사건실무 제3판(개정증보) 서울중앙지법 파산부

현 장 에 서 通 하 는 **채 무 자 회 생 법 실 무**

제1편

총칙

제1편 총칙

1. 채무자회생법의 의의 및 취지

재정적 어려움으로 파탄에 직면해 있는 채무자에 대해 채권자, 주주 등의 법률적 이해관계를 조정하여 회생을 도모하거나 채무자의 재산을 공정하게 하거나 배당하는 것을 목적으로 한다(법 제1조).

2. 외국인 등의 지위

외국인 또는 외국법인에 대해서도 내국인과 동일한 지위가 인정된다(법 제2조).

3. 재판관할

1) 전속관할

회생 등의 사건은 동 법에 의해 회생법원의 전속관할로 규정하고 있다(법 제3조). 그 결과 민사소송에서 인정되는 당사자의 합의관할이나 거동에 의한 변론관할이 인정되지 않는다.(*전속관할이란 공익적 요구에 따라 특정 법원만이 재판을 할 수 있도록 인정된 관할을 의미)

2) 주요 관할권 요약(제3조)

구 분		관 할
원칙	채무자의 보통재판적	회생법원(선택 可)
	채무자의 주된 사무소 등(법인)	
	채무자가 계속 근무하는 사무소 등(개인)	
예외	법인 채무자	각 회생법원 합의부
	상속재산	상속개시지 회생법원
	개인회생시 보통재판적 -> 강릉, 동해, 삼척, 속초시 등	춘천지방법원 강릉지원

3) 관련 사건이 있는 경우 관할

주채무자와 보증인, 채무자 및 그와 함께 채무를 부담하는자, 부부의 경우 그 중 일방의 회생사건이나 파산사건이 계속중인 경우 나머지 신청자에 대해서는 먼저 진행되고 있는 관련자 회생법원에 사건을 신청할 수 있다.

4) 회생법원이 없는 경우

현재 서울에서만 회생법원이 설립되어 있고 기타 특별시·광역 시도에는 회생법원이 설치되어 있지 않다. 그 결과 회생법원이 부재하는 곳은 지방법원 본원에서 회생 사건을 처리한다. 지방법원의 지원이나 시군법원에서는 회생사건을 원칙적으로 취급할 수 없다.

☞ 대구지방법원 OO지원, 시군법원은 회생 사건의 재판관할권이 없다.

4. 회생절차 폐지에 따른 파산선고

1) 의의

회생절차 계속중에 특정 사유로 동 절차가 폐지되는 경우 법원은 직권 또는 신청에 의해 파산원인이 존재하는 경우 파산절차로 진행을 선고할 수 있다(제6조).

2) 회생절차 폐지에 따른 파산선고 유형

구분	내용
회생계획인가 후 폐지 확정	파산원인 존재-〉 직권 파산 선고
(간이)회생절차 신청기각결정	파산원인 존재-〉 신청 또는 직권 파산선고 가능
인가전 폐지결정	
회생계획불인가 결정	

3) 파산선고에 따른 효과

구 분	파산에서 효과
회생절차개시 신청	파산신청
공익채권	재단채권
회생채권신고, 조사 등	파산채권조사, 신고
관리인 소송절차(중단)	파산관재인 수계
회생절차 처분, 행위	파산절차 처분, 행위로 유효

4) 판례

채무자 회생 및 파산에 관한 법률(이하 '채무자회생법'이라고 한다) 제6조 제1항, 제6항의 내용과 취지에 비추어 보면, 채무자에 대하여 회생계획인가가 있은 후 회생절차폐지의 결정이 확정되더라도 채무자회생법 제6조 제1항에 의한 직권 파산선고에 의하여 파산절차로 이행된 때에는, 채무자회생법 제6조 제6항에 의하여 파산관재인은 종전의 회생절차에서 관리인이 수행 중이던 부인권 행사에 기한 소송절차를 수계할 수 있고, 이러한 경우 부인권 행사에 기한 소송은 종료되지 않는다.[대법원 2015. 5. 29., 선고, 2012다87751, 판결]

5. 재판의 송달, 공고

1) 의의

회생절차에서 법원은 당사자의 이해관계를 고려하여 채권자, 주주 등에게 그 결정문을 원칙적으로 송달이나 공고의 방법으로 이해당사자에게 알린다. 다만 법은 그 결정 내용에 따라 공고, 송달, 송달에 갈음한 공고, 공고 및 송달의 유형으로 고지할 수 있는 방법을 다르게 하고 있다(제8조 내지 제11조).

2) 유형별 세부 내용

구 분	분류	세부 내용
송 달	송달 원칙	직권 송달
	송달 주소	신고 주소 (등기부, 주주명부 등 기 신고된 주소)
	우편 발송시	보통 도달할 수 있는 때 (교부송달 적용 ×)
	기재 사항	성명, 주소, 발송 연월일시
공 고	방 법	관보 또는 일간신문 게재
	효력 발생	관보게재 다음 날
	공고의 효과	모든 관계인에게 고지 효과
송달갈음공고	사유	송달장소 알기 어려운 경우

6. 즉시항고

1) 의의

법원의 결정, 명령에 대하여 신속하게 결정 등을 확정할 필요가 있는 경우에 불변기간내(1주 or 2주)에 제기하는 불복방법이다. 즉시항고 할 수 있다는 근거규정이 있는 경우만 가능하여 취소할 이익이 있는 한 언제든지 제기할 수 있는 통상항고와 구별된다(법 제13조).

2) 채무자회생법의 즉시항고와 다른 절차의 비교

구 분	채무자회생법	민소법	민집법
근거규정	필요	필요	필요
항고기간	공고 후 14일 이내	고지 1주 이내	고지 1주 이내
집행정지	원칙: 있음(예외 有)	원칙 : 있음	원칙 : 없음
기간의 성질	불변기간	불변기간	불변기간

3) 판례

① 즉시항고 근거가 없는 경우 특별항고 제기

채무자 회생 및 파산에 관한 법률 제33조는 "회생절차에 관하여 이 법에 규정이 없는 때에는 민사소송법을 준용한다."라고 규정하고, 제13조 제1항은 "이 법의 규정에 의한 재판에 대하여 이해관계를 가진 자는 이 법에 따로 규정이 있는 때에 한하여 즉시항고를 할 수 있다."라고 규정하고 있는데, 제627조는 "면책 여부의 결정과 면책취소의 결정에 대하여는 즉시항고를 할 수 있다."라고 규정할 뿐 면책취소신청 기각결정에 대하여는 아무런 규정을 두고 있지 아니하므로, 이에 대하여는 즉시항고를 할 수 없고, 민사소송법 제449조 제1항의 특별항고만 허용될 뿐이다.[대법원 2016. 4. 18., 자, 2015마2115, 결정]

☞ 특별항고란?
불복할 수 없는 결정이나 명령에 대하여 재판에 영향을 미친 헌법위반이 있거나 재판의 전제가 된 명령 규칙 처분의 헌법 또는 법률의 위반여부에 대한 판단이 부당하는 이유로 대법원에 제기하는 항고를 의미

② 즉시항고 사유의 판단시점

한편 개인회생절차폐지결정에 대하여 즉시항고가 제기된 경우, 항고심으로서는 그 속심적 성격에 비추어 항고심 결정 시를 기준으로 당시까지

발생한 사정까지 고려하여 판단하여야 하고, 필요할 경우에는 변론을 열거나 당사자와 이해관계인, 그 밖의 참고인을 심문한 다음 항고의 당부를 판단할 수도 있다(대법원 2011. 10. 6.자 2011마1459 결정 참조).

7. 회생절차의 고지 방법, 즉시항고, 집행정지 사항

● 주요 사건별 정리

구 분	송달/공고	즉시항고	집행정지
포괄적 금지명령	공고+송달(제46조)	가능(제45조)	부정지(제45조)
회생 개시결정	공고+송달(제51조)	가능(제53조)	부정지(제53조)
개시결정 취소	공고+송달(제54조)	-	-
부인의 청구 인용결정	송달(제106조)	이의의 소 (1월 내)	-
채권조사확정재판	송달(제170조)	-	-
서면결의 회생계획(불)인가	송달(제242조의2)	가능(제247조)	부정지(제246조)
관계인집회 회생계획(불)인가	공고(제245조)	가능(제247조)	부정지(제246조)
회생절차 종결	공고(제283조)	-	-
회생절차 폐지 결정	공고(제289조)	가능(제289조)	-
파산선고	공고+송달(제313조)	가능(제316조)	부정지(제316조)

☞ 실무상 관리사항

회생절차에서 채권자는 포괄적 금지명령, 개시결정문, 회생계획인가 결정문 송달받아 회생절차의 진행을 확인하고 채권신고, 의견서, 관련 문서제출을 실무적으로 한다. 그러나 채권신고가 누락, 지연되어 수령이 안 되는 경우와 회생절차의 종결, 폐지가 된 경우는 그 내용이 채권자에게 송달되지 않고 있어 채권관리자는 사후적으로 대법원 인터넷 사건 검색을 사용하여 정보를 확인 할 필요가 있다.

8. 회생절차와 등기 촉탁

1) 의의

 회생절차가 진행되면 회생절차의 안정과 그 내용의 공시를 위해 법원사무관은 일정한 사항을 법인 채무자에 대해서는 사무소를 관할하는 등기소에 그 내용을 촉탁하고 개인 채무자의 대해서는 채무자 소유의 등기된 권리가 있는 경우 회생절차의 개시나 보전처분의 등기를 촉탁하여야 한다(법 제23조~24조).

2) 주요 결정 등에 대한 등기 내용

 회생절차의 개시결정, 절차의 폐지, 회생계획안 인가결정은 관리처분권의 이전이 수반되고 회생계획안 인가결정은 권리변경이라는 중요한 법적 효과가 발생되어 공시의 필요성이 크다고 볼 수 있어 중요한 사건의 경우 촉탁에 의한 등기가 진행된다.

구 분	등기 사유	비고
법 인	회생개시결정(파산선고결정),	관리처분권 이전 권리변동 면책효력
	개시결정취소, 절차폐지, 회생계획 불인가	
	회생계획인가, 회생절차 종결	
	법인 재산에 대한 보전처분	법인 재산
개 인	회생개시결정	채무자의 등기된 권리
	채무자 재산의 보전처분 명령 등	

8. 소멸시효의 중단

1) 법 규정

회생절차 참가, 파산절차 참가, 개인회생절차 참가가 있으면 소멸시효가 중단된다. 다만, 신고의 취하나 신고의 각하결정이 있는 경우는 시효중단의 효과가 없다(법 제32조).

2) 판례

채무자 회생 및 파산에 관한 법률 제32조 제3호, 제589조 제2항은 <u>개인회생채권자목록의 제출에 대하여 시효중단의 효력이 있다고 규정하고 있고 그에 따른 시효중단의 효력은 특별한 사정이 없는 한 개인회생절차가 진행되는 동안에는 그대로 유지</u>되므로, 개인회생채권자목록에 기재된 개인회생채권에 대하여는 소멸시효의 중단을 위한 소송행위를 허용하는 예외를 인정할 필요가 있다고 할 수도 없다. [대법원 2013. 9. 12., 선고, 2013다42878, 판결]

9. 민사소송법 및 민사집행법 준용(법 제33조)

채무자회생법은 실체법적 내용과 소송법적 내용을 복합적으로 포함하고 있다. 가령 채권조사확정재판의 경우 별도의 소송절차로 제기하는 것이 아니라 간이·신속한 결정을 위해서 회생법원이 전속관할로 재판한다. 이 경우 소송절차에 대하여 명시적 규정이 있다면 채무자회생법의 절차를 따르지만 그렇지 않은 경우는 민사소송법이 보충적으로 적용된다.

현장에서 通하는 채무자회생법 실무

제2편

개인회생절차

제2편 개인회생절차

1 통칙

1. 개인회생절차의 의의

개인회생절차는 급여, 연금 등 정기적이고 확실한 수입을 얻을 가능성 있거나(급여소득자) 부동산임대소득, 사업소득 등의 수입을 장래에 계속적 또는 반복하여 얻을 가능성이 있는 개인(사업소득자)에 대하여 재기와 회생을 위한 절차를 말한다.

☞ 채무자회생법 제2편의 회생절차는 법인과 개인 모두에 적용되는 절차이나 제4편에 규정된 개인회생절차는 일정한 채무액을 한도로 하는 개인만이 신청할 수 있는 절차라는 점에서 차이가 있다.

2. 제1편 총칙 규정의 적용

제 1편의 관할, 즉시항고, 송달 및 공고, 소멸시효, 민사소송법 등의 준용 규정은 그 성질에 반하지 않는 한 개인회생절차에서도 공통적으로 적용된다.

3. 개인회생절차에서 사용되는 용어의 정의(제579조)

1) 개인채무자

파산의 원인인 사실이 있거나 그러한 사실이 생길 염려가 있는 자로서 다음 항의 금액 이하의 채무를 부담하는 급여소득자 또는 영업소득자를 말한다.

① 유치권·질권·저당권·양도담보권·가등기담보권·「동산·채권 등의 담보에 관한 법률」에 따른 담보권·전세권 또는 우선특권으로 담보된 개인회생채권은 10억원
② 제①항외의 개인회생채권은 5억원

2) 급여소득자
급여·연금 그 밖에 이와 유사한 정기적이고 확실한 수입을 얻을 가능성이 있는 개인을 말한다.

3) 영업소득자
부동산임대소득·사업소득·농업소득·임업소득 그 밖에 이와 유사한 수입을 장래에 계속적으로 또는 반복하여 얻을 가능성이 있는 개인을 말한다.

4) 가용소득
다음 ①의 금액에서 ② 내지 ④의 금액을 공제한 나머지 금액을 말한다.
① 채무자가 수령하는 근로소득·연금소득·부동산임대소득·사업소득·농업소득·임업소득, 그 밖에 합리적으로 예상되는 모든 종류의 소득의 합계 금액
② 소득세·주민세 균등분·개인지방소득세·건강보험료, 그 밖에 이에 준하는 것으로서 대통령령이 정하는 금액
③ 채무자 및 그 피부양자의 인간다운 생활을 유지하기 위하여 필요한 생계비로서, 「국민기초생활 보장법」 제6조의 규정에 따라 공표된 최저생계비, 채무자 및 그 피부양자의 연령, 피부양자의 수, 거주지역, 물가상황, 그 밖에 필요한 사항을 종합적으로 고려하여 법원이 정하는 금액
④ 채무자가 영업에 종사하는 경우에 그 영업의 경영, 보존 및 계속을 위하여 필요한 비용

2   개인회생재단, 개인회생채권

1. 개인회생재단

1) 의의

개인회생절차개시결정 당시에 채무자가 가진 모든 재산 등을 의미한다. 파산재단과 달리 일반 회생채권의 변제재원으로 사용되기 보다 법에서 규정한 재단채권의 우선변제를 위해서 사용된다는 점에서 파산재단과 구별된다.

2) 개인회생재단의 범위(제580조)

① 개인회생절차개시결정 당시 채무자가 가진 모든 재산
② 채무자가 개인회생절차 개시결정 전에 생긴 원인으로 장래에 행사할 청구권
③ 개인회생절차진행 중에 채무자가 취득한 재산 및 소득

2) 재단에 포함되지 않는 재산

① 범위

파산절차의 제383조에 정한 재산은 재단에 포함되지 않는다. 즉 압류할 수 없는 재산과 채무자의 신청에 따라 법원에서 인정한 최우선변제금 또는 6월간의 생계비는 재단재산에 포함되지 않는다.

> 제382조(파산재단) ① 채무자가 파산선고 당시에 가진 모든 재산은 파산재단에 속한다.
> ② 채무자가 파산선고 전에 생긴 원인으로 장래에 행사할 청구권은 파산재단에 속한다.
> 제383조(파산재단에 속하지 아니하는 재산) ① 압류할 수 없는 재산은 파산재단에 속하지 아니한다.

> ② 법원은 개인인 채무자의 신청에 의하여 다음 각호의 어느 하나에 해당하는 재산을 파산재단에서 면제할 수 있다.
> 1. 채무자 또는 그 피부양자의 주거용으로 사용되고 있는 건물에 관한 임차보증금반환청구권으로서「주택임대차보호법」제8조(보증금중 일정액의 보호)의 규정에 의하여 우선변제를 받을 수 있는 금액의 범위 안에서 대통령령이 정하는 금액을 초과하지 아니하는 부분
> 2. 채무자 및 그 피부양자의 생활에 필요한 6월간의 생계비에 사용할 특정한 재산으로서 대통령령이 정하는 금액을 초과하지 아니하는 부분

② 면제된 재산과 강제집행

면제되는 재산에 대해서는 개인회생절차의 폐지결정 또는 면책결정이 확정될 때까지 개인회생채권에 기하여 강제집행·가압류·가처분을 할 수 없다.

3) 재단에 대한 관리처분권

채무자는 개인회생재단을 관리하고 처분할 권한을 가진다. 다만 변제계획에서 다르게 정할 수 있다.

☞ 파산절차에서는 파산관재인에게 관리처분권 귀속되는 것과 차이가 있다.

> 제384조(관리 및 처분권) 파산재단을 관리 및 처분하는 권한은 파산관재인에게 속한다.

2. 개인회생재단채권

1) 의의

개인회생절차의 변제계획에 따라 변제하지 않고 개인회생채권보다 우선적, 수시 변제 받을 수 있는 채권을 의미한다.

2) 재단채권의 범위(제583조)

① 회생위원의 보수 및 비용의 청구권
②「국세징수법」또는「지방세징수법」에 의하여 징수할 수 있는 다음 각 목의 청구권. 다만, 개인회생절차개시 당시 아직 납부기한이 도래하지 아니한 것에 한한다.

> 가. 원천징수하는 조세
> 나. 부가가치세·개별소비세·주세 및 교통·에너지·환경세
> 다. 특별징수의무자가 징수하여 납부하여야 하는 지방세
> 라. 가목 내지 다목의 규정에 의한 조세의 부과·징수의 예에 따라 부과·징수하는 교육세 및 농어촌특별세

③ 채무자의 근로자의 임금·퇴직금 및 재해보상금
④ 개인회생절차개시결정 전의 원인으로 생긴 채무자의 근로자의 임치금 및 신원보증금의 반환청구권
⑤ 채무자가 개인회생절차개시신청 후 개시결정 전에 법원의 허가를 받아 행한 자금의 차입, 자재의 구입 그 밖에 채무자의 사업을 계속하는데 불가결한 행위로 인하여 생긴 청구권
⑥ 제1호 내지 제5호에 규정된 것 외의 것으로서 채무자를 위하여 지출하여야 하는 부득이한 비용

> ☞ 회생절차에서의 공익채권
> ① 회생채권자, 회생담보권자와 주주·지분권자의 공동의 이익을 위하여 한 재판상 비용청구권
> ② 회생절차개시 후의 채무자의 업무 및 재산의 관리와 처분에 관한 비용청구권
> ③ <u>회생계획의 수행을 위한 비용청구권</u>. 다만, 회생절차종료 후에 생긴 것을 제외한다.

④ 제30조 및 제31조의 규정에 의한 비용·보수·보상금 및 특별보상금청구권
⑤ 채무자의 업무 및 재산에 관하여 관리인이 회생절차개시 후에 한 자금의 차입 그 밖의 행위로 인하여 생긴 청구권
⑥ 사무관리 또는 부당이득으로 인하여 회생절차개시 이후 채무자에 대하여 생긴 청구권
⑦ 제119조제1항의 규정에 의하여 관리인이 채무의 이행을 하는 때에 상대방이 갖는 청구권
⑧ 계속적 공급의무를 부담하는 쌍무계약의 상대방이 회생절차개시신청 후 회생절차개시 전까지 한 공급으로 생긴 청구권
⑨ 회생절차개시신청 전 20일 이내에 채무자가 계속적이고 정상적인 영업활동으로 공급받은 물건에 대한 대금청구권
⑩ 다음 각목의 조세로서 회생절차개시 당시 아직 납부기한이 도래하지 아니한 것
    가. 원천징수하는 조세. 다만, 「법인세법」 제67조(소득처분)의 규정에 의하여 대표자에게 귀속된 것으로 보는 상여에 대한 조세는 원천징수된 것에 한한다.
    나. 부가가치세·개별소비세·주세 및 교통·에너지·환경세
    다. 본세의 부과징수의 예에 따라 부과징수하는 교육세 및 농어촌특별세
    라. 특별징수의무자가 징수하여 납부하여야 하는 지방세
⑪ 채무자의 근로자의 임금·퇴직금 및 재해보상금
⑫ 회생절차개시 전의 원인으로 생긴 채무자의 근로자의 임치금 및 신원보증금의 반환청구권
⑬ 채무자 또는 보전관리인이 회생절차개시신청 후 그 개시 전에 법원의 허가를 받아 행한 자금의 차입, 자재의 구입 그 밖에 채무자의 사업을 계속하는 데에 불가결한 행위로 인하여 생긴 청구권 등

2) 재단채권의 변제(제583조)

파산절차 제475조 및 제476조의 규정이 준용되어 개인회생절차의 의하지 않고 수시변제와 우선 변제가 가능하다.

> 제475조(재단채권의 변제) 재단채권은 파산절차에 의하지 아니하고 수시로 변제한다.
> 제476조(재단채권의 우선변제) 재단채권은 파산채권보다 먼저 변제한다.

3. 개인회생채권

1) 의의

개인회생절차개시결정전에 채무자에 대하여 가지는 재산상의 청구권을 의미한다. 재산상의 청구권이면 금전, 비금전채권도 무방하며 조건이나 기한이 정해진 것이라도 가능하다.

2) 개인회생채권의 구체적 성립요건

① 채무자에 대한 청구권일 것(일반재산에 대한 채권적 청구권만 가능, 특정재산에 대한 물권적 청구권은 불가)
② 재산상의 청구권일 것(재산상 청구권이면 금전채권, 비금전채권 모두 가능)
③ 회생절차 개시 전의 원인에 의한 청구권일 것(채권발생원인이 개시전이면 정지조건 채권, 기한부 채권, 장래구상권도 가능)
④ 물적담보를 가지지 않은 청구권일 것(별제권으로 인정되지 않는 채권)

3) 회생채권의 순위

회생채권은 ① 우선권 있는 회생채권(일반적으로 납부기한 도래한 조세채권이 여기에 해당)과 ② 일반 회생채권 ③ 후순위 회생채권으로 구분된다(제446조).
☞ 납부기한이 도래하지 않은 조세채권은 제583조에 따라 공액채권이 되고, 납부기한이 도래한 것만이 우선권 있는 회생채권이 된다.

> ※ 제446조(후순위파산채권) ① 다음 각호의 청구권은 다른 파산채권보다 후순위파산채권으로 한다.
> 1. 파산선고 후의 이자
> 2. 파산선고 후의 불이행으로 인한 손해배상액 및 위약금
> 3. 파산절차참가비용
> 4. 벌금·과료·형사소송비용·추징금 및 과태료
> 5. 기한이 파산선고 후에 도래하는 이자없는 채권의 경우 파산선고가 있은 때부터 그 기한에 이르기까지의 법정이율에 의한 원리의 합계액이 채권액이 될 계산에 의하여 산출되는 이자의 액에 상당하는 부분
> 6. 기한이 불확정한 이자없는 채권의 경우 그 채권액과 파산선고 당시의 평가액과의 차액에 상당하는 부분
> 7. 채권액 및 존속기간이 확정된 정기금채권인 경우 각 정기금에 관하여 제5호의 규정에 준하여 산출되는 이자의 액의 합계액에 상당하는 부분과 각 정기금에 관하여 같은 호의 규정에 준하여 산출되는 원본의 액의 합계액이 법정이율에 의하여 그 정기금에 상당하는 이자가 생길 원본액을 초과하는 때에는 그 초과액에 상당하는 부분

4) 개인회생채권의 변제(제582조)

개인회생채권자목록에 기재된 개인회생채권에 관하여는 변제계획에 의하지 아니하고는 변제하거나 변제받는 등 이를 소멸하게 하는 행위(면제를 제외한다)를 하지 못한다.

4. 특수한 회생채권의 처리방법

(파산절차 조문의 준용 -> 제425조 내지 제433조, 제439조, 제442조 및 제446조)

1) 용어의 변경

파산절차의 용어	개인회생절차에서 용어
파산선고	개인회생절차개시결정
파산재단	개인회생재단
파산채권	개인회생채권
파산채권자	개인회생채권자
파산채권액	개인회생채권액
파산절차	개인회생절차

2) 주요 내용정리

① 기한부채권

기한부채권은 파산선고시에 변제기에 이른 것으로 본다(제425조).

② 비금전채권 등의 파산채권액

채권의 목적이 금전이 아니거나 그 액이 불확정한 때나 외국의 통화로 정하여진 때에는 파산선고시의 평가액을 파산채권액으로 한다(제426조).

③ 조건부채권 등의 파산채권액

조건부채권, 장래의 청구권은 그 전액을 파산채권액으로 한다(제427조).

④ 전부의 채무를 이행할 의무를 지는 자가 파산한 경우의 파산채권액

여럿의 채무자가 각각 전부의 채무를 이행하여야 하는 경우 그 채무자의 전원 또는 일부가 파산선고를 받은 때에는 채권자는 파산선고시에 가진 채권의 전액에 관하여 각 파산재단에 대하여 파산채권자로서 권리를 행사할 수 있다(제428조).

⑤ 보증인이 파산한 경우의 파산채권액

보증인이 파산선고를 받은 때에는 채권자는 파산선고시에 가진 채권의 전액에 관하여 파산채권자로서 그 권리를 행사할 수 있다(제429조).

⑥ 장래의 구상권자

여럿의 채무자가 각각 전부의 채무를 이행하여야 하는 경우 그 채무자의 전원 또는 일부가 파산선고를 받은 때에는 그 채무자에 대하여 장래의 구상권을 가진 자는 그 전액에 관하여 각 파산재단에 대하여 파산채권자로서 그 권리를 행사할 수 있다. 다만, 채권자가 그 채권의 전액에 관하여 파산채권자로서 그 권리를 행사한 때에는 예외로 한다(제430조).

5. 회생채권관련 판례

1) 리스채권의 성질

본질적 기능은 리스이용자에게 리스물건의 취득자금에 대한 금융편의를 제공하는 데 있는 무명계약으로서, 도산절차에서 리스채권의 취급 문제에 관하여 쌍방미이행 쌍무계약설과 정리담보권설의 대립이 있기는 하나 우리 실무는 금융리스의 금융계약적 성격을 중시하는 정리담보권설의 입장(리스물건을 채무자가 사용중인 경우)에 있다. (중략) 리스계약이 당사자 사이의 합의로 해지되어 리스회사가 리스물건을 회수한 이상 설령 회수하지 못한 리스료 채권이 있더라도 이는 회생절차개시결정 전의 원인으로 생긴 재산상 채권으로 회생채권에 해당한다(리스물건을 반환한 경우)고 볼 수 있을 뿐이며, [울산지법 2011. 6. 30., 선고, 2009가합3025, 판결 : 항소]

2) 조세채권이 회생채권이 되기 위한 요건

정리회사에 대한 조세채권이 회사정리 개시결정 전에 법률에 의한 과세요건이 충족되어 있으면 그 부과처분이 정리절차 개시 후에 있는 경우라도 그 조세채권은 정리채권(회생채권)이 되고, 정리회사에 대한 조세채권은 회사정리법 제157조에 따라 지체없이, 즉 정리계획안 수립에 장애가 되지 않는 시기로서 늦어도 통상 정리계획안 심리기일 이전인 제2회 관계인 집회일 전까지 신고하지 아니하면 실권 소멸된다.(대법원 2002. 9. 4. 선고 2001두7268 판결)

3) 회생채권의 발생 시기

회사정리법 제102조의 정리채권이라 함은 의사표시 등 채권 발생의 원인이 정리절차개시 전의 원인에 기해 생긴 재산상의 청구권을 말하는 것으로, 채권 발생의 원인이 정리절차개시 전의 원인에 기한 것인 한 그 내용이 구체적으로 확정되지 아니하였거나 변제기가 회사정리절차개시 후에 도래하더라도 상관없다.

민법 제667조 제2항의 하자보수에 갈음한 손해배상청구권은 보수청구권과 병존하여 처음부터 도급인에게 존재하는 권리이고, 일반적으로 손해배상청구권은 사회통념에 비추어 객관적이고 합리적으로 판단하여 현실적으로 손해가 발생한 때에 성립하는 것이므로, 하자보수에 갈음한 손해배상청구권은 하자가 발생하여 보수가 필요하게 된 시점에서(회생채권으로) 성립된다고 봄이 상당하다.[대법원 2000. 3. 10. 선고 99다55632 판결]

4) 비금전채권이 회생채권이 될 수 있는지

회사정리법 제102조 소정의 정리채권은 채권자가 회사에 대하여 갖는 정리절차 개시전의 원인으로 생긴 재산상의 청구권을 의미하는 바, 정리채권에 있어서는 이른바, 금전화, 현재화의 원칙을 취하지 않고 있기 때문에 재산상의 청구권인 이상, 금전채권에 한정되지 아니하고, 계약상의 급여청구권과 같은 비금전채권도 그 대상이 된다 고 할 것이다. 논지가 지적하는 골프회원권에는 금전채권적인 측면 외에 골프장과 그 부대시설을 이용할 수 있는 비금전채권의 측면도 있으나 이는 위 정리채권의 대상이 될 수 있으므로 원심이 이 사건 골프회원권을 정리채권에 해당시킨 조치는 정당하고 이와 다른 견해를 내세우는 논지는 이유없다.[대법원 1989. 4. 11. 선고 89다카4113 판결]

5) 행정의무 위반행위에 대한 과징금 청구권의 성격

행정상의 의무위반행위에 대하여 과징금을 부과하는 경우에 과징금 청구권은 위 조항에서 정한 재산상의 청구권에 해당하므로, 과징금 청구권이 회생채권인지는 그 청구권이 회생절차개시 전의 원인으로 생긴 것인지에 따라 결정된다. 채무자에 대한 회생절차개시 전에 과징금 납부의무자의 의무위반행위 자체가 성립하고 있으면, 그 부과처분이 회생절차개시 후에 있는 경우라도 과징금 청구권은 회생채권이 된다.[대법원 2018. 6. 15., 선고, 2016두65688, 판결]

3 별제권 · 상계권 · 환취권

1. 별제권(제586조)

1) 의의

개인회생절차에서는 파산절차에서 인정되는 별제권에 대한 규정이 준용되어 법에서 인정하는 담보권자에게 파산절차에 의하지 아니하고 담보권에 기한 권리를 행사할 수 있는 길을 마련해 두었다.

2) 별제권자의 범위

파산재단에 속하는 재산상에 존재하는 유치권 · 질권 · 저당권 · 「동산 · 채권 등의 담보에 관한 법률」에 따른 담보권 또는 전세권을 가진 자는 그 목적인 재산에 관하여 별제권을 가진다.

3) 별제권의 행사

별제권은 개인회생절차에 의하지 아니하고 행사한다. 즉 변제계획에 따라 변제 받는 것이 아니라 일반채권자의 권리행사 방법으로 강제집행 할 수 있다. 저당권자라면 임의경매를 진행해서 채권회수가 가능하다. 다만, 개시결정전 중지명령, 또는 개시결정의 효과에 따라 정지될 수 있다.

4) 별제권으로 변제되지 않은 채권의 행사

별제권자는 그 별제권의 행사에 의하여 변제를 받을 수 없는 채권액에 관하여만 개인회생채권자로서 그 권리를 행사할 수 있다. 이 경우 회생채권자로서 채권신고가 되어야 한다.

5) 임차인의 우대

① 후순위권리자 보다 우선변제

「주택임대차보호법」제3조(대항력 등)제1항의 규정에 의한 대항요건을 갖추고 임대차계약증서상의 확정일자를 받은 임차인은 파산재단에 속하는 주택(대지를 포함한다)의 환가대금에서 <u>후순위권리자 그 밖의 채권자보다 우선</u>하여 보증금을 변제받을 권리가 있다.

② 담보물권자에 보다 우선변제

「주택임대차보호법」제8조(보증금중 일정액의 보호)의 규정에 의한 임차인은 같은 조의 규정에 의한 보증금을 파산재단에 속하는 주택(대지를 포함한다)의 환가대금에서 다른 <u>담보물권자보다 우선</u>하여 변제받을 권리가 있다. 이 경우 임차인은 파산신청일까지「주택임대차보호법」제3조(대항력 등)제1항의 규정에 의한 대항요건을 갖추어야 한다.

③ 상가임차인에 대해 준용

「상가건물 임대차보호법」제3조(대항력 등)의 규정에 의한 대항요건을 갖추고 임대차계약증서상의 확정일자를 받은 임차인과 같은 법 제14조(보증금중 일정액의 보호)의 규정에 의한 임차인에 관하여 준용한다.

6) 임금채권자의 우선 변제

근로기준법 제38조제2항 각 호에 따른 채권과「근로자퇴직급여 보장법」제12조제2항에 따른 최종 3년간의 퇴직급여등 채권의 채권자는 해당 채권을 파산재단에 속하는 재산에 대한 별제권 행사 또는 제349조제1항의 체납처분에 따른 환가대금에서 다른 담보물권자보다 우선하여 변제받을 권리가 있다. 다만, 임금채권보장법 제8조에 따라 해당 채권을 대위하는 경우에는 그러하지 아니하다.

2. 상계권(제587조)

1) 의의

개인회생채권자는 채무자에 대해 채무가 있는 경우 상계권 행사가 가능하다. 상계권을 불허한다면 채권자의 입장에서 채무는 전액 상환할 의무를 부담함에도 본인의 채권은 변제계획에 따라 일부만 회수되어 불합리하기 때문이다. 이 경우 파산절차의 상계권 제416조 내지 제422조가 준용된다.

2) 상계요건(제417조)

민법의 일반적인 상계적상의 요건이 필요하다. 또한 회생절차에서는 개인회생개시결정이 있기 전에 부담하는 채무에 한하여 상계권 행사가가능하고 기한부, 조건부 채권일 경우에도 상계가 가능하다고 명시하고 있다.

3) 임차인의 상계 제한(제421)

파산채권자가 임차인인 때에는 파산선고시의 당기(當期) 및 차기(次期)의 차임에 관하여 상계를 할 수 있다. 보증금이 있는 경우 그 후의 차임에 관하여도 또한 같다.

4) 상계가 금지되는 경우

① 파산(회생)채권자가 파산선고(개시결정) 후에 파산재단에 대하여 채무를 부담한 때

② 파산채권자가 지급정지 또는 파산신청이 있었음을 알고 채무자에 대하여 채무를 부담한 때. (다만, 그 부담이 법정의 원인에 의한 때, 파산채권자가 지급정지나 파산신청이 있었음을 알기 전에 생긴 원인에 의한 때, 파산선고가 있은 날부터 1년 전에 생긴 원인에 의한 때일 경우는 상계 가능)

③ 파산선고를 받은 채무자의 채무자가 파산선고 후에 타인의 파산채권을 취득한 때

④ 파산선고를 받은 채무자의 채무자가 지급정지 또는 파산신청이 있었음을 알고 파산채권을 취득한 때.

3. 환취권(제585조)

회생재단에 속해 있는 재산 중 채무자 아닌 제 3자가 소유자인 경우 그 제3자는 자신의 소유권에 기해 채무자에게 그 재산의 반환을 청구할 수 있는 권리를 말한다. 채무자 소유의 재산이 아닌 경우 개인회생재단에 포함되지 않기 때문의 당연한 귀결이다. 다만, 채무자가 임의이행을 하지 않는 경우라면 인도소송 등의 방법으로 진행할 수 밖에 없을 것이다.

4 부인권

제391조(부인할 수 있는 행위) 파산관재인은 파산재단을 위하여 다음 각호의 어느 하나에 해당하는 행위를 부인할 수 있다.
1. 채무자가 파산채권자를 해하는 것을 알고 한 행위. 다만, 이로 인하여 이익을 받은 자가 그 행위 당시 파산채권자를 해하게 되는 사실을 알지 못한 경우에는 그러하지 아니하다.
2. 채무자가 지급정지 또는 파산신청이 있은 후에 한 파산채권자를 해하는 행위와 담보의 제공 또는 채무소멸에 관한 행위. 다만, 이로 인하여 이익을 받은 자가 그 행위 당시 지급정지 또는 파산신청이 있은 것을 알고 있은 때에 한한다.
3. 채무자가 지급정지나 파산신청이 있은 후 또는 그 전 60일 이내에 한 담보의 제공 또는 채무소멸에 관한 행위로서 채무자의 의무에 속하지 아니하거나 그 방법 또는 시기가 채무자의 의무에 속하지 아니하

> 는 것. 다만, 채권자가 그 행위 당시 지급정지나 파산신청이 있은 것 또는 파산채권자를 해하게 되는 사실을 알지 못한 경우를 제외한다.
> 4. 채무자가 지급정지 또는 파산신청이 있은 후 또는 그 전 6월 이내에 한 무상행위 및 이와 동일시할 수 있는 유상행위

1. 의의

채무자가 회생채권자를 해하는 것을 알고 한 행위나 지급정지 후에 특정인에게 담보를 제공하거나 채무 소멸행위를 한 경우 관리인은 그 행위 등을 부인하고 일탈된 재산을 찾을 수 있는 권리를 말한다. 부인권은 회생절차에서 민법상 채권자취소권과 기능적 측면에서 유사한 역할을 수행하나 그 범위가 더 넓다고 볼 수 있다.

2. 부인권의 유형

유 형(제100조)	내 용	상대방 인식
고의부인(제1항)	회생채권자를 해 함을 알고한 행위	악의
본지행위 부인(제 2항)	지급정지 후 담보제공, 채무소멸 행위	악의
비본지행위 부인(제3항)	지급정지(그 전 60일) 후 의무에 속하지 않는 담보제공 채무소멸 행위	다른 채권자와 불평등은 인식
무상행위 부인(제4항)	지급정지(그 전 6월) 후 무상행위 등	-

3. 부인행위별 구체적 요건 검토

1) 고의 부인

고의부인의 성립요건은 ① 객관적으로 채권자를 해하는 사해행위가 존재하고 ② 주관적으로 채무자를 해한다는 사해의사를 가지며 한 행위로서 그 성립요건에 대한 입증책임은 관리인에게 있다.

2) 본지행위 부인

본지행위 부인은 ① 객관적으로 회생채권자를 해하는 사해행위에 더하여 담보를 제공하거나 채무의 소멸을 하는 행위가 추가된다. ② 시간적 요건으로 지급 정지 후에 채무자의 행위가 있음을 요건을 추가적으로 요구하며 ③ 수익자에 대한 요건으로 행위당시 지급정지 또는 개인회생신청 사실을 알고 있어야 한다. 다만, 고의 부인과 달리 주관적 요건으로 채무자의 사해의사를 요구하지는 않는다.

3) 비본지행위 부인

비본지행위 부인은 본지행위 부인과 달리 ① 객관적 요건으로 의무에 속하지 않은 담보제공 행위나 채무를 소멸시키는 행위가 존재하고 ② 시간적 요건으로 지급정지 후 또는 그 전 60일 이내의 행위로써 ③ 수익자자 지급정지 등을 알고 있음을 요건으로 한다.

4) 무상행위 부인

이 유형은 ① 개관적으로 무상행위 또는 이와 동일시 할 수 있는 유상행위가 존재하고 ② 시간적으로 지급정지 후 또는 그 전 6월 이내에 한 행위이어야 한다.

5) 특수관계인에 대한 특칙(제101조)

수익자가 특수관계인에 해당할 경우 본지행위의 경우 악의로 추정하며, 비본지행위, 무상행위의 경우 시간적 요건이 지급정지 전 1년으로 연장된다.

☞ 회생절차와 구별 및 정리표

회생절차에서의 부인권은 회생담보권을 해하는 행위도 그 대상에 포함되나 개인회생절차에는 회생담보권자를 해하는 행위는 존재할 수 없다.

유 형	사해행위	주관적요건	수익자	행위 시기
고의	사해행위	사해의사 O	악의	-
본지행위	사해행위+담보제공+채무소멸(평등 저해)	사해의사 X	악의	지급정지
비본지행위	담보제공+채무소멸(평등 저해)	사해의사 X	악의	지급정지+전60일
무상행위	무상행위	사해의사 X	-	지급정지+전 6월

5. 부인권의 행사 주체, 방법 등(제105~107조)

1) 주체

  부인권 행사는 채무자가 행사한다. 회생채권자 등은 부인권 행사를 신청할 수 있는 지위에 있고 직접행사 할 수는 없다. 법원은 직권으로 관리인(채무자)에게 부인권 행사를 명할 수 있다.

2) 절차

  ① 부인권 행사방법 등
  부인의 소, 부인의 청구, 항변의 방법으로 행사할 수 있다.

  ② 부인의 청구가 있는 경우 불복방법
  관리인 입장에서 부인의 소보다 부인이 청구가 신속하고 편리하여 법원에 부인권 행사 명령을 신청하여 부인의 청구가 인용 될 수 있다. 이 경우 당사자는 인용 결정문을 송달 받은 날로부터 1개월 이내에 이의의 소를 제기하여야 한다. 이의제기의 소는 회생법원이 전속관할 한다.

③ 행사기간

개인회생절차개시결정이 있은 날로부터 1년이 경과하거나 부인대상 행위가 있은 날로부터 5년이 경과하면 행사할 수 없다.

3) 부인의 청구 인용결정의 효과

부인의 청구가 인용되어 확정되면 법 제107조 제5항에 의거 확정판결과 같은 효과가 발생한다.

4) 개인회생절차폐지와 부인권 행사

구 회사정리법 제78조가 정하는 부인권은 정리절차개시 결정 이전에 부당하게 처분된 회사재산을 회복함으로써 회사사업을 유지·갱생시키고자 인정된 회사정리법상의 특유한 제도로서 정리절차의 진행을 전제로 관리인만이 행사할 수 있는 권리이므로 정리절차의 종결에 의하여 소멸하고, 비록 정리절차 진행 중에 <u>부인권이 행사되었다고 하더라도 이에 기하여 회사에게로 재산이 회복되기 이전에 정리절차가 종료한 때에는 부인권 행사의 효과로서 상대방에 대하여 재산의 반환을 구하거나 또는 그 가액의 상환을 구하는 권리 또한 소멸</u>한다고 보아야 할 것이다. [대법원 2006. 10. 26., 선고, 2005다75880, 판결]

6. 부인권 행사의 효과

1) 원상회복

취소소송과 마찬가지로 채무자의 행위가 부인되면 원상회복이 원칙적으로 이루어진다. 멸실 등 원상회복이 어려운 경우 그 가액을 배상하여야 한다. 다만 무상부인의 경우 수익자가 그 지급정지 등을 알지 못 한 경우(선의) 이익이 현존하는 한도에서 반환을 요청할 수 있는 특칙이 적용된다(제108조 2항)

2) 부인권 행사후 상대방의 권리(제108조 제3항)

① 부인권이 행사되면 채무자의 재산은 원상회복되고 상대방이 제공한 급부에 대해서는 채무자의 재산중에 현존하느냐에 따라 반환청구나 회생채권자로서 그 권리를 아래 표와 같이 행사할 수 있다.

구 분	내 용(원상회복 방법)
재산 중 현존	반환청구
재산 중 이익으로 현존	공익채권자
이익으로 부존재	그 가액배상액의 회생채권자
일부 현존	공익채권자(현존분), 회생채권자(차액분)

② 상대방 채권의 회복(제109조)
- 채무자가 자신의 채무에 대해 변제의 방법으로 채무소멸 행위를 한 경우 그 행위가 부인될 경우 상대방 채권은 원상으로 회복된다. 이 경우는 원인행위가 부인된 것이 아니라 이행행위가 부인된 경우에 해당한다(가령 금전소비대차계약 자체가 부인된 것이 아니고 변제행위만 부인된 경우).
- 채무자의 이행행위가 부인되어 채권이 회복되면, 그 채권은 회생채권으로서 관계인(서면결의)집회가 끝난 경우에도 예외적으로 회생채권으로 부인될 날로부터 1개월 내에 추후 보완신고를 할 수 있다.

7. 부인권과 취소소송과 차이

1) 사해의사

취소권은 행사는 채무자의 사해의사를 기초로 하여 수익자의 악의를 주관적 요건으로 요구하나 부인권은 비본지행위나 무상행위시 사해의사가 없는 경우에도 인정될 수 있다.

2) 대상행위

취소소송은 채무자의 재산상 법률행위를 그 대상으로 하지만, 부인권은 재산상 법률행위 뿐만 아니라 권리변동의 성립요건, 대항요건, 집행행위에 대해서도 행사가 가능하다.

> 제394조(권리변동의 성립요건 또는 대항요건의 부인) ① 지급정지 또는 파산신청이 있은 후에 권리의 설정·이전 또는 변경의 효력을 생기게 하는 등기 또는 등록이 행하여진 경우 그 등기 또는 등록이 그 원인인 채무부담행위가 있은 날부터 15일을 경과한 후에 지급정지 또는 파산신청이 있음을 알고 행한 것인 때에는 이를 부인할 수 있다. 다만, 가등기 또는 가등록을 한 후 이에 의하여 본등기 또는 본등록을 한 때에는 그러하지 아니하다.
> ② 지급정지 또는 파산신청이 있은 후에 권리의 설정·이전 또는 변경을 제3자에게 대항하기 위하여 필요한 행위를 한 경우 그 행위가 권리의 설정·이전 또는 변경이 있은 날부터 15일을 경과한 후에 지급정지 또는 파산신청이 있음을 알고 행한 것인 때에도 제1항과 같다.
> 제395조(집행행위의 부인) 부인권은 부인하고자 하는 행위에 관하여 집행력 있는 집행권원이 있는 때 또는 그 행위가 집행행위에 의한 것인 때에도 행사할 수 있다.

3) 행사방법

취소소송은 반드시 수익자를 대상으로 소송의 형태로 진행하지만, 부인권은 소, 청구, 항변의 방법으로 재판상 행사할 수 있다.

8. 부인권과 관련된 판례

1) 본지행위 부인과 사해의사

회사정리법 제78조 제1항 제2호(현 제100조제1항 2호)에 의하여 회사가 지급의 정지 또는 파산, 화의개시 또는 정리절차개시의 신청이 있은 후에 채무의 소멸에 관한 행위를 한 경우에는 그로 인하여 이익을 받은 자가 그 행위 당시 지급의 정지 등이 있는 것 또는 정리채권자 등을 해하는 사실을 알고 있기만 하면 부인할 수 있다 할 것이고, 이러한 경우에 위 제1항 제1호에 있어서와 같이 회사가 정리채권자 등을 해할 것을 알고 한 행위일 것을 요하는 것은 아니라고 할 것이다.

2) 부인권 행사와 신의칙 위반 등

부인권을 행사하는 것은 관리인으로서 양자는 별개의 존재이고, 부인권을 행사하는 것은 정리절차가 개시되기 전의 소외 회사의 채무변제행위를 응징하기 위한 관리인의 고유권한이므로 관리인이 부인권을 행사하는 것이 신의칙에 위반된다거나 권리남용에 해당된다고 할 수 없다.[대법원 1997. 3. 28. 선고 96다50445 판결]

3) 부인권 대상으로서 편파행위

구 회사정리법(2005. 3. 31. 법률 제7428호 채무자 회생 및 파산에 관한 법률 부칙 제2조로 폐지) 제78조 제1항 제1호에서 정한 부인의 대상으로 되는 행위인 '회사가 정리채권자 등을 해할 것을 알고 한 행위'에는 총채권자의 공동담보가 되는 회사의 일반재산을 절대적으로 감소시키는 이른바 사해행위뿐만 아니라, 특정한 채권자에 대한 변제와 같이 다른 정리채권자들과의 공평에 반하는 이른바 편파행위도 포함되나, 위와 같은 고의부인이 인정되기 위해서는 주관적 요건으로서 회사가 '정리채권자들을 해함을 알 것'을 필요로 하는데, 특정채권자에게 변제하는 편파행위를 고의부인의 대상으로 할 경우에는, 구 회사정리법이 정한 부인대상행위 유형화의 취지를 몰각시키는 것을 방지하고 거래 안전과의 균형을 도모하기 위해 회사정리절차가 개시되는 경우에 적용되는 채권자평등의 원칙을 회피하기 위하여 특정채권자에게 변제한다는 인식이 필요하다고 할 것이지만, 더 나아가 정리채권자들에 대한 적극적인 가해의 의사 내지 의욕까지 필요한 것은 아니다.[대법원 2006. 6. 15. 선고 2004다46519 판결]

4) 편파행위시 채무초과가 필요한지 여부

채무자의 일반재산의 유지·확보를 주된 목적으로 하는 채권자취소권의 경우와는 달리, 이른바 편파행위까지 규제 대상으로 하는 파산법상의 부인권 제도에 있어서는 반드시 해당 행위 당시 부채의 총액이 자산의 총액을 초과하는 상태에 있어야만 행사할 수 있다고 볼 필요도 없고, 일부 특정 채권자에게만 변제를 한다거나 담보를 제공하는 것은 다른 채권자들이 파산절차에서 배당받아야 할 배당액을 감소시키는 행위로서 부인권 행사를 할 수 있다

5) 신규대출 형식으로 담보설정

형식적으로는 기존 채무의 변제를 받고 그 직후 같은 금액을 신규대출 하는 방식을 취하였지만, 그 실질 및 경제적 효과에 있어서는 기존 채무에 대한 기한의 연장에 불과한 점 등 제반 사정에 비추어, 이를 담보하기 위하여 이루어진 근저당권설정행위가 이른바 편파행위로서 파산법 제64조 제1호에서 정한 부인의 대상이 된다.[대법원 2005. 11. 10. 선고 2003다271]

6) 채무변제를 위한 채권 양도

회사가 지급의 정지 또는 파산, 화의개시 또는 정리절차개시의 신청이 있은 후에 특정 담보권자에게 그 채무의 변제를 위하여 회사의 채권을 양도하는 행위는 다른 회사채권자들과의 공평을 해하는 편파행위로서 구 회사정리법 제78조 제1항 제2호에 의한 부인의 대상이 된다.

7) 채무자외 제3자 행위에 대한 부인

채무자회생법 제100조 제1항 각호의 규정에 의하면, 부인의 대상이 되는 행위는 원칙적으로 채무자의 행위이다. 다만 채무자의 행위가 없었다고 하더라도 채무자와의 통모 등 특별한 사정이 있어서 채권자 또는 제3자의

행위를 채무자의 행위와 동일시할 수 있는 경우에는 예외적으로 그 채권자 또는 제3자의 행위도 부인의 대상으로 할 수 있다(대법원 2011. 10. 13. 선고 2011다56637, 56644 판결 등 참조).

채무자회생법 제104조 후단은 부인하고자 하는 행위가 집행행위에 의한 것인 때에도 부인권을 행사할 수 있다고 규정하고 있다. 그러나 채무자회생법 제100조 제1항 각호에서 부인권의 행사 대상인 행위의 주체를 채무자로 규정한 것과 달리 제104조에서는 아무런 제한을 두지 않고 있다. 부인하고자 하는 행위가 '집행행위에 의한 것인 때'는 집행법원 등 집행기관에 의한 집행절차상의 결정에 의한 경우를 당연히 예정하고 있는데, 그러한 경우에는 채무자의 행위가 개입할 여지가 없기 때문이다. 그러므로 집행행위를 채무자회생법 제100조 제1항 각호에 의하여 부인함에는 반드시 그것을 채무자의 행위와 같이 볼 만한 특별한 사정이 있을 것을 요하지 아니한다고 볼 것이다.

따라서 집행행위를 채무자회생법 제100조 제1항 제1호에 의하여 부인할 때에는, 채무자의 주관적 요건을 필요로 하는 고의부인의 성질상 채무자가 파산채권자들을 해함을 알면서도 채권자의 집행행위를 적극적으로 유도하는 등 그 집행행위가 '채무자가 파산채권자들을 해함을 알면서도 변제한 것'과 사실상 동일하다고 볼 수 있는 특별한 사정(집행행위로 보지 않고 채무자 행위로 본다는 의미, 저자)이 요구된다. 위와 같은 특별한 사정이 있다는 점에 대하여는 고의부인을 주장하는 관리인에게 증명책임이 있다. [대법원 2018. 7. 24., 선고, 2018다210348, 판결]

8) 무상행위 부인

여기에서 무상행위라 함은 채무자가 대가를 받지 않고 적극재산을 감소시키거나, 소극재산 즉 채무를 증가시키는 일체의 행위를 말하고, 이와 동일시하여야 할 행위란 상대방이 반대급부로서 출연한 대가가 지나치게 근소하여 사실상 무상행위와 다름없는 경우를 말한다. 채무자가 의무 없이 타인을 위하여 한 보증 또는 담보의 제공은, 그것이 채권자의 타인에 대한 출연 등의 직접적인 원인이 되는 경우에도, 채무자가 그 대가로서 직접적이고도 현실적인 경제적 이익을 받지 아니하는 한 무상행위에 해당한다고 해석함이 상당하다.[대법원 2014. 5. 29., 선고, 2014다765, 판결]

5 개인회생절차의 신청

1. 신청권자(제588조)

　개인채무자로서 총 채무액에 관하여 제한이 있다. 무담보 개인회생채권은 5억원, 담보된 회생채권은 10억원 이하의 채무자이다.

2. 신청서의 기재 사항과 첨부서류(제589조)

1) 서면 기재사항

> 1. 채무자의 성명·주민등록번호 및 주소
> 2. 신청의 취지 및 원인
> 3. 채무자의 재산 및 채무

2) 첨부 서류

　① 개인회생채권자목록(채권자의 성명 및 주소와 채권의 원인 및 금액이 기재된 것을 말한다)
　② 재산목록
　③ 채무자의 수입 및 지출에 관한 목록
　④ 급여소득자 또는 영업소득자임을 증명하는 자료
　⑤ 진술서
　⑥ 신청일 전 10년 이내에 회생사건·화의사건·파산사건 또는 개인회

생사건을 신청한 사실이 있는 때에는 그 관련서류
⑦ 그 밖에 대법원규칙이 정하는 서류

3. 개인회생채권자목록 수정(제589조의2)

1) 개시결정 전

채무자는 자유롭게 채권자목록을 수정할 수 있다.

2) 개시결정 후 변제계획인가결정 전

책임질 수 없는 사유로 누락, 오기한 경우 법원의 허가를 받아 수정할 수 있다. 이 경우 채권에 관한 이의기간이 정해지고 수정된 채권자목록을 채권자들에게 송달한다. 실무적으로 변제계획인가결정 전일 경우 채권자목록의 수정이 폭 넓게 인정된다.

3) 변제계획인가결정 후

인가결정이 있으면 채권자목록을 수정할 수 없다.

4. 개인회생절차의 기각(제595조)

■ 기각 사유

1) 채무자가 신청권자의 자격을 갖추지 아니한 때
2) 채무자가 제589조제2항 각호의 어느 하나에 해당하는 서류를 제출하지 아니하거나, 허위로 작성하여 제출하거나 또는 법원이 정한 제출기한을 준수하지 아니한 때
3) 채무자가 절차의 비용을 납부하지 아니한 때
4) 채무자가 변제계획안의 제출기한을 준수하지 아니한 때
5) 채무자가 신청일 전 5년 이내에 면책(파산절차에 의한 면책을 포함한다)을 받은 사실이 있는 때
6) 개인회생절차에 의함이 채권자 일반의 이익에 적합하지 아니한 때

7) 그 밖에 신청이 성실하지 아니하거나 상당한 이유 없이 절차를 지연 시키는 때

■ 판례 [대법원 2013. 3. 15., 자, 2013마101, 결정]

① '개인회생절차에 의함이 채권자 일반의 이익에 적합하지 아니한 때'란

개인회생절차에 의하여 변제되는 채무액의 현재가치가 채무자 재산의 청산가치에 미치지 못하는 등과 같이 변제기, 변제율, 이행의 확보 등에서 개인회생절차에 의하는 것이 전체 채권자의 일반의 이익에 적합하지 아니한 것을 의미한다(대법원 2011. 7. 25.자 2011마976 결정 참조).

② 법 제595조 제7호 소정의 '그 밖에 신청이 성실하지 아니한 때'

채무자에게 같은 조 제1호 내지 제5호에 준하는 절차적인 잘못이 있거나, 채무자가 개인회생절차의 진행에 따른 효과만을 목적으로 하는 등 부당한 목적으로 개인회생절차 개시신청을 하였다는 사정이 인정되어야 한다(대법원 2011. 6. 10.자 2011마201 결정 참조).

③ 개시신청 전 편파적인 변제, 담보제공이 기각사유에 해당하는지

개인회생절차는 파산절차가 예정하고 있는 청산가치의 배분 이상의 변제가 이루어질 것을 전제로 하고 있는 제도라는 점, 개인회생채무자가 그 개시신청 전에 부인권 대상행위를 한 경우에도 법은 부인권 행사를 통하여 일탈된 재산을 회복시켜 이를 포함한 총재산의 청산가치 이상을 변제하도록 하는 절차를 마련해 두고 있는 점, 그 밖에 개인회생절차를 파산절차에 우선하도록 한 제도의 취지와 기능 등을 종합하면, 설령 채무자가 개인회생절차 개시신청 전에 특정 채권자에 대한 편파적인 변제나 담보제공 행위를 하여 다른 채권자들을 해하는 결과를 초래하였다고 하더라도, 다른 특별한 사정이 없는 한, 단지 그러한 사정만으로 개인회생절차에 의하는 것이 채권자 일반의 이익에 적합하지 않다고 단정할 수는 없다고 할 것이다.[대법원 2010. 11. 30., 자, 2010마1179, 결정]

5. 개인회생절차개시신청의 취하(제594)

신청의 취하는 채무자가 자유롭게 취하할 수 있다. 다만, 보전처분이나 중지명령이 있는 경우는 법원의 허가를 얻어서 취하 할 수 있다.

6 보전처분 등

1. 보전처분과 중지명령

1) 보전처분(제592조)
   ① 보전대상 : 채무자의 재산
   ② 보전처분의 종류 : 가압류, 가처분 등 필요한 처분
   ③ 시 기 : 개인회생절차개시결정 전에 보전처분 명령
   ④ 절 차 : 이해관계인의 신청 또는 법원의 직권으로 진행
   ⑤ 불 복 : 즉시항고 가능하나 집행부정지 효과 발생

2) 중지명령(제593조)
   ① 중지대상

   ㉮ 채무자에 대한 회생절차 또는 파산절차
   ㉯ 개인회생채권에 기하여 채무자의 업무 및 재산에 대하여 한 강제집행·가압류 또는 가처분
   ㉰ 채무자의 업무 및 재산에 대한 담보권의 설정 또는 담보권의 실행 등을 위한 경매
   ㉱ 개인회생채권을 변제받거나 변제를 요구하는 일체의 행위. 다만, 소송 행위를 제외한다.
   ㉲ 「국세징수법」 또는 「지방세징수법」에 의한 체납처분, 국세징수의 예에 의한 체납처분 또는 조세채무담보를 위하여 제공된 물건의 처분.

② 중지효과 : 시효 미진행
③ 신청이 기각된 경우: 중지된 절차는 속행
④ 절차: 이해관계인의 신청 또는 법원의 직권으로 명령

2. 포괄적 금지명령(제45~47조)

1) 의의

중지명령만으로 채무자 회생절차를 충분히 달성하지 못할 우려가 있는 경우 이해관계인의 신청이나 법원의 직권으로 모든 회생채권자에 기한 강제집행 등을 금지할 수 있는 명령을 말한다. 개별적 금지, 중지명령의 단점을 보완하고 업무처리의 경제성 측면에 의미가 있다(제45조).

2) 요건

① 채무자의 재산에 보전처분(보전관리명령) 있거나 동시에 행할 것
② 중지명령만으로 회생절차의 목적 달성이 어려운 특별한 사정 존재
③ 이해관계인의 신청 또는 법원 직권

3) 금지대상

회생채권에 또는 회생담보권에 기한 강제집행, 가압류, 가처분, 담보권 실행 경매절차를 금지대상으로 한다.

4) 효과

① 기존에 진행되었던 강제집행은 중지되고, 장래의 모든 회생채채권, 회생담보권에 기한 강제집행은 금지된다.
② 포괄적 금지명령은 채무자(채권자×)에게 송달되는 시점부터 효력이 발생한다.

5) 절차와 불복

이해관계인의 신청 또는 법원의 직권으로 금지명령이 가능하고 그 결정

에 대하여 즉시항고의 방법으로 다툴 수 있다. 다만, 즉시항고가 있더라도 집행정지의 효력은 없다.

6) 판례

① 비금전채권도 금지 대상인지 여부

포괄적 금지명령에 따라 보전처분 등이 금지되는 회생채권은 '채무자에 대하여 회생절차개시 전의 원인으로 생긴 재산상의 청구권'을 의미하는데 (채무자 회생 및 파산에 관한 법률 제118조 제1호), 회생채권은 이른바 금전화, 현재화의 원칙을 취하지 않고 있으므로 그러한 재산상의 청구권은 금전채권에 한정되지 아니하고 계약상의 급여청구권과 같은 비금전채권도 대상이 될 수 있다.

② 포괄적 금지명령 위반 효과

포괄적 금지명령에 반하여 이루어진 회생채권에 기한 보전처분이나 강제집행은 무효이고, 회생절차폐지결정에는 소급효가 없으므로, 이와 같이 무효인 보전처분이나 강제집행 등은 사후적으로 회생절차폐지결정이 확정되더라도 여전히 무효이다.[대법원 2016. 6. 21., 자, 2016마5082, 결정]

7 개인회생절차의 개시결정

1. 개시결정(제596조)

1) 개시결정 기한

법원은 신청일부터 1월 이내에 개인회생절차의 개시 여부를 결정하여야 한다.

2) 개시결정과 동시에 정하는 사항

① 개인회생채권에 관한 이의기간(이 경우 그 기간은 개인회생절차개시결정

일부터 2주 이상 2월 이하이어야 한다)
  ② 개인회생채권자집회의 기일 (이 경우 그 기일과 이의기간의 말일 사이에는 2주 이상 1월 이하의 기간이 있어야 한다)

3) 결정서의 일시 기재방법
  결정서에 결정의 연·월·일·시를 기재하여야 하고 그 결정은 그 결정시부터 효력이 발생한다.

2. 개시결정의 공고와 송달(제597조)

1) 공고
  ① 법원은 개인회생절차개시결정을 한 때에는 지체 없이 다음 각 호의 사항을 공고하여야 한다.

> 1. 개인회생절차개시결정의 주문
> 2. 이의기간
> 3. 개인회생채권자가 이의기간 안에 자신 또는 다른 개인회생채권자의 채권내용에 관하여 개인회생채권조사확정재판을 신청할 수 있다는 뜻
> 4. 개인회생채권자집회의 기일

2) 송달
  법원은 다음 각호의 자에게 제1항 각호의 사항을 기재한 서면과 개인회생채권자 목록 및 변제계획안을 송달하여야 한다.

> 1. 채무자
> 2. 알고 있는 개인회생채권자
> 3. 개인회생절차가 개시된 채무자의 재산을 소지하고 있거나 그에게 채무를 부담하는 자

3. 개시결정의 효과(제600조)

1) 다른 절차의 중지

① 개인회생절차개시의 결정이 있는 때에는 다음 각 호의 절차 또는 행위는 중지 또는 금지된다. 다만, 제2호 내지 제4호의 절차 또는 행위는 채권자목록에 기재된 채권에 의한 경우에 한한다.

> 1. 채무자에 대한 회생절차 또는 파산절차
> 2. 개인회생채권에 기하여 개인회생재단에 속하는 재산에 대하여 한 강제집행·가압류 또는 가처분
> 3. 개인회생채권을 변제받거나 변제를 요구하는 일체의 행위. 다만, 소송행위를 제외한다.
> 4. 「국세징수법」 또는 「지방세징수법」에 의한 체납처분, 국세징수의 예(국세 또는 지방세 체납처분의 예를 포함한다. 이하 같다)에 의한 체납처분 또는 조세채무담보를 위하여 제공된 물건의 처분

2) 경매의 중지 또는 금지

개인회생절차개시의 결정이 있는 때에는 변제계획의 인가결정일 또는 개인회생절차 폐지결정의 확정일 중 먼저 도래하는 날까지 개인회생재단에 속하는 재산에 대한 담보권의 설정 또는 담보권의 실행 등을 위한 경매는 중지 또는 금지된다.

> ☞ 개인회생절차에서는 별제권이 인정되기 때문에 폐지결정 또는 인가결정일 까지 한정해서 중지(금지)되고 그 이후에는 담보권 행사가 가능하다.

3) 판례

① 이행의 소제기 가부

[1] 채무자 회생 및 파산에 관한 법률 제600조 제1항 제3호 본문, 제60

3조, 제604조의 내용과 집단적 채무처리절차인 개인회생절차의 성격, 개인회생채권조사확정재판 제도의 취지 등에 비추어 보면, 제600조 제1항 제3호 단서가 개인회생절차개시의 결정에 따라 중지 또는 금지되는 행위에서 소송행위를 제외하고 있다고 하여도 이는 개인회생절차개시의 결정 당시 개인회생채권자목록에 기재된 개인회생채권에 관한 소가 이미 제기되어 있는 경우에는 그에 관한 소송행위를 할 수 있다는 취지로 보아야 하고, 개인회생절차개시의 결정이 내려진 후에 새로이 개인회생채권자목록에 기재된 개인회생채권에 기하여 이행의 소를 제기하는 것은 허용되지 아니한다.

[2] 채무자 회생 및 파산에 관한 법률 제32조 제3호, 제589조 제2항은 개인회생채권자목록의 제출에 대하여 시효중단의 효력이 있다고 규정하고 있고 그에 따른 시효중단의 효력은 특별한 사정이 없는 한 개인회생절차가 진행되는 동안에는 그대로 유지되므로, 개인회생채권자목록에 기재된 개인회생채권에 대하여는 소멸시효의 중단을 위한 소송행위를 허용하는 예외를 인정할 필요가 있다고 할 수도 없다. [대법원 2013. 9. 12., 선고, 2013다42878, 판결]

② 개시결정과 소송 수계, 중단

채무자 회생 및 파산에 관한 법률 제584조 제1항, 제406조 제1항에 의하면, 개인회생채권자가 제기한 채권자취소소송이 개인회생절차 개시결정 당시 법원에 계속되어 있는 때에는 그 소송절차는 수계 또는 개인회생절차의 종료에 이르기까지 중단된다. 채권자취소소송의 계속 중 채무자에 대하여 개인회생절차 개시결정이 있었는데, 법원이 그 개인회생절차 개시결정사실을 알고도 채무자의 소송수계가 이루어지지 아니한 상태 그대로 소송절차를 진행하여 판결을 선고하였다면, 그 판결은 채무자의 개인회생절차 개시결정으로 소송절차를 수계할 채무자가 법률상 소송행위를 할 수 없는 상태에서 심리되어 선고된 것이므로 여기에는 마치 대리인에 의하여 적법하게 대리되지 아니하였던 경우와 마찬가지의 위법이 있다.[대법원 2

013. 6. 13., 선고, 2012다33976, 판결]

③ 개시결정 후 취소소송 가부

집단적 채무처리절차인 개인회생절차의 성격, 부인권의 목적 등에 비추어 보면, <u>개인회생절차 개시결정이 내려진 후에는 채무자가 총채권자에 대한 평등변제를 목적으로 하는 부인권을 행사하여야 하고,</u> 개인회생채권자목록에 기재된 개인회생채권을 변제받거나 변제를 요구하는 일체의 행위를 할 수 없는 개인회생채권자가 개별적 강제집행을 전제로 하여 개개의 채권에 대한 <u>책임재산의 보전을 목적으로 하는 채권자취소소송을 제기할 수는 없다.</u>

[대법원 2010. 9. 9., 선고, 2010다37141, 판결]

4. 개시결정에 대한 불복

개시결정에 대한 불복은 즉시항고의 방법으로 한다. 다만 즉시항고가 제기되더라도 집행정지 효과가 있는 것은 아니어서 회생절차의 진행은 계속된다.

5. 회생위원의 선임과 업무

1) 회생위원의 선임(제601조)

법원은 이해관계인의 신청에 의하거나 직권으로 다음 각호의 해당하는 자를 회생위원으로 선임할 수 있다.

① 관리위원회의 관리위원
② 법원사무관등
③ 변호사·공인회계사 또는 법무사의 자격이 있는 자
④ 법원주사보·검찰주사보 이상의 직에 근무한 경력이 있는 자
⑤ 「은행법」에 의한 은행에서 근무한 경력이 있는 사람으로서 회생위원의 직무수행에 적합한 자

⑥ 채무자를 상대로 신용관리교육·상담 및 신용회복을 위한 채무조정 업무 등을 수행하는 기관 또는 단체에 근무 중이거나 근무한 경력이 있는 사람으로서 회생위원의 직무수행에 적합한 자

2) 회생위원의 업무(제602조)
① 채무자의 재산 및 소득에 대한 조사
② 부인권 행사명령의 신청 및 그 절차 참가
③ 개인회생채권자집회의 진행
④ 그 밖에 법령 또는 법원이 정하는 업무

8 개인회생채권의 확정 등

1. 개인회생채권의 확정

1) 확정 사유
① 개인회생채권자목록에 기재된 채권자가 제596조제2항제1호의 규정에 의한 이의기간 안에 개인회생채권조사확정재판을 신청하지 아니한 경우
② 개인회생채권조사확정재판신청이 각하된 경우

2) 개인회생채권의 확정과 채권자표 작성
법원사무관 등은 채권이 확정된 때에는 ① 채권자의 성명 및 주소 ② 채권의 내용 및 원인을 기재한 개인회생채권자표를 작성하여야 한다.

3) 개인회생채권자표의 효력
① 확정된 개인회생채권을 개인회생채권자표에 기재한 경우 그 기재는 개인회생채권자 전원에 대하여 확정판결과 동일한 효력이 있다.
② 개인회생채권자는 개인회생절차폐지결정이 확정된 때에는 채무자에

대하여 개인회생채권자표에 기하여 강제집행을 할 수 있고 제255조제3항의 규정이 준용된다.

> 제255조(회생채권자표 등의 기재의 효력)
> ③ 「민사집행법」 제2조(집행실시자) 내지 제18조(집행비용의 예납 등), 제20조(공공기관의 원조), 제28조(집행력 있는 정본) 내지 제55조(외국에서 할 집행)의 규정은 제2항의 경우에 관하여 준용한다. 다만, 「민사집행법」 제33조(집행문부여의 소), 제44조(청구에 관한 이의의 소) 및 제45조(집행문부여에 대한 이의의 소)의 규정에 의한 소는 회생계속법원의 관할에 전속한다.

4) 판례

[대법원 2017. 6. 19., 선고, 2017다204131, 판결]

① 확정판결의 의미

여기에서 '확정판결과 동일한 효력'은 기판력이 아닌 확인적 효력을 가지고 개인회생절차 내부에 있어 불가쟁의 효력이 있다는 의미에 지나지 않는다. 따라서 애당초 존재하지 않는 채권이 확정되어 개인회생채권자표에 기재되어 있더라도 이로 인하여 채권이 있는 것으로 확정되는 것이 아니므로 채무자로서는 별개의 소송절차에서 채권의 존재를 다툴 수 있다.

② 청구이의의 소와 기판력의 시적범위

확정된 개인회생채권에 관한 개인회생채권자표의 기재에 기판력이 없는 이상 그에 대한 청구이의의 소에서도 기판력의 시간적 한계에 따른 제한이 적용되지 않는다. 그러므로 청구이의의 소송심리에서는 개인회생채권 확정 후에 발생한 사유뿐만 아니라 개인회생채권 확정 전에 발생한 청구권의 불성립이나 소멸 등의 사유도 심리·판단하여야 한다.

2. 개인회생채권조사확정재판(제604조)

1) 신청권자와 절차

개인회생채권자목록의 내용에 관하여 이의가 있는 개인회생채권자는 제589조의2제4항 또는 제596조제2항제1호에 따른 이의기간 안에 서면으로 이의를 신청할 수 있다. 채무자가 이의내용을 인정하는 때에는 법원의 허가를 받아 개인회생채권자목록을 변경할 수 있다.

2) 이미 소송 계속중인 권리에 대한 이의

① 소의 변경

개인회생절차개시 당시 이미 소송이 계속 중인 권리에 대하여 이의가 있는 경우에는 별도로 조사확정재판을 신청할 수 없고 이미 계속 중인 소송의 내용을 개인회생채권조사확정의 소로 변경하여야 한다.

② 당사자

가. 자신의 개인회생채권에 대한 이의

개인회생채권자가 자신의 개인회생채권의 내용에 관하여 개인회생채권조사확정재판을 신청하는 경우에는 채무자를 상대방으로 한다.

나. 다른 개인회생채권에 대한 이의

다른 개인회생채권자의 채권내용에 관하여 개인회생채권조사확정재판을 신청하는 경우에는 채무자와 다른 개인회생채권자를 상대방으로 하여야 한다.

③ 소의 대상

회생채권의 존부 또는 그 내용이 소의 대상이 된다.

3) 조사확정재판에 대한 이의의 소

채권에 대한 이의가 제기되어 개인회생채권조사확정재판이 있는 경우 그 결과에 불복하는 자는 결정서의 송달을 받은 날부터 1월 이내에 이의의 소를 제기할 수 있다. 이 경우 이의의 소는 개인회생계속법원(개인회생 사건이 계속되어 있는 회생법원을 말한다)의 관할에 전속한다.

4) 판결의 효력

개인회생채권의 확정에 관한 소송에 대한 판결은 개인회생채권자 전원에 대하여 그 효력이 미치고 확정판결과 동일한 효력이 있다.

5) 판례[서울고등법원 2008. 10. 23., 선고, 2007나101877, 판결]

■ 판례 관련 조문 확인

> 제170조 (회생채권 및 회생담보권 조사확정의 재판)
> ① 목록에 기재되거나 신고된 회생채권 및 회생담보권에 관하여 관리인·회생채권자·회생담보권자·주주·지분권자가 이의를 한 때에는 그 회생채권 또는 회생담보권(이하 '이의채권'이라 한다)을 보유한 권리자는 그 권리의 확정을 위하여 이의자 전원을 상대방으로 하여 법원에 채권조사확정의 재판(이하 '채권조사확정재판'이라 한다)을 신청할 수 있다.

> 제171조 (채권조사확정재판에 대한 이의의 소)
> ① 채권조사확정재판에 불복하는 자는 그 결정서의 송달을 받은 날부터 1월 이내에 이의의 소를 제기할 수 있다.
> ③ 제1항의 소를 제기하는 자가 이의채권을 보유하는 권리자인 때에는 이의자 전원을 피고로 하고, 이의자인 때에는 그 회생채권자 또는 회생담보권자를 피고로 하여야 한다.
> ⑤ 동일한 이의채권에 관하여 여러 개의 소가 계속되어 있는 때에는 법원은 변론을 병합하여야 한다.

> 제604조 (개인회생채권조사확정재판)
> ① 개인회생채권자목록의 내용에 관하여 이의가 있는 개인회생채권자는 제596조 제2항 제1호의 규정에 의한 이의기간 안에 서면으로 이의를 신청할 수 있다. 채무자가 이의내용을 인정하는 때에는 법원의 허가를 받아

개인회생채권자목록을 변경할 수 있다. 이 경우 법원은 조사확정재판신청에 대한 결정을 하지 아니할 수 있다.
③ 제1항의 경우 개인회생채권자가 자신의 개인회생채권의 내용에 관하여 개인회생채권조사확정재판을 신청하는 경우에는 채무자를 상대방으로 하고, 다른 개인회생채권자의 채권내용에 관하여 개인회생채권조사확정재판을 신청하는 경우에는 채무자와 다른 개인회생채권자를 상대방으로 하여야 한다.

제605조 (개인회생채권조사확정재판에 대한 이의의 소)
① 개인회생채권조사확정재판에 불복하는 자는 결정서의 송달을 받은 날부터 1월 이내에 이의의 소를 제기할 수 있다. 이 경우 이의의 소는 개인회생법원(개인회생사건이 계속되어 있는 지방법원을 말한다)의 관할에 전속한다.
② 제1항의 소의 변론은 결정서를 송달받은 날부터 1월을 경과한 후가 아니면 개시할 수 없으며, 동일한 채권에 관하여 여러 개의 소가 계속되어 있는 때에는 법원은 변론을 병합할 수 있다.

■ 판례 내용 : 회생절차와 개인회생절차의 차이점 및 그 취지

(1) 조사확정재판 단계에서의 차이점

먼저, 조사확정재판 단계에서의 차이점에 관하여 보건대, 회생절차에서는 이의채권 보유자가 "이의자 전원"을 상대로 조사확정재판을 신청하여야 하나, 이의자 중에 채무자의 관리인이 없는 경우에는 관리인을 그 상대방으로 포함시킬 필요는 없다. 그러나, 개인회생절차에서는 이의자가 "이의채권 보유자와 채무자"를 상대로 조사확정재판을 신청하여야 한다.

(가) 신청권자

조사확정재판의 신청권자는, 당해 채권을 보유하고 있다고 주장하는 자가 그 채권의 존재를 증명하는 것이 타당하다는 점에 비추어 볼 때, **회생절차**에서 정하고 있는 바와 같이, 원칙적으로 이의채권 보유자가 되어야

할 것이다. 그럼에도 불구하고 **개인회생절차**에서 회생절차와 달리 이의자를 신청권자로 규정한 취지는, 채권 신고제도 없이(회생절차는 법 제148조에서 채권 신고제도를 두고 있다), 채무자가 기재한 채권자목록만에 따라 진행하는 개인회생절차에 있어서는 자신이 채권을 신고하거나 기재한 적이 없는 이의채권 보유자로 하여금 조사확정재판을 신청하도록 하는 것은 부적절하다는 점을 고려한 것이다. 나아가 개인회생절차에서는 조사확정재판의 신청권자를 "이의자 전원"이 아닌 "개별 이의자"로 정하고 있는데, 이는 이의신청과 조사확정재판의 신청을 구분하고 있지 않아 자신의 이의신청 당시 장래의 다른 채권자의 이의 여부 등을 알 수 없는 개인회생절차의 특성상, 이의기간 내에 다른 이의자와 함께 조사확정재판을 신청할 수 없다는 점으로 이해할 수 있다(법 제605조 제2항은 동일 이의채권에 대한 임의적 변론 병합을 정함으로써 여러 이의자들에 의한 개별 신청을 합일확정할 수 있도록 하고 있다).

(나) 상대방

한편, 위와 같이 회생절차와 개인회생절차에 있어 신청권자를 달리 정함에 따라 그 상대방에 있어서도 그 차이가 발생하게 되었다. 즉, <u>**회생절차**에서는 이의채권 보유자로 하여금 이의자 전원을 상대로 조사확정재판을 신청하도록 하였는데</u>, 이는 동일한 권리관계에 있어 합일확정의 필요성이 있을 뿐만 아니라, 이의채권 보유자를 신청권자로 함으로써, 이의자를 신청권자로 정한 경우와는 달리, 조사기간 내에 또는 조사기일에 이의를 한 자 전원을 파악하여 대응할 수 있는 구조이기 때문이라 할 것이다.

이에 반하여, 이의자가 신청권자인 <u>개인회생절차에서는 조사확정재판의 상대방으로 이의채권 보유자와 채무자로 정하고 있다.</u> 이의채권 보유자가 상대방이 되어야 함은 의문의 여지가 없다. 또한, 다른 이의자는 자신의 이의 자체로써 별개의 조사확정재판이 개시될 것이므로 상대방이 될 필요가 없다. 다만, <u>회생절차와 달리, 채무자도 그 상대방으로 포함시키고 있는데</u>, 이는, 개인회생절차에서는 채권 신고 제도가 없이 채무자가 주도적으로 기재한 채권자목록에 따라 진행되는 점, 그런데, 채무자가 허위 채권을 기재하는 방법으로 진정한 채권자들을 해하는 경우도 있어 채무자와 이의자가 반드시 동일한 이해관계를 가지고 있다고 단정할 수는 없는 점, 채권 신고제도가 없는 개인회생절차에서 채무자가 자신이 작성한 채권자목록에 대하여 이의를 하는 경우는 예상할 수 없고 따라서 법에서도 채무자를 조사확정재판의 신청인으로 인정하고 있지 아니하고 있으나(회생절차에서는 채권 신고제도로 인하여 채무자의 관리인에게도 그 신청권이 있다), 법 제607조 제1항에 따라 개인회생채권의 확정에 관한 소송에 대한 판결의 효력이 개인회생채권자 전원에 미침으로써 채무자 자신에게도 그 이해관계가 큰 점, 즉, 개인회생절차에 있어서 채무자의 절차 주도성 및 그 한계, 이해관계의 정도 및 상충 가능성 등을 고려하여, 개인회생절차에서의 조사확정재판에서는 채무자도 당사자로 강제로 편입하여 분쟁을 합일확정하도록 입법화한 것이라 볼 것이다.

(2) 이의의 소 단계에서의 차이점

다음으로, 이의의 소 단계에서의 차이점에 관하여 보건대, 회생절차에서는 이의채권 보유자가 제기하는 경우 이의자 전원을 피고로 하고, 이의자가 제기하는 경우 이의채권 보유자를 피고로 하도록 함으로써, 그 조사확정재판의 구조와 일관성 있게 법문상 원고 적격 및 피고 적격을 명확히 하고 있다(회생절차).

그런데, 개인회생절차에서는 "개인회생채권조사확정재판에 불복하는 자는 … 이의의 소를 제기할 수 있다"라고만 정할 뿐, 이의의 소의 원고 적격 및 피고 적격을 명확히 하고 있지 아니하다(개인회생절차). 이에 대하여 조사확정재판의 당사자였던 자들이 원고 적격을 가진다는 점에 대하여는 의문이 없으므로, 아래에서는 그 피고 적격에 관하여 살펴 보기로 한다.

(3) **개인회생채권조사확정재판에 대한 이의의 소의 피고 적격에 관한 판단**

㈎ 회생절차 및 개인회생절차는 재정적 어려움으로 인하여 파탄에 직면하여 있는 채무자에 대하여 채권자 등 이해관계인의 법률관계를 조정하여 채무자의 효율적인 회생을 도모하는 동일한 목적을 가지고 있고, 더구나 개인채무자의 경우 총채무액의 액수에 따라 이용할 수 있는 절차가 달라질 뿐이다. 그러나, 개인회생절차는 회생절차와 달리 채권자들의 결의절차 등이 생략된 신속·간이한 절차로서 담보권의 취급, 인가결정의 효력 등을 달리 정하고 있고, 개인회생절차를 회생절차에 우선하는 것(법 제600조 제1항 제1호)으로 정하고 있는 등, 그 고유의 특수성을 지니고 있다.

조사확정재판 및 이의의 소에서 나타난 차이점도 앞서 본 개인회생절차의 특수성에 따른 결과라 할 것이다. 따라서, 개인회생절차에 있어서 이의의 소의 피고 적격을 판단함에 있어서는, 동일한 목적과 유사한 조항을 갖추고 있다는 점만으로 회생절차에 있어서의 조항(특히, 조사확정재판에 단계에서 채무자의 관리인을 필요적 당사자로 정하지 아니한 부분, 따라서 이의의 소 단계에서도 채무자의 관리인에 관하여 아무런 정함이 없는 부분) 등을 그대로 참고할 수는 없고, 오히려 그 이의의 소의 전심(前審)이라 할 개인회생채권 조사확정재판의 구조 및 취지에 부합하도록 해석하여야 할 것이다.

㈏ <u>개인회생절차의 조사확정재판에서는, 회생절차에서와 달리, 이의를 제기하지 아니한 채무자라도 당사자로 편입시키도록 입법화하였다.</u> 이러한 입법화에 고려된 사정, 즉, 개인회생절차에 있어서 채무자의 절차 주도성 및 그 한계, 이해관계의 정도 및 상충 가능성 등은 조사확정재판을 기초로 한 이의의 소에 있어서도 그대로 존재한다고 볼 때에, <u>이의의 소에 있어서도 이에 불복하지 아니하는 채무자도 당사자로 편입을 하여야 하는 것이 위 입법화의 취지에 부합하는 것이라 할 것이다.</u> 만약, 채무자가 조사확정재판 결과에 이의하지 아니한다는 이유로 이의의 소의 당사자에서

제외될 수 있다면, 채권조사확정재판의 어떠한 결과에 의하더라도 자신이 제출한 채권자목록 기재의 것을 초과하는 채무를 부담하지 아니할 채무자가 위 재판 결과에 이의하는 경우는 많지 않을 것이라는 사정에 비추어 보면, 채권조사확정재판에 채무자를 당사자로 강제하고 있는 그 취지는 몰각될 것이다.

더욱이, 제1심 판결이 적절히 지적하고 있는 사정, 즉, ① 이의의 소에 있어서 조사확정재판의 당사자 중 아무나 피고로 삼아 이의의 소를 제기할 수 있다고 한다면 하나의 조사확정재판에 대하여 수 개의 이의 소가 가능하게 될 터인데 이들 소송을 따로 진행하는 경우 그 결론이 다를 수 있어 불합리할 뿐만 아니라 이들 소송을 병합하여 진행한다 하더라도 소송구조가 지나치게 복잡해질 우려가 있는 점, ② 특히 이의의 소의 제1심 판결에 일부 당사자만이 항소하는 경우 확정범위의 문제, 심판대상의 범위 문제 등 처리하기 곤란한 문제들을 낳을 우려가 있는 점, ③ 하나의 채권관계를 둘러싼 분쟁은 하나의 절차에서 한꺼번에 해결하는 것이 간명하다는 점 등을 더하여 종합하여 보면, <u>이의의 소에 있어서는, 조사확정재판의 당사자 전부, 즉, "이의자, 이의채권 보유자, 채무자"가 개인회생절차에 특수하게 법률상 강제되는 필요적 공동소송 관계에 있고 봄이 상당하다.</u>

㈐ 나아가, 이의채권 보유자만이 채권조사확정재판에 불복하는 구체적인 경우에 관하여 보건대, ① 조사확정재판 및 이의의 소에 있어서 채무자와 이의채권 보유자에게 실체법상 관리처분권이 공동으로 귀속되는 경우는 아니고, 또한, 이의의 소의 원고 적격을 "개인회생채권조사확정재판에 불복하는 자"라고 정하고 있으므로, 이의채권 보유자만이 불복하는 경우, 불복하지 아니하는 채무자도 이의채권 보유자와 함께 공동원고가 되어야 한다고 볼 수는 없는 점("채무자와 이의채권 보유자"가 조사확정재판에서 이의자의 상대방으로서 공동 당사자였다는 점에 비추어 보면, 위와 같은 사정은 전통적 의미에 있어서 필요적 공동소송 관계와 차이가 있다), ② 그런데, 앞서 본 바

와 같이 위와 같이 이의의 소에 있어서 조사확정재판의 당사자 전부의 공동소송이 필요적이라 할 것인 점, ③ 채권자(이의자와 이의채권 보유자 모두를 포함한다)와 채무자는 대립당사자일 수밖에 없는 한편, 이의자와 이의채권 보유자 또한 대립당사자일 수밖에 없는 점 등을 종합하여 보면, <u>의의채권 보유자만이 채권조사확정재판에 불복하는 경우, 그 이의의 소는 "이의자와 채무자" 모두를 피고로 삼아야 한다고 하여야 할 것이다.</u>

(4) 이 사건에 관한 판단

앞서 본 바와 같이 이의채권 보유자가 조사확정재판에 대한 이의의 소를 제기하는 경우, 조사확정재판의 나머지 당사자였던 이의자와 채무자 모두를 피고로 삼아야 할 것인데, 원고들은 채무자 소외인을 피고로 삼지 아니한 채 이의자인 피고만을 상대로 이 사건 이의의 소를 제기하였으므로, 이 사건 소는 당사자 적격을 갖추지 못하여 부적법하다.

9 변 제 계 획

1. 변제계획안의 제출과 수정

채무자는 개인회생절차개시의 신청일부터 14일 이내에 변제계획안을 제출하여야 하고 변제계획안이 인가되기 전에는 변제계획안을 수정할 수 있다.

2. 변제계획의 내용

1) 채무변제에 제공되는 재산 및 소득에 관한 사항
2) 개인회생재단채권 및 일반의 우선권 있는 개인회생채권의 전액의 변제에 관한 사항
3) 개인회생채권자목록에 기재된 개인회생채권의 전부 또는 일부의 변

제에 관한 사항
4) 개인회생채권의 조의 분류
5) 변제계획에서 예상한 액을 넘는 재산의 용도
6) 변제계획인가 후의 개인회생재단에 속하는 재산의 관리 및 처분권의 제한에 관한 사항
7) 그 밖에 채무자의 채무조정을 위하여 필요한 사항

3. 채권자 조 분류와 취급 원칙

변제계획에서 채권의 조를 분류하는 때에는 같은 조로 분류된 채권을 평등하게 취급하여야 한다. 다만, 불이익을 받는 개인회생채권자의 동의가 있거나 소액의 개인회생채권의 경우에는 그러하지 아니하다.

4. 변제주기와 변제기간

1) 변제주기

변제계획인가일부터 1월 이내에 변제를 개시하여 정기적으로 변제하는 내용을 포함하여야 한다. 다만, 법원의 허가를 받은 경우에는 그러하지 아니하다.

2) 변제기간

① 원칙

변제개시일부터 3년을 초과하여서는 아니된다.

② 예외

제614조제1항제4호의 요건(청산가치보장 원칙)을 충족하기 위하여 필요한 경우 등 특별한 사정이 있는 때에는 변제개시일부터 5년을 초과하지 아니하는 범위에서 변제기간을 정할 수 있다.

5. 변제계획의 인부(제614조)

1) 이의 진술이 없는 경우 인가

법원은 개인회생채권자 또는 회생위원이 이의를 진술하지 아니하고 다음 각 호의 요건이 모두 충족된 때에는 변제계획인가결정을 하여야 한다.

1. 변제계획이 법률의 규정에 적합할 것
2. 변제계획이 공정하고 형평에 맞으며 수행가능할 것
3. 변제계획인가 전에 납부되어야 할 비용·수수료 그 밖의 금액이 납부되었을 것
4. 변제계획의 인가결정일을 기준일로 하여 평가한 개인회생채권에 대한 총변제액이 채무자가 파산하는 때에 배당받을 총액보다 적지 아니할 것. 다만, 채권자가 동의한 경우에는 그러하지 아니하다.

2) 이의 진술이 있는 경우

법원은 개인회생채권자 또는 회생위원이 이의를 진술하는 때에는 이의 진술이 없는 경우의 요건 외에 다음 각 호의 요건을 추가적으로 구비하고 있는 때에 한하여 변제계획인가결정을 할 수 있다.

① 변제계획의 인가결정일을 기준일로 하여 평가한 이의를 진술하는 개인회생채권자에 대한 총변제액이 채무자가 파산하는 때에 배당받을 총액보다 적지 아니할 것

② 채무자가 최초의 변제일부터 변제계획에서 정한 변제기간 동안 수령할 수 있는 가용소득의 전부가 변제계획에 따른 변제에 제공될 것

③ 변제계획의 인가결정일을 기준일로 하여 평가한 개인회생채권에 대한 총변제액이 3천만원을 초과하지 아니하는 범위 안에서 다음 각목의 금액보다 적지 아니할 것

　가. 변제계획의 인가결정일을 기준일로 하여 평가한 개인회생채권의 총금액이 5천만원 미만인 경우에는 위 총금액에 100분의 5를 곱한 금액

나. 변제계획의 인가결정일을 기준일로 하여 평가한 개인회생채권의 총금액이 5천만원 이상인 경우에는 위 총금액에 100분의 3을 곱한 금액에 1백만원을 더한 금액

3) 판례

채무자 회생 및 파산에 관한 법률(이하 '법'이라 한다) 제614조에 의하면, 법원은 변제계획의 인가결정일을 기준일로 하여 평가한 개인회생채권에 대한 총변제액이 채무자가 파산하는 때에 배당받을 총액보다 적지 아니할 것 등의 요건을 모두 갖춘 때에는 변제계획인가결정을 하여야 하는바, 인가요건이 갖추어진 변제계획안에 대한 법원의 인가는 재량이 아니라 의무적인 것임이 명백하다. 그리고 법 제611조 제1항 제1호에 의하면 채무자는 장래에 얻게 될 소득 뿐만 아니라 기존에 갖고 있던 재산을 처분하여 채무를 변제할 수도 있는 것이다.[대법원 2009. 4. 9., 자, 2008마1311, 결정]

6. 변제계획인가의 효력(제615조)

1) 변제계획에 효력발생과 권리의 변경

변제계획은 인가의 결정이 있은 때부터 효력이 생기지만 권리의 변경은 면책결정이 확정되기까지는 생기지 아니한다.

2) 재산의 귀속

변제계획인가결정이 있는 때에는 개인회생재단에 속하는 모든 재산은 채무자에게 귀속된다. 다만, 변제계획 또는 변제계획인가결정에서 다르게 정한 때에는 그러하지 아니하다.

3) 중지된 강제집행 등 효력 상실

변제계획인가결정이 있는 때에는 제600조의 규정에 의하여 중지한 회생절차 및 파산절차와 개인회생채권에 기한 강제집행·가압류 또는 가처분은 그 효력을 잃는다. 다만, 변제계획 또는 변제계획인가결정에서 다르게

정한 때에는 그러하지 아니하다.

4) 채무자 급료 등 전부명령에 대한 효과(제616조)

① 내용

변제계획인가결정이 있으면 개인회생절차개시 전에 확정된 채무자의 급료, 봉급 등에 대한 전부명령은 그 인가결정이후에 제공한 노무에 대해서는 효력이 없다. 즉 개시결정전에 대한 급료에 대해서는 채권자로서 회수가 가능하지만 인가결정이 있은 후 채무자가 제3자에 대하여 제공한 노무 등의 대가에 대해서는 전부명령의 효력이 미치지 않는다.

② 판례 [대법원 2013. 4. 12., 자, 2013마408, 결정]

채권자목록에 기재된 개인회생채권에 기하여 개인회생재단에 속하는 재산에 대하여 이미 계속 중인 강제집행, 가압류 또는 가처분절차는 개인회생절차가 개시되면 일시적으로 중지되었다가, 변제계획이 인가되면 변제계획 또는 변제계획인가결정에서 다르게 정하지 아니하는 한 그 효력을 잃는다. 따라서 채권자목록에 기재된 개인회생채권에 기하여 개인회생재단에 속하는 채권에 대하여 내려진 압류 및 전부명령이 아직 확정되지 않은 상태에서 채무자에 대하여 개인회생절차가 개시되고 이를 이유로 압류 및 전부명령에 대하여 즉시항고가 제기되었다면, 항고법원은 다른 이유로 압류 및 전부명령을 취소하는 경우를 제외하고는 항고에 관한 재판을 정지하였다가 변제계획이 인가된 경우 압류 및 전부명령이 효력이 발생하지 않게 되었거나 그 효력이 상실되었음을 이유로 압류 및 전부명령을 취소하고 압류 및 전부명령신청을 기각하여야 한다(대법원 2008. 1. 31.자 2007마1679 결정 등 참조).

③ 채권압류및전부명령

채권자는, 같은 법 제616조에 의하면 채무자의 급료채권에 대하여 개인회생절차개시전에 확정된 전부명령은 변제계획인가결정 후 제공한 노무로 인한 부분에 대해 효력이 상실되므로 이를 반대해석하면 변제계획인가결정 전의 급료채권에 대해서는 이 사건 채권압류 및 전부명령이 유효하다는 취지로 주장하므로 살피건대, 위 규정은 개인회생절차개시 전에 확정된 전부명령에 대하여 적용되나 이 사건 채권압류 및 전부명령은 채무자의 즉시항고로 인하여 아직 확정되지 않았으므로, 위 주장은 이유없다.[서울중앙지방법원 2007. 8. 31., 자, 2006라255, 결정]

5) 변제의 수행

채무자는 인가결정으로 변제계획에 다른 금원을 회생위원에게 임치하고 회생위원은 개인회생채권자는 회생위원으로부터 변제금액을 수령한다.

7. 인가 후의 변제계획변경(제619조)

1) 의의

채무자는 변제계획대로 변제수행을 함이 원칙이나 소득이나 재산의 변동이 있는 경우 이해관계자의 신청에 따라 변제계획의 변경안을 신청할 수 있도록 법 제619조에서 허용하고 있다.

2) 신청 가능기한

변제계획에 따른 변제가 완료되기 전까지 변경안을 제출하여야 한다.

3) 절차

① 채권자 등 이해관계자에게 변제계획안을 송달 ② 채권자집회 기일 등 통지

③ 수정안의 변제인가요건 구비여부 확인 ④ 수정안에 대한 인가결정으로 그 내용대로 효력이 발생하여 그에 따라 변제를 수행한다.

4) 판례

[대법원 2019. 3. 19., 자, 2018마6364, 결정]

[1] 변제계획의 수정 사유

"채무자·회생위원 또는 개인회생채권자는 변제계획에 따른 변제가 완료되기 전에는 인가된 변제계획의 변경안을 제출할 수 있다."라고 규정하고 있을 뿐, 인가된 변제계획 변경안의 제출 사유를 제한하고 있지 않다. 그러나 인가된 변제계획의 변경은 인가 후에 변제계획에서 정한 사항의 변경이 필요한 사유가 발생하였음을 당연한 전제로 하는 것으로서, 위 규정이, 변제계획 인가 후에 채무자의 소득이나 재산의 변동 등 인가된 변제계획에서 정한 사항의 변경이 필요한 사유가 발생하지 아니한 경우에도 아무런 제한 없이 변제계획을 변경할 수 있도록 허용하고 있는 것으로 볼 수는 없다. 이와 달리 위와 같은 변경사유의 발생 없이도 인가된 변제계획의 변경이 가능하다고 보게 되면 안정적인 변제계획의 수행이 매우 곤란해질 뿐만 아니라 변제계획 인가절차 자체가 무의미해져, 변제계획 인가 전에 채무자회생법 제610조 제2항에 따라 변제계획안을 수정하는 것과 별 다른 차이가 없게 되기 때문이다. 따라서 변제계획 인가 후에 채무자의 소득이나 재산의 변동 등 인가된 변제계획의 변경이 필요한 사유가 발생한 경우에 한하여 변제계획의 변경이 가능하다고 봄이 타당하다.

[2] 법령 개정이 변제안 수정사유가 될 수 있는지

구 채무자 회생 및 파산에 관한 법률(2017. 12. 12. 법률 제15158호로 개정되기 전의 것) 제611조 제5항(이하 '개정 전 규정'이라 한다)은 변제계획에서 정하는 변제기간은 변제개시일부터 5년을 초과하지 못하도록 규정하고 있었는데, 개정 전 규정이 2017. 12. 12. 법률 제15158호로 개정되면서 원칙적으로 3년을 초과하지 못하도록 변제기간의 상한이 단축되었다. 이는 개인회생제도의 도입 취지에 맞게 회생 가능한 채무자들을 조속히 적극적인 생산활동에 복귀할 수 있도록 하려는 데에 그 취지가 있다.

이러한 개정법 부칙규정의 취지 및 이에 따른 개정법의 적용 범위 등에 비추어 보면, 적용제외 사건의 채무자가 변제계획 인가 후에 변제기간을 단축하는 변제계획 변경안을 제출한 경우 위와 같은 법개정이 있었다는 이유만으로는 인가된 변제계획에서 정한 변제기간을 변경할 사유가 발생하였다고 볼 수 없다. 다만 적용제외 사건이라고 하더라도 변제계획 인가 후에 채무자의 소득이나 재산 등의 변동으로 인가된 변제계획에서 정한 변제기간이 상당하지 아니하게 되는 등 변경사유가 발생하였다고 인정되는 경우에는 변제기간의 변경이 가능하다.

10 절차폐지 및 면책

1. 변제계획인가 전 개인회생절차의 폐지(제620조)

1) 필수적 폐지 사유

  ① 개인회생절차의 개시결정 당시 채무자가 신청권자의 자격을 갖추지 아니한 때
  ② 채무자가 신청일 전 5년 이내에 면책(파산절차에 의한 면책을 포함한다)을 받은 사실이 명백히 밝혀진 때
  ③ 채무자가 제출한 변제계획안을 인가할 수 없는 때

2) 임의적 폐지 사유(직권으로 폐지결정 할 수 있다)

  ① 서류를 제출하지 아니하거나, 허위로 작성하여 제출하거나 또는 법원이 정한 제출기한을 준수하지 아니한 때(제595조제2호)
  ② 채무자가 정당한 사유 없이 제613조제2항(채권자집회)의 규정에 의한 출석 또는 설명을 하지 아니하거나 허위의 설명을 한 때

2. 변제계획인가 후 개인회생절차의 폐지(제621조)

1) 폐지 사유

  ① 면책불허가결정이 확정된 때
  ② 채무자가 인가된 변제계획을 이행할 수 없음이 명백할 때.

③ 채무자가 재산 및 소득의 은닉 그 밖의 부정한 방법으로 인가된 변제계획을 수행하지 아니하는 때

2) 폐지와 기존 변제의 효력

개인회생절차의 폐지는 이미 행한 변제와 채무자회생법의 규정에 의하여 생긴 효력에 영향을 미치지 아니한다.

3) 판례

① [대법원 2017. 7. 25., 자, 2017마280, 결정]
가. 변제계획을 이행할 수 없음이 명백한 경우

법원이 채무자가 인가된 변제계획을 이행할 수 없음이 명백한지 여부를 판단함에 있어서는, 인가된 변제계획의 내용, 당시까지 변제계획이 이행된 정도, 채무자가 변제계획을 이행하지 못하게 된 이유, 변제계획의 이행에 대한 채무자의 성실성의 정도, 채무자의 재정상태나 수입 및 지출의 현황, 당초 개인회생절차개시 시점에서의 채무자의 재정상태 등과 비교하여 그 사이에 사정변경이 있었는지 여부 및 채권자들의 의사 등 여러 사정을 종합적으로 고려할 것이나, 단순히 변제계획에 따른 이행 가능성이 확고하지 못하다거나 다소 유동적이라는 정도의 사정만으로는 '이행할 수 없음이 명백한 때'에 해당한다고 할 것은 아니다.

3. 공고(제622조)

법원은 개인회생절차폐지의 결정을 한 때에는 그 주문과 이유의 요지를 공고하여야 한다. 이 경우 송달은 하지 아니할 수 있다.

4. 폐지결정에 대한 즉시항고(제623조)

개인회생절차폐지의 결정에 대하여는 즉시항고를 할 수 있다.

5. 면책결정

1) 면책결정의 시기(원칙)

법원은 채무자가 변제계획에 따른 변제를 완료한 때에는 당사자의 신청에 의하거나 직권으로 면책의 결정을 하여야 한다.

2) 변제가 미완료된 경우 예외적 면책결정(모두 충족)

① 채무자가 책임질 수 없는 사유로 인하여 변제를 완료하지 못하였을 것
② 개인회생채권자가 면책결정일까지 변제받은 금액이 채무자가 파산절차를 신청한 경우 파산절차에서 배당받을 금액보다 적지 아니할 것
③ 변제계획의 변경이 불가능할 것

3) 면책 불허가결정 사유

① 면책결정 당시까지 채무자에 의하여 악의로 개인회생채권자목록에 기재되지 아니한 개인회생채권이 있는 경우
② 채무자가 이 법에 정한 채무자의 의무를 이행하지 아니한 경우

4) 면책결정의 효력(제625조)

① 효력발생시기

면책의 결정은 확정된 후가 아니면 그 효력이 생기지 아니한다. 면책결정에 대해서 이해관계자는 즉시항고를 제기할 수 있기 때문에 즉시항고가 가능한 기간동안 항고가 없거나 즉시항고가 있어 그에 대한 판결이 확정된 경우 면책의 효력이 발생한다.

② 책임 면제

면책을 받은 채무자는 변제계획에 따라 변제한 것을 제외하고 개인회생채권자에 대한 채무에 관하여 그 책임이 면제된다. 책임의 면제란 강제집행의 위험이 소멸되어 자연채무로 존재한다. 자연채무에서 이행의 소제기 및 강제집행은 불허된다.

③ 책임이 면제되지 않는 경우

1. 개인회생채권자목록에 기재되지 아니한 청구권
2. 제583조제1항제2호의 규정에 의한 조세 등의 청구권
3. 벌금·과료·형사소송비용·추징금 및 과태료
4. 채무자가 고의로 가한 불법행위로 인한 손해배상
5. 채무자가 중대한 과실로 타인의 생명 또는 신체를 침해한 불법행위로 인하여 발생한 손해배상
6. 채무자의 근로자의 임금·퇴직금 및 재해보상금
7. 채무자의 근로자의 임치금 및 신원보증금
8. 채무자가 양육자 또는 부양의무자로서 부담하여야 할 비용

4) 면책결정과 보증인에 대한 효력(제625조제3항)

면책은 개인회생채권자가 채무자의 보증인 그 밖에 채무자와 더불어 채무를 부담하는 자에 대하여 가지는 권리와 개인회생채권자를 위하여 제공한 담보에 영향을 미치지 아니한다.

5) 면책의 취소 등

① 법원은 채무자가 기망 그 밖의 부정한 방법으로 면책을 받은 때에는 이해관계인의 신청에 의하거나 직권으로 면책을 취소할 수 있다. 신청은 면책결정의 확정일부터 1년 이내에 제기하여야 한다.

② 면책 여부의 결정과 면책취소의 결정에 대하여는 즉시항고를 할 수 있다.

6) 판례

[대법원 2017. 1. 12., 선고, 2014다32014, 판결]

[1] 면책결정의 효력이 미치는 범위

구 개인채무자회생법(2005. 3. 31. 법률 제7428호 채무자 회생 및 파산에 관

한 법률 부칙 제2조로 폐지) 제39조, 제71조 제1항 제1호, 제3호, 제83조 제1항, 제84조 제2항 제1호에 따르면 변제계획의 변제대상이 되는 개인회생채권자목록에 기재된 개인회생채권 중 변제계획에 따라 변제한 것을 제외한 부분은 모두 면책되지만, 개인회생채권자목록에 기재되지 아니한 청구권은 변제계획에 의한 변제대상이 될 수 없어 면책결정의 효력이 미치지 않는다.

[2] 임대차보증금반환채권의 성질과 면책결정의 효력

주택임차인은 구 개인채무자회생법(2005. 3. 31. 법률 제7428호 채무자 회생 및 파산에 관한 법률 부칙 제2조로 폐지, 이하 '구 개인채무자회생법'이라 한다) 제46조 제1항에 의하여 인정된 우선변제권의 한도 내에서는 임대인에 대한 개인회생절차에 의하지 아니하고 자신의 임대차보증금반환채권의 만족을 받을 수 있으므로, 설혹 주택임차인의 임대차보증금반환채권 전액이 개인회생채무자인 임대인이 제출한 개인회생채권자목록에 기재되었더라도, 주택임차인의 임대차보증금반환채권 중 우선변제권이 인정되는 부분을 제외한 나머지 채권액만이 개인회생절차의 구속을 받아 변제계획의 변제대상이 되고 면책결정의 효력이 미치는 개인회생채권자목록에 기재된 개인회생채권에 해당한다.

그렇다면 임대인에 대한 개인회생절차의 진행 중에 임차주택의 환가가 이루어지지 않아 주택임차인이 환가대금에서 임대차보증금반환채권을 변제받지 못한 채 임대인에 대한 면책결정이 확정되어 개인회생절차가 종료되었더라도 특별한 사정이 없는 한 주택임차인의 임대차보증금반환채권 중 구 개인채무자회생법 제46조 제1항에 의하여 인정된 우선변제권의 한도 내에서는 같은 법 제84조 제2항 단서 제1호에 따라 면책이 되지 않는 '개인회생채권자목록에 기재되지 아니한 청구권'에 해당하여 면책결정의 효력이 미치지 않는다.

【참조조문】
구 개인채무자회생법제84조 제2항 제1호(현행 채무자 회생 및 파산에 관한 법률 제625조 제2항 제1호 참조) 구 개인채무자회생법 제39조(현행 채무자 회생 및 파산에 관한 법률 제582조 참조), 제46조 제1항(현행 채무자 회생 및 파산에 관한 법률 제415조 제1항, 제586조 참조),

11 확인 문제(O, X)

1. 급여소득 또는 사업소득이 없는 사람도 개인회생 신청이 가능하다.
2. 무담보채무 10억원 담보채무 5억원 이하의 채무자가 신청할 수 있다.
3. 채무자의 최저생계비는 가용소득에서 포함된다.
4. 주택임대차보호법상 인정되는 최우선변제금은 신청이 없더라도 개인회생재단에 포함되지 않는다.
5. 개인회생채권과 개인회생재단채권은 회생절차에 따라 변제한다.
6. 회생위원의 보수와 채무자의 근로자 임금은 우선적으로 수시 변제한다.
7. 개인회생절차에서 담보권자는 별제권을 행사할 수 있어 회생채권자로서 권리를 주장할 수 없다.
8. 개인회생절차에서는 채무자가 재산을 관리하고 처분하기 때문에 채권자가 부인권을 행사한다.
9. 개시결정이 있더라도 채권자목록을 수정할 수 있으나 변제계획인가결정 후에는 원칙적으로 채권자목록을 수정을 할 수 없다.

정답 1. X 2. X 3. X 4. X 5. X 6. O 7. X 8. X 9. O

10. 개인회생에서는 별제권이 인정되어 담보권에 기한 경매를 중지할 수 없다.

11. 채무자가 7년 이내에 면책 받은 사실이 있는 경우 기각사유에 해당한다.

12. 개인회생에서 변제기간은 원칙적으로 5년을 초과할 수 없다.

13. 주채무자가 개인회생을 진행하는 동안 채권자는 보증인에 대하여 가압류, 강제집행을 할 수 없다.

14. 개인회생 인가결정이 있으면 권리변경 효력이 발생한다.

15. 채권자목록에 포함되지 않은 채권의 권리자는 회생절차에 의하지 아니하고 권리행사를 할 수 있다.

16. 변제기간에 따른 변제가 미완료 된 경우에도 법원은 면책결정을 할 수 있다.

17. 개인회생절차가 폐지되더라도 이미 행한 변제에 영향이 없고 변제계획에서 정한 금액으로 채무를 부담한다.

18. 개시결정이 있어야만 중지 또는 금지명령을 신청할 수 있다.

19. 개시결정이 있으면 채권자목록에 기재된 회생채권에 기한 강제집행, 가압류는 금지된다.

20. 채권자목록에 기재된 자신의 채권에 대하여 이의가 있는 경우 채무자를 상대방으로 하고 다른 채권자의 채권에 이의가 있는 경우 그 채권자를 상대방으로 이의를 신청한다.

정답 10. X 11. X 12. X 13. X 14. X 15. O 16. O 17. X 18. X 19. O 20. X

현장에서 通하는 채무자회생법 실무

제3편

파산절차

제3편 파산절차

1 파산신청

1. 파산의 의의

경영악화나 수입부족으로 지급불능이 발생한 채무자에 대하여 법원의 결정으로 파산을 선고하고 채권자들에게 법에 따른 공평한 채권의 변제를 목적으로 하는 채무자 회생제도이다. 개인회생절차는 채무자의 경제생활을 통한 소득을 바탕으로 3년간 변제를 수행하고 면책을 받는 절차이지만 파산은 선고시 채무자의 총 재산을 변제재원으로 사용하여 일시에 배당한다는 점에서 회생절차와 차이가 있다.

2. 신청권자(제294조 이하)

1) 채무별 신청자

일반 채무자는 채권자와 채무자, 법인채무자의 경우 이사, 상속재산의 파산은 상속채권자, 상속자, 상속재산관리인 또는 유언집행자가 신청할 수 있다.

2) 판례

<u>파산신청을 채무자에게만 맡겨 둔다면 파산원인이 있는데도 채무자가 파산을 신청하지 않아 파산절차에 따른 채권자의 잠재적 이익이 상실될 수 있다. 그리하여 채권자 스스로 적당한 시점에서 파산절차를 개시할 수 있도록 채권자도 파산신청을 할 수 있다는 명시적 규정을 둔 것이다.</u>[대법원 2017. 12. 5., 자, 2017마5687, 결정]

3. 파산신청서 서면 기재 사항 등(제302조)

1) 기재 사항

① 신청인 및 그 법정대리인의 성명 및 주소
② 채무자가 개인인 경우에는 채무자의 성명·주민등록번호 및 주소
③ 채무자가 개인이 아닌 경우에는 채무자의 상호, 주된 사무소 또는 영업소의 소재지, 대표자의 성명
④ 신청의 취지, 신청의 원인
⑤ 채무자의 사업목적과 업무의 상황
⑥ 채무자의 발행주식 또는 출자지분의 총수, 자본의 액과 자산, 부채 그 밖의 재산상태
⑦ 채무자의 재산에 관한 다른 절차 또는 처분으로서 신청인이 알고 있는 것
⑧ 채권자가 파산신청을 하는 때에는 그가 가진 채권의 액과 원인
⑨ 주주·지분권자가 파산신청을 하는 때에는 그가 가진 주식 또는 출자지분의 수 또는 액

2) 첨부 서류

① 채권자목록 ② 재산목록 ③ 채무자의 수입 및 지출에 관한 목록
④ 그 밖에 대법원규칙에서 정하는 서류

2 파산선고

1. 파산원인(제305조~307조)

1) 파산종류에 따른 원인

구 분	원 인
보통의 파산	채무자가 지급 할 수 없을 때
법인의 파산	지급할 수 없을 때 또는 부채총액이 자산총액 초과시
상속재산의 파산	상속재산으로 상속채권자의 채무 완제 불가시

2) 부채 초과상태인 개인 채무자의 파산원인인 지급불능 상태의 판단

채무자 회생 및 파산에 관한 법률(이하 '법'이라 한다) 제305조 제1항은 "채무자가 지급을 할 수 없는 때에는 법원은 신청에 의하여 결정으로 파산을 선고한다."고 규정하고 있는바, 여기서 '채무자가 지급을 할 수 없는 때', 즉 지급불능이라 함은 채무자가 변제능력이 부족하여 즉시 변제하여야 할 채무를 일반적·계속적으로 변제할 수 없는 객관적 상태를 말한다(대법원 1999. 8. 16.자 99마2084 결정 참조). 그리고 채무자가 개인인 경우 그러한 지급불능이 있다고 하려면, 채무자의 연령, 직업 및 경력, 자격 또는 기술, 노동능력, 가족관계, 재산·부채의 내역 및 규모 등을 종합적으로 고려하여, 채무자의 재산, 신용, 수입에 의하더라도 채무의 일반적·계속적 변제가 불가능하다고 객관적으로 판단되어야 한다(대법원 2009. 3. 2.자 2008마1651 결정 참조).

따라서 채무자가 개인인 경우 그가 현재 보유하고 있는 자산보다 부채가 많음에도 불구하고 지급불능 상태가 아니라고 판단하기 위하여는, 채무자의 연령, 직업 및 경력, 자격 또는 기술, 노동능력 등을 고려하여 채무자가 향후 구체적으로 얻을 수 있는 장래 소득을 산정하고, 이러한 장래 소득에서 채무자가 필수적으로 지출하여야 하는 생계비 등을 공제하여 가용

소득을 산출한 다음, 채무자가 보유 자산 및 가용소득으로 즉시 변제하여야 할 채무의 대부분을 계속적으로 변제할 수 있는 객관적 상태에 있다고 평가할 수 있어야 한다. 이와 같이 <u>부채초과 상태에 있는 개인 채무자의 변제능력에 관하여 구체적·객관적인 평가 과정을 거치지 아니하고, 단지 그가 젊고 건강하다거나 장래 소득으로 채무를 일부라도 변제할 수 있을 것으로 보인다는 등의 추상적·주관적인 사정에 근거하여 함부로 그 채무자가 지급불능 상태에 있지 않다고 단정하여서는 안 된다</u>[대법원 2011. 4. 29., 자, 2011마422, 결정]

2. 파산선고 결정서 기재사항과 효력발생(제310조~312조)

1) 결정서 기재사항

파산결정서에는 파산선고의 연·월·일·시를 기재하여야 한다.

2) 효력발생시기

파산은 선고를 한 때부터 그 효력이 생긴다.

3) 파산선고와 동시에 정하여야 하는 사항

① 채권신고의 기간. 이 경우 그 기간은 파산선고를 한 날부터 2주 이상 3월 이하이어야 한다.
② 제1회 채권자집회의 기일. 이 경우 그 기일은 파산선고를 한 날부터 4월 이내이어야 한다.
③ 채권조사의 기일. 이 경우 그 기일과 제1호의 규정에 의한 채권신고 기간의 말일과의 사이에는 1주 이상 1월 이하의 기간이 있어야 한다.
④ 채권자집회와 채권조사의 기일은 병합할 수 있다.

3. 기각사유(제309조)

1) 필수적 기각사유(제1항)

① 신청인이 절차의 비용을 미리 납부하지 아니한 때
② 법원에 회생절차 또는 개인회생절차가 계속되어 있고 그 절차에 의함이 채권자 일반의 이익에 부합하는 때
③ 채무자에게 파산원인이 존재하지 아니한 때
④ 신청인이 소재불명인 때
⑤ 그 밖에 신청이 성실하지 아니한 때

2) 재량적 기각사유(제2항)

법원은 채무자에게 파산원인이 존재하는 경우에도 파산신청이 파산절차의 남용에 해당한다고 인정되는 때에는 심문을 거쳐 파산신청을 기각할 수 있다.

3) 판례

① "신청이 성실하지 아니할 때" 의미

채무자 회생 및 파산에 관한 법률(이하 '법'이라고 한다) 제309조 제1항 제5호에서 파산신청 기각사유로 규정하고 있는 '신청이 성실하지 아니한 때'란 채무자가 법 제302조 제1항에 정한 신청서의 기재사항을 누락하였거나 법 제302조 제2항 및 채무자 회생 및 파산에 관한 규칙 제72조에 정한 첨부서류를 제출하지 아니하였고, 이에 대하여 법원이 보정을 촉구하였음에도 채무자가 정당한 사유 없이 응하지 아니한 경우를 말하는 것이며, [대법원 2012. 4. 13., 자, 2012마271,272, 결정]

법원이 보정을 명한 사항이 위와 같이 법령상 요구되지 않는 내용에 관한 것이라면 채무자가 그 사항을 이행하지 못하였다 하더라도 이를 이유로 파산신청을 기각하는 것은 허용되지 않고,

② "신청이 성실하지 아니한 때"의 판단시기

법 제309조 제1항 제5호의 사유를 이유로 한 파산신청기각결정에 대하여 즉시항고가 제기된 경우 '신청이 성실하지 아니한 때'에 해당하는지 여부는 항고심의 속심적 성격에 비추어 항고심 결정 시를 기준으로 판단하여야 한다. [대법원 2012. 4. 13., 자, 2012마271,272, 결정]

③ 파산절차의 남용

파산신청 기각사유이다(채무자회생법 제309조 제2항). 파산절차의 남용은 권리남용금지 원칙의 일종으로서, 파산신청이 '파산절차의 남용'에 해당하는지는 파산절차로 말미암아 채권자와 채무자를 비롯한 이해관계인에게 생기는 이익과 불이익 등 여러 사정을 종합적으로 고려하여 판단하여야 한다. 가령 채권자가 파산절차를 통하여 배당받을 가능성이 전혀 없거나 배당액이 극히 미미할 것이 예상되는 상황에서 부당한 이익을 얻기 위하여 채무자에 대한 위협의 수단으로 파산신청을 하는 경우에는 채권자가 파산절차를 남용한 것에 해당한다. 이처럼 파산절차에 따른 정당한 이익이 없는데도 파산신청을 하는 것은 파산제도의 목적이나 기능을 벗어난 것으로 파산절차를 남용한 것이다.

이때 채권자에게 파산절차에 따른 정당한 이익이 있는지를 판단하는 데에는 파산신청을 한 채권자가 보유하고 있는 채권의 성질과 액수, 전체 채권자들 중에서 파산신청을 한 채권자가 차지하는 비중, 채무자의 재산상황 등을 고려하되, 채무자에 대하여 파산절차가 개시되면 파산관재인에 의한 부인권 행사, 채무자의 이사 등에 대한 책임추궁 등을 통하여 파산재단이 증가할 수 있다는 사정도 감안하여야 한다. 이와 함께 채권자가 파산신청을 통해 궁극적으로 달성하고자 하는 목적 역시 중요한 고려 요소가 될 수 있다.[대법원 2017. 12. 5., 자, 2017마5687, 결정]

4. 공고와 송달

1) 공고 내용

① 파산결정의 주문
② 파산관재인의 성명 및 주소 또는 사무소
③ 제312조의 규정에 의한 기간 및 기일
④ 파산선고를 받은 채무자의 채무자와 파산재단에 속하는 재산의 소유자는 파산선고를 받은 채무자에게 변제를 하거나 그 재산을 교부하여서는 아니된다는 뜻의 명령

2) 신고할 사항 명령

파산선고를 받은 채무자의 채무자와 파산재단에 속하는 재산의 소유자는 ① 채무를 부담하고 있다는 것 ② 재산을 소지하고 있다는 것 ③ 소지자가 별제권을 가지고 있는 때에는 그 채권을 가지고 있다는 것 대하여 파산관재인에게 신고하여야 한다

3) 송달

법원은 알고 있는 채권자·채무자 및 재산소지자에게는 제1항 각호의 사항을 기재한 서면을 송달하여야 한다.

5. 파산선고에 대한 즉시항고

파산선고 결정에 이의가 있는 자는 즉시항고를 제기할 수 있으나 이 경우 집행정지효는 발생하지 않는다.

3 법률행위에 관한 파산의 효력

1. 채무자의 파산선고 후의 법률행위

파산선고를 받은 채무자가 파산선고 후 파산재단에 속하는 재산에 관하여 한 법률행위는 파산채권자에게 대항할 수 없고 채무자가 파산선고일에 한 법률행위는 파산선고 후에 한 것으로 추정한다.

2. 파산선고 후의 권리취득

파산선고 후에 파산재단에 속하는 재산에 관하여 채무자의 법률행위에 의하지 아니하고 권리를 취득한 경우에도 그 취득은 파산채권자에게 대항할 수 없다.

3. 파산선고 후의 등기·등록 등

부동산 또는 선박에 관하여 파산선고 전에 생긴 채무의 이행으로서 파산선고 후에 한 등기 또는 가등기는 파산채권자에게 대항할 수 없다. 다만, 등기권리자가 파산선고의 사실을 알지 못하고 한 등기에 관하여는 그러하지 아니하다.

4. 파산선고 후 채무자에 대한 변제

1) 파산선고 후에 그 사실을 알지 못하고 채무자에게 한 변제는 이로써 파산채권자에게 대항할 수 있다.
2) 파산선고 후에 그 사실을 알고 채무자에게 한 변제는 파산재단이 받은 이익의 한도 안에서만 파산채권자에게 대항할 수 있다.

5. 선의 또는 악의의 추정

위 1. 내지 4.의 내용을 적용하는 때에는 파산선고의 공고 전에는 그 사실을 알지 못한 것으로 추정하고, 공고 후에는 그 사실을 안 것으로 추정한다.

6. 쌍방미이행 쌍무계약에 관한 선택

1) 관재인의 계약 해제(해지)

쌍무계약에 관하여 채무자 및 그 상대방이 모두 파산선고 당시 아직 이행을 완료하지 아니한 때에는 파산관재인은 계약을 해제 또는 해지하거나 채무자의 채무를 이행하고 상대방의 채무이행을 청구할 수 있다.

2) 상대방의 최고권

상대방은 파산관재인에 대하여 상당한 기간을 정하여 그 기간 안에 계약의 해제 또는 해지나 이행 여부를 확답할 것을 최고할 수 있다. 이 경우 파산관재인이 그 기간 안에 확답을 하지 아니한 때에는 계약을 해제 또는 해지한 것으로 본다.

7. 파산관재인의 해제 또는 해지와 상대방의 권리

1) 파산채권자로서 권리 행사

계약의 해제 또는 해지가 있는 때에는 상대방은 손해배상에 관하여 파산채권자로서 권리를 행사할 수 있다.

2) 반환청구 또는 재단채권자로서 권리행사

제1항의 규정에 의한 계약의 해제 또는 해지의 경우 채무자가 받은 반대급부가 파산재단 중에 현존하는 때에는 상대방은 그 반환을 청구하고, 현존하지 아니하는 때에는 그 가액에 관하여 재단채권자로서 권리를 행사할 수 있다.

4 파산절차의 기관

1. 파산관재인(제355조 등)

1) 의의

파산한 채무자의 재산을 관리, 처분하고 파산재산에 속하는 재산에 관한 소송 등을 수행을 하는 자를 말한다.

2) 주요 권한 내지 직무

채무자의 재산의 관리, 처분권 파산선고시 미이행된 쌍무계약의 이행 또는 선택, 채무자에 소송 수계, 채권자를 해하는 사해행위에 대한 부인권행사, 파산채권자에 대한 배당진행을 수행한다.

3) 판례

① 채무자 회생 및 파산에 관한 법률은 소송의 당사자 아닌 채무자가 파산선고를 받은 때에 파산채권자가 제기한 채권자취소소송은 중단되고 파산관재인이나 상대방이 이를 수계할 수 있다고 정하고 있다(제406조, 제347조). 이러한 규정은 파산채권자가 제기한 채권자대위소송에도 유추 적용된다. 그 이유는 파산선고로 파산재단에 관한 관리·처분권은 파산관재인에게 속하고, 파산채권자가 제기한 채권자취소소송과 채권자대위소송의 목적이 모두 채무자의 책임재산 보전에 있기 때문이다.

② 채무자 회생 및 파산에 관한 법률 제347조 제1항 제1문은 파산재단에 속하는 재산에 관하여 파산선고 당시 법원에 계속되어 있는 소송은 파산관재인 또는 상대방이 수계할 수 있다고 정하고 있다. 그러나 소송의 결과가 파산재단의 증감에 영향을 미치지 않는 경우에는 파산관재인이나 상대방이 소송을 수계할 이유가 없으므로, 채무자의 책임재산 보전과 관련 없는 소송은 특별한 사정이 없는 한 위 규정에 따른 수계의 대상이 아니라고 보아야 한다.

③ 파산절차는 모든 채권자들을 위한 포괄적인 강제집행절차로, 파산절차가 개시되면 채무자가 파산선고 당시에 가진 모든 재산은 원칙적으로 파산재단에 속한다[채무자 회생 및 파산에 관한 법률(이하 '채무자회생법'이라 한다) 제382조]. 채무자 소유 부동산에 관해 경매절차가 진행되어 부동산이 매각되었으나 배당기일에 작성된 배당표에 이의가 제기되어 파산채권자들 사이에서 배당이의소송이 계속되는 중에 채무자에 대해 파산이 선고되었다면, 배당이의소송의 목적물인 배당금은 배당이의소송의 결과와 상관없이 파산선고가 있은 때에 즉시 파산재단에 속하고, 그에 대한 관리·처분권 또한 파산관재인에게 속한다(채무자회생법 제384조).

이와 같이 소송의 결과가 파산재단의 증감에 아무런 영향을 미치지 못하는 파산채권자들 사이의 배당이의소송은 채무자의 책임재산 보전과 관련이 없다. 따라서 이러한 배당이의소송은 채무자회생법 제347조 제1항에 따라 파산관재인이 수계할 수 있는 소송에 해당한다고 볼 수 없다.

④ 甲 소유 부동산에 관해 부동산 임의경매절차가 진행되어 부동산이 매각된 후 신용보증기금이 乙의 배당액에 대해 이의를 제기하고 배당이의의 소를 제기하였는데, 배당이의소송 진행 중에 甲에 대해 파산이 선고되었고, 파산관재인인 丙이 채무자 회생 및 파산에 관한 법률 제347조 제1항에 따라 배당이의소송의 원고인 신용보증기금의 지위를 수계하겠다고 신청하였으나 제1심법원이 丙의 수계신청을 기각하였고, 그 후 신용보증기금과 乙 사이에서 배당표를 경정하는 화해권고결정이 확정된 사안에서, 배당이의소송이 원심결정 이전에 당사자인 신용보증기금과 乙 사이에서 화해권고결정이 확정됨으로써 종료된 이상 丙으로서는 수계신청 기각결정에 대하여 항고로써 불복할 이익이나 필요가 없으므로 丙이 제기한 항고는 부적법하여 각하해야 하는데도, 이를 적법한 것으로 보고 그 당부에 관하여 판단한 원심결정을 파기하고 항고 각하의 자판을 한 사례.[대법원 2019. 3. 6., 자, 2017마5292, 결정]

2. 채권자집회(제367조 등)

법원은 필요시 파산관재인 등의 신청이나 직권으로 채권자집회를 소집하여 회의를 진행하고 의견을 청취할 수 있다.

3. 감사위원(제376조 등)

파산관재인의 직무집행을 감사하기 위해 채권자집회에서 감사위원을 선임할 수 있다.

5 파산재단의 구성 및 확정

1. 파산재단의 구성

1) 파산재단(제382조)

① 채무자가 파산선고 당시에 가진 모든 재산은 파산재단에 속한다.
② 채무자가 파산선고 전에 생긴 원인으로 장래에 행사할 청구권은 파산재단에 속한다.

2) 파산재단에 속하지 아니하는 재산(제383조)

① 압류할 수 없는 재산은 파산재단에 속하지 아니한다.
② 개인인 채무자의 신청에 의하여 법원이 인정한 면제재산

> (면제 신청가능한 재산)
> 1. 채무자 또는 그 피부양자의 주거용으로 사용되고 있는 건물에 관한 임차보증금반환청구권으로서 「주택임대차보호법」 제8조(보증금중 일정액의 보호)의 규정에 의하여 우선변제를 받을 수 있는 금액의 범위 안에서 대통령령이 정하는 금액을 초과하지 아니하는 부분

> 2. 채무자 및 그 피부양자의 생활에 필요한 6월간의 생계비에 사용할 특정한 재산으로서 대통령령이 정하는 금액을 초과하지 아니하는 부분

2. 부인권(제391조)

1) 의의

채무자가 파산선고 전에 채권자를 해하기 위하여 책임재산을 감소시키는 행위를 한 경우 파산관재인이 책임재산 감소행위를 부인하여 원상회복시킬 수 있는 권리를 말한다. 민법의 취소소송과 유사한 취지의 제도이다.

2) 부인권 행사 대상

① 채무자가 파산채권자를 해하는 것을 알고 한 행위. 다만, 이로 인하여 이익을 받은 자가 그 행위 당시 파산채권자를 해하게 되는 사실을 알지 못한 경우에는 그러하지 아니하다.

② 채무자가 지급정지 또는 파산신청이 있은 후에 한 파산채권자를 해하는 행위와 담보의 제공 또는 채무소멸에 관한 행위. 다만, 이로 인하여 이익을 받은 자가 그 행위 당시 지급정지 또는 파산신청이 있은 것을 알고 있은 때에 한한다.

③ 채무자가 지급정지나 파산신청이 있은 후 또는 그 전 60일 이내에 한 담보의 제공 또는 채무소멸에 관한 행위로서 채무자의 의무에 속하지 아니하거나 그 방법 또는 시기가 채무자의 의무에 속하지 아니하는 것. 다만, 채권자가 그 행위 당시 지급정지나 파산신청이 있은 것 또는 파산채권자를 해하게 되는 사실을 알지 못한 경우를 제외한다.

④ 채무자가 지급정지 또는 파산신청이 있은 후 또는 그 전 6월 이내에 한 무상행위 및 이와 동일시할 수 있는 유상행위

3) 특수한 경우의 부인

① 권리변동의 성립요건 또는 대항요건의 부인

지급정지 또는 파산신청이 있은 후에 권리의 설정·이전 또는 변경의 효력을 생기게 하는 등기 또는 등록이 행하여진 경우 그 등기 또는 등록이 그 원인인 채무부담행위가 있은 날부터 15일을 경과한 후에 지급정지 또는 파산신청이 있음을 알고 행한 것인 때에는 이를 부인할 수 있다. 다만, 가등기 또는 가등록을 한 후 이에 의하여 본등기 또는 본등록을 한 때에는 그러하지 아니하다.

② 집행행위의 부인

부인권은 부인하고자 하는 행위에 관하여 집행력있는 집행권원이 있는 때 또는 그 행위가 집행행위에 의한 것인 때에도 행사할 수 있다.

4) 부인권행사의 방법 등

① (방법) 부인권은 소, 부인의 청구 또는 항변의 방법으로 파산관재인이 행사한다.

② (주체) 법원은 파산채권자의 신청에 의하거나 직권으로 파산관재인에게 부인권의 행사를 명할 수 있다.

③ (관할) 부인의 소와 부인의 청구사건은 파산계속법원의 관할에 전속한다.

④ 부인의 청구의 행사

회생절차편의 제106~107조가 준용되어 파산관재인이 원인 사실을 소명하여 법원에 신청하면 법원인 인용 또는 기각 결정을 한다. 인용결정에 불복이 있는 당사자는 결정문을 송달받고 1월 내에 회생법원에 이의의 소를 제기하여 다툴 수 있다.

> 제106조(부인의 청구) ① 관리인은 부인의 청구를 하는 때에는 그 원인인 사실을 소명하여야 한다.
> ② 부인의 청구를 인용하거나 그것을 기각하는 재판은 이유를 붙인 결정으로 하여야 한다.
> ③ 법원은 제2항의 결정을 하는 때에는 상대방을 심문하여야 한다.
> ④ 법원은 부인의 청구를 인용하는 결정을 한 때에는 그 결정서를 당사자에게 송달하여야 한다.
>
> 제107조(부인의 청구를 인용하는 결정에 대한 이의의 소) ① 부인의 청구를 인용하는 결정에 불복이 있는 자는 그 송달을 받은 날부터 1월 이내에 이의의 소를 제기할 수 있다.
> ② 제1항의 규정에 의한 기간은 불변기간으로 한다.
> ③ 제1항의 규정에 의한 소는 회생계속법원의 관할에 전속한다. 〈개정 2016. 12. 27.〉
> ④ 제1항의 규정에 의한 소에 대한 판결에서는 부인의 청구를 인용하는 결정을 인가·변경 또는 취소한다. 다만, 부적법한 것으로 각하하는 때에는 그러하지 아니하다.
> ⑤ 부인의 청구를 인용하는 결정의 전부 또는 일부를 인가하는 판결이 확정된 때에는 그 결정(그 판결에서 인가된 부분에 한한다)은 확정판결과 동일한 효력이 있다. 제1항의 소가 같은 항에서 규정한 기간 이내에 제기되지 아니한 때, 취하된 때 또는 각하된 경우의 부인의 청구를 인용하는 결정에 관하여도 또한 같다.

5) 행사기간

부인권은 회생절차개시일부터 2년이 경과한 때에는 행사할 수 없고 부인대상 행위를 한 날부터 10년이 경과한 때에도 또한 같다.

6) 부인권행사의 효과

① 원상회복

부인권의 행사는 파산재단을 원상으로 회복시킨다.

② 무상부인의 경우(제391조제4호)

상대방이 그 행위 당시 선의인 때에는 이익이 현존하는 한도 안에서 상환하면 된다.

③ 상대방의 지위
- 채무자의 행위가 부인된 경우 그가 받은 반대급부가 파산재단 중에 현존하는 때에는 상대방은 그 반환을 청구할 수 있으며, 반대급부로 인하여 생긴 이익이 현존하는 때에는 그 이익의 한도 안에서 재단채권자로서 그 권리를 행사할 수 있다.
- 채무자의 행위가 부인된 경우 반대급부로 인하여 생긴 이익이 현존하지 아니하는 때에는 상대방은 그 가액의 상환에 관하여 파산채권자로서 권리를 행사할 수 있다.

구분	권리행사 방법
반대급부 현존	반환 청구
현존 이익으로 존재	재단채권자로서 권리행사
현존이익으로 부존재	파산채권자로서 권리행사

3. 환취권(제391~410조)

파산재단에 속해 있는 재산 중 채무자 아닌 제3자가 소유자인 경우 그 제3자는 자신의 소유권에 기해 파산관재인에게 그 재산의 반환을 청구할 수 있는 권리를 말한다. 파산관재인이 임의이행을 하지 않는 경우라면 인도소송 또는 이전등기청구권의 소를 제기하여 진행할 수 밖에 없다.

4. 별제권

1) 별제권의 인정(제411조)

　파산재단에 속하는 재산상에 존재하는 유치권·질권·저당권 등에 따른 담보권 또는 전세권은 그 목적인 재산에 관하여 파산절차에 의하지 않고 변제 받을 수 있는데 이를 별제권이라 한다.

2) 주택(상가)임차인 지위(제415조)

　① 주택 환가대금에서 우선변제권
「주택임대차보호법」 제3조(대항력 등)제1항의 규정에 의한 대항요건을 갖추고 임대차계약증서상의 확정일자를 받은 임차인은 파산재단에 속하는 주택(대지를 포함한다)의 환가대금에서 후순위권리자 그 밖의 채권자보다 우선하여 보증금을 변제받을 권리가 있다.

　② 주택 환가대금의 최우선변제권 「주택임대차보호법」 제8조(보증금중 일정액의 보호)의 규정에 의한 임차인은 같은 조의 규정에 의한 보증금을 파산재단에 속하는 주택(대지를 포함한다)의 환가대금에서 다른 담보물권자보다 우선하여 변제받을 권리가 있다. 이 경우 임차인은 파산신청일까지 「주택임대차보호법」 제3조(대항력 등)제1항의 규정에 의한 대항요건을 갖추어야 한다.

　③ 제1항 및 제2항의 규정은 「상가건물 임대차보호법」 제3조(대항력 등)의 규정에 의한 대항요건을 갖추고 임대차계약증서상의 확정일자를 받은 임차인과 같은 법 제14조(보증금중 일정액의 보호)의 규정에 의한 임차인에 관하여 준용한다.

3) 임금채권자 지위(제415~416조)

　「근로기준법」 제38조제2항 각 호에 따른 채권과 「근로자퇴직급여 보장법」 제12조제2항에 따른 최종 3년간의 퇴직급여등 채권의 채권자는 해당 채권을 파산재단에 속하는 재산에 대한 별제권 행사 또는 제349조제1항의 체납처분에 따른 환가대금에서 다른 담보물권자보다 우선하여 변제받을 권리가 있다.

4) 판례

파산재단에 속하는 재산상에 존재하는 유치권, 질권, 저당권 또는 전세권을 가진 자는 그 목적인 재산에 관하여 당연히 별제권을 가지고, 별제권은 파산절차에 의하지 아니하고 이를 행사할 수 있으며, 파산법 제201조 제2항은 별제권자가 별제권의 행사에 의하여 채권 전액을 변제받을 수 없는 경우에 파산절차에 참가하여 파산채권자로서 배당받기 위하여 채권신고를 하는 경우에 관한 규정이므로, 별제권도 파산채권과 같이 반드시 신고·조사절차를 거쳐 확정되어야만 행사할 수 있는 것은 아니다.[대법원 1996. 12. 10., 선고, 96다19840, 판결]

5. 상계권(제416조 등)

1) 의의

파산채권자가 파산선고 당시 채무자에게 채무를 부담하고 있는 경우 상계권 행사를 인정하여 파산절차에 의하지 않고 서로간 채권채무를 정산할 수 있도록 하고 있다.

2) 차임에 대한 상계의 제한

임차인이 채무자인 임대인에 대해 별도의 채권을 가지고 있는 경우 임차인은 본인의 채권과 차임채권을 상계할 수 있지만 당기와 차기의 차임에 한해서만 수동채권으로 인정된다. 그 이상은 상계할 수 없다.

3) 상계금지

① 파산채권자가 파산선고 후에 파산재단에 대하여 채무를 부담한 때
② 파산채권자가 지급정지 또는 파산신청이 있었음을 알고 채무자에 대하여 채무를 부담한 때. (다만, 법정의 원인이 존재, 파산신청 있었음을

알기 전 원인, 파산선고 1년 전 원인에 따른 경우는 상계가능)
③ 파산선고를 받은 채무자의 채무자가 파산선고 후에 타인의 파산채권을 취득한 때
④ 파산선고를 받은 채무자의 채무자가 지급정지 또는 파산신청이 있었음을 알고 파산채권을 취득한 때. 다만, 제2호 각목의 어느 하나에 해당하는 때를 제외한다.

6 파산채권 · 재단채권

1. 파산채권(제423조 이하)

1) 의의

 채무자에 대하여 파산선고 전의 원인으로 생긴 재산상의 청구권은 파산채권으로 한다.

2) 파산채권의 행사

 파산채권은 파산절차에 의하지 아니하고는 행사할 수 없다.

3) 기한부채권의 변제기도래

 기한부채권은 파산선고시에 변제기에 이른 것으로 본다.

4) 보증인이 파산한 경우의 파산채권액

 보증인이 파산선고를 받은 때에는 채권자는 파산선고시에 가진 채권의 전액에 관하여 파산채권자로서 그 권리를 행사할 수 있다.

5) 파산채권의 신고 등(제447조 이하)

① 채권의 신고와 채권자표 작성(제447~448조)

파산채권자는 신고기간 안에 파산채권을 신고하고 채권에 대한 이의가 없거나 확정된 경우 법원사무관은 채권자표에 기재한다.

② 별제권의 신고

별제권은 원칙적으로 파산절차에 의하지 않고 권리행사가 가능하기 때문에 신고할 필요가 없으나 별제권으로 회수할 수 없는 부분은 파산채권으로 권리를 행사할 필요가 있고 그 범위 내에서는 채권신고를 하여야 한다.

③ 채권자표의 기재의 효과(제460)

회생절차와 마찬가지로 채권자표의 기재가 되면 파산채권자 전원에 대하여 확정판결과 같은 효력이 발생하고 집행권원으로 인정된다.

2. 재단채권

1) 의의

파산재단의 관리비용, 근로자의 임금 등 정책적 목적으로 파산절차에 의하지 않고 수시로, 우선적으로 변제받을 수 있는 채권을 재단채권이라 한다.

2) 주요 재단채권의 범위(제473)

① 파산채권자의 공동의 이익을 위한 재판상 비용에 대한 청구권

②「국세징수법」또는「지방세징수법」에 의하여 징수할 수 있는 청구권 (국세징수의 예에 의하여 징수할 수 있는 청구권으로서 그 징수우선순위가 일반 파산채권보다 우선하는 것을 포함하며, 제446조의 규정에 의한 후순위파산채권을 제외한다). 다만, <u>파산선고 후의 원인으로 인한 청구권은 파산재단에 관하여 생긴 것에 한한다.</u>

③ 파산재단의 관리·환가 및 배당에 관한 비용

④ <u>파산재단에 관하여 파산관재인이 한 행위로 인하여 생긴 청구권</u>

⑤ 파산선고로 인하여 쌍무계약이 해지된 경우 그 때까지 생긴 청구권
⑦ <u>채무자의 근로자의 임금·퇴직금 및 재해보상금</u>

3) 재단채권의 변제 등(제475조,476조)

재단채권은 파산절차에 의하지 아니하고 수시로 변제가 가능하고 파산채권보다 먼저 변제한다.

4) 판례

- 파산선고 전에 생긴 근로자의 임금·퇴직금 및 재해보상금에 대하여 파산관재인이 파산선고 후 변제할 의무의 이행을 지체함으로써 생긴 지연손해금 채권이 채무자 회생 및 파산에 관한 법률 제473조 제4호 소정의 재단채권에 해당하는지 여부

[다수의견]

채무자 회생 및 파산에 관한 법률(이하 '채무자회생법'이라 한다)이 '파산재단에 관하여 파산관재인이 한 행위로 인하여 생긴 청구권'을 재단채권으로 규정하고 있는 취지는 파산관재인이 파산재단의 관리처분권에 기초하여 직무를 행하면서 생긴 상대방의 청구권을 수시로 변제하도록 하여 이해관계인을 보호함으로써 공정하고 원활하게 파산절차를 진행하기 위한 것이므로, '파산재단에 관하여 파산관재인이 한 행위'에는 <u>파산관재인이 직무를 행하는 과정에서 한 법률행위뿐만 아니라 직무와 관련하여 행한 불법행위가 포함되고, 나아가 파산관재인이 직무와 관련하여 부담하는 채무의 불이행도 포함된다.</u> 그렇다면 파산관재인은 직무상 재단채권인 근로자의 임금·퇴직금 및 재해보상금(이하 '임금 등'이라 한다)을 수시로 변제할 의무가 있다고 할 것이므로, 파산관재인이 파산선고 후에 위와 같은 의무의 이행을 지체하여 생긴 근로자의 손해배상청구권은 채무자회생법 제473조 제4호 소정의 <u>'파산재단에 관하여 파산관재인이 한 행위로 인하여 생긴 청구권'</u>에 해당하여 재단채권이다.

[대법관 권순일의 별개의견]

파산절차에서 근로자의 임금 등의 법적 성질에 관한 근로기준법 제38조, 근로자퇴직급여 보장법 제12조, 구 파산법(2000. 1. 12. 법률 제6111호로 개정되기 전의 것) 제32조, 구 파산법(2005. 3. 31. 법률 제7428호 채무자 회생 및 파산에 관한 법률 부칙 제2조로 폐지) 제38조 제10호의 입법경위와 취지 및 재단채권에 관하여는 파산관재인이 파산절차에 의하지 아니하고 수시로 변제할 의무가 있는 점(채무자회생법 제475조), 지연손해금은 주된 채권인 원본의 존재를 전제로 그에 대응하여 일정한 비율로 발생하는 종된 권리라는 점 등을 종합하여 살펴보면, 근로자의 임금 등에 대한 지연손해금 채권은 파산선고 전후에 발생한 것인지를 불문하고 채무자회생법 제473조 제10호 소정의 '채무자의 근로자의 임금·퇴직금 및 재해보상금'에 해당하여 재단채권으로서의 성질을 가진다.

[대법관 신영철, 대법관 민일영, 대법관 김창석, 대법관 조희대의 반대의견]
채무자회생법 제446조 제1항 제2호는 '파산선고 후의 불이행으로 인한 손해배상액 및 위약금'을 후순위파산채권으로 규정하고 있는데, 여기서 규정한 손해배상금과 위약금은 파산선고 전부터 채무자에게 재산상 청구권의 불이행이 있기 때문에 상대방에 대하여 손해배상을 지급하거나 위약금을 정기적으로 지급하여야 할 관계에 있을 때 그 계속으로 파산선고 후에 발생하고 있는 손해배상 및 위약금 청구권을 의미한다. 따라서 채무자회생법에 특별히 달리 취급하는 규정이 없는 한, 채무자에 대하여 파산선고 전의 원인으로 생긴 근로자의 임금 등에 대하여 채무불이행 상태의 계속으로 파산선고 후에 발생하고 있는 지연손해금 채권은 후순위파산채권이라고 보아야 한다.[대법원 2014. 11. 20., 선고, 2013다64908, 전원합의체 판결]

7 배당

1. 배당의 원칙

1) 중간배당(제505조)

채권조사기일이 종료한 후 배당할 적당한 금원이 있는 경우 수시로 하는 배당을 말한다.

2) 배당절차 등

파산관재인은 배당을 실시를 위해 법원의 허가를 받고 배당표 작성, 이해관계자의 열람을 위해 배당표의 법원제출, 배당액의 공고를 한다.

3) 배당에서 제외되는 채권자

① 이의있는 채권에 관하여는 채권자가 배당공고가 있은 날부터 기산하여 14일 이내에 파산관재인에 대하여 채권조사확정재판을 신청하거나 제463조제1항의 소송(채권조사확정재판의 이의 소)을 제기하거나 소송을 수계한 것을 증명하지 아니한 때에는 그 배당으로부터 제외된다.

② 별제권자가 배당제외기간 안에 파산관재인에 대하여 그 권리의 목적의 처분에 착수한 것을 증명하고, 그 처분에 의하여 변제를 받을 수 없는 채권액을 소명하지 아니한 때에는 배당에서 제외된다.

4) 배당방법

파산채권자는 파산관재인이 그 직무를 수행하는 장소에서 배당을 받아야 한다. 실무적으로 파산채권자가 배당받을 입금계좌를 제출하면 파산관재인이 입금을 하는 형식으로 이루어진다.

2. 최후배당(제520조 이하)

파산재단에 속하는 재산에서 마지막으로 배당하는 것을 의미한다. 이 경우 감사위원의 동의 및 법원의 허가가 필요하다. 간이파산(파산재단의 재산액이 5억원 미만)의 경우 수시배당을 하지 않고 최후 1회 배당을 실시한다.

3. 추가배당(제531조 이하)

배당 통지 또는 종결이 완료된 이후에 배당할 재산이 발견된 경우 추가로 실시하는 배당을 말한다.

8 파산폐지

1. 의의

파산선고 후 파산절차의 목적을 달성하지 못 하고 절차를 종료하는 것을 의미한다. 파산신청에 대한 기각 결정이나 취소결정과 달리 소급하여 소멸시키는 것이 아니라 장래 절차가 진행되지 않는다. 보통 파산선고가 있으면 파산관재인을 정하고, 파산관재인은 채권조사와 배당을 실시하여 채무자의 재산을 채권자에게 공평하게 분배한 후 절차가 종료됨과 구별된다.

2. 유형

1) 채권자 동의에 의한 폐지(제538조)

파산채권자의 전원의 동의가 있는 경우의 파산폐지를 할 수 있다. 채무자의 재산에 배당받을 권리를 가진 채권자가 동의할 경우 파산절차의 계속 진행의 필요성이 없기 때문이다.

2) 비용부족

법원은 파산선고 후에 파산재단으로써 파산절차의 비용을 충당하기에도 재원이 부족하다고 인정될 경우 파산폐지결정을 한다. 비용부족을 원인으로 하는 경우 ① 파산선고와 동시에 하는 파산폐지(동시폐지, 제317조)와 ②

사후에 비용부족이 있어 하는 이시폐지(제545조)가 있다.

> ☞ 파산폐지를 파산취소로 착오하여 처음부터 파산신청이 없었던 것으로 간주하여 통상적인 채권관리를 할 것이 아니라 면책결정(대법원 사건검색) 진행여부의 확인이 필요하다.

3) 효과

파산폐지결정이 있으면 파산절차는 소멸하고 파산관재인의 재산 또는 업무의 관리처분권은 채무자에게로 환원된다. 채무자는 파산절차와 관련된 구속에서 벗어난다.

9 면책

1. 의의

파산재단의 배당이 있더라도 채권 전체의 만족이 이루어진 것이 아니여서 나머지 채무에 대해서도 책임을 면제해 줄 필요가 있다. 그 결과 채무자는 나머지 채무에서 해방되어 새로운 경제적 생활을 시작할 수 있게 된다.

2. 면책신청(제556조)

채무자가 파산신청을 하면, 신청과 동시에 면책 신청한 것으로 간주한다. 파산신청과 면책신청은 별개의 절차이지만 신청인의 편의와 면책신청 누락의 피해를 막기 위함이다.

3. 면책신청 기각사유(제559조)

1) 채무자가 신청권자의 자격을 갖추지 아니한 때
2) 채무자에 대한 파산절차의 신청이 기각된 때

3) 채무자가 절차의 비용을 예납하지 아니한 때
4) 그 밖에 신청이 성실하지 아니한 때

4. 면책결정의 효력발생시기(제565조)

　면책결정은 확정된 후가 아니면 그 효력이 생기지 아니한다. 동 절차는 면책결정에 대해 채권자 등의 이의신청 또는 면책불허가 결정에 채무자가 즉시항고를 할 수 있어 그 이의신청이나 즉시항고가 확정되어야 효력이 발생한다.

5. 면책불허가 사유(제564조)

　1) 채무자가 제650조·제651조·제653조·제656조 또는 제658조의 죄에 해당하는 행위가 있다고 인정하는 때
　2) 채무자가 파산선고 전 1년 이내에 파산의 원인인 사실이 있음에도 불구하고 그 사실이 없는 것으로 믿게 하기 위하여 그 사실을 속이거나 감추고 신용거래로 재산을 취득한 사실이 있는 때
　3) 채무자가 허위의 채권자목록 그 밖의 신청서류를 제출하거나 법원에 대하여 그 재산상태에 관하여 허위의 진술을 한 때
　4) 채무자가 면책의 신청 전에 이 조에 의하여 면책을 받은 경우에는 면책허가결정의 확정일부터 7년이 경과되지 아니한 때, 제624조에 의하여 면책을 받은 경우에는 면책확정일부터 5년이 경과되지 아니한 때
　5) 채무자가 이 법에 정하는 채무자의 의무를 위반한 때
　6) 채무자가 과다한 낭비·도박 그 밖의 사행행위를 하여 현저히 재산을 감소시키거나 과대한 채무를 부담한 사실이 있는 때

6. 확정된 면책의 효력

1) 책임 면제

　면책을 받은 채무자는 파산절차에 따른 배당을 제외하고 파산채권자에

대한 채무의 전액에 관하여 그 책임이 원칙적으로 면제된다.

2) 면책에서 제외되는 채권(제566조)
　① 조세
　② 벌금·과료·형사소송비용·추징금 및 과태료
　③ 채무자가 고의로 가한 불법행위로 인한 손해배상
　④ 채무자가 중대한 과실로 타인의 생명 또는 신체를 침해한 불법행위로 인하여 발생한 손해배상
　⑤ 채무자의 근로자의 임금·퇴직금 및 재해보상금
　⑥ 채무자의 근로자의 임치금 및 신원보증금
　⑦ 채무자가 악의로 채권자목록에 기재하지 아니한 청구권. 다만, 채권자가 파산선고가 있음을 안 때에는 그러하지 아니하다.
　⑧ 채무자가 양육자 또는 부양의무자로서 부담하여야 하는 비용
　⑨ 「취업 후 학자금 상환 특별법」에 따른 취업 후 상환 학자금대출 원리금

3) 보증인에 대한 효과(제567)
　면책은 파산채권자가 채무자의 보증인 그 밖에 채무자와 더불어 채무를 부담하는 자에 대하여 가지는 권리와 파산채권자를 위하여 제공한 담보에 영향을 미치지 아니한다.

4) 강제집행이 정지와 실효
　① 면책신청이 있고, 파산폐지결정의 확정 또는 파산종결결정이 있는 때에는 면책신청에 관한 재판이 확정될 때까지 채무자의 재산에 대하여 파산채권에 기한 강제집행·가압류 또는 가처분을 할 수 없고, 채무자의 재산에 대하여 파산선고 전에 이미 행하여지고 있던 강제집행·가압류 또는 가처분은 중지된다.

② 면책결정이 확정된 때에는 중지한 절차는 그 효력을 잃는다.

☞ 개인회생절차에서 강제집행, 가압류는 변제계획안인가결정시에 실효되지만 파산절차에서는 면책결정이 확정된 경우 실효된다.

7. 판례

1) 별제권에 대해서도 면책의 효력이 미치는지

채무자 회생 및 파산에 관한 법률 제566조는 "면책을 받은 채무자는 파산절차에 의한 배당을 제외하고는 파산채권자에 대한 채무의 전부에 관하여 그 책임이 면제된다. 다만 다음 각 호의 청구권에 대하여는 책임이 면제되지 아니한다."고 규정하면서 같은 법 제411조의 <u>별제권자가 채무자에 대하여 가지는 파산채권을 면책에서 제외되는 청구권으로 규정하고 있지 아니하므로, 같은 법 제564조에 의한 면책결정의 효력은 별제권자의 파산채권에도 미친다</u>. 따라서 별제권자가 별제권을 행사하지 아니한 상태에서 파산절차가 폐지되었다고 하더라도, 같은 법 제564조에 의한 면책결정이 확정된 이상, <u>별제권자였던 자로서는 담보권을 실행할 수 있을 뿐 채무자를 상대로 종전 파산채권의 이행을 소구할 수는 없다</u>.[대법원 2011. 11. 10., 선고, 2011다27219, 판결]

2) 면책채권을 채권자대위권의 피보전채권으로 할 수 있는지

채권자대위권은 채권자가 자기의 채권을 보전하기 위하여 채무자의 권리를 행사할 수 있는 권리로서 채무자에 대하여 채권을 행사할 수 있음이 전제되어야 할 것인바, 채무자 회생 및 파산에 관한 법률 제566조 본문은 "면책을 받은 채무자는 파산절차에 의한 배당을 제외하고는 파산채권자에 대한 채무의 전부에 관하여 그 책임이 면제된다"고 규정하고 있고, 다만 그 단서에서 들고 있는 일정한 채무의 경우에만 책임이 면제되지 아니한다는 예외규정을 두고 있으므로, <u>채무자가 파산절차에서 면책결정을 받은 때에는 파산채권을 피보전채권으로 하여 채권자대위권을 행사하는 것은</u>

그 채권이 위 법률 제566조 단서의 예외사유에 해당하지 않는 한 허용되지 않는다.[대법원 2009. 6. 23., 선고, 2009다13156, 판결]

3) 면책채권을 채권자취소권의 피보전채권으로 사용할 수 있는지

채권자취소권은 채무자의 책임재산을 보전하기 위한 제도로서 채무자에 대하여 채권을 행사할 수 있음이 전제되어야 할 것인바, 채무자가 파산절차에서 면책결정을 받은 때에는 파산채권을 피보전채권으로 하여 채권자취소권을 행사하는 것은 그 채권이 채무자 회생 및 파산에 관한 법률 제566조 단서의 예외사유에 해당하지 않는 한 허용되지 않는다.[대법원 2008. 6. 26., 선고, 2008다25978, 판결]

4) 채무자가 악의로 채권자 목록 누락의 의미

채무자 회생 및 파산에 관한 법률 제566조 제7호에서 말하는 '채무자가 악의로 채권자목록에 기재하지 아니한 청구권'이라고 함은 채무자가 면책결정 이전에 파산채권자에 대한 채무의 존재 사실을 알면서도 이를 채권자목록에 기재하지 않은 경우를 뜻하므로, 채무자가 채무의 존재 사실을 알지 못한 때에는 비록 그와 같이 알지 못한 데에 과실이 있더라도 위 법조항에 정한 비면책채권에 해당하지 아니하지만, 이와 달리 채무자가 채무의 존재를 알고 있었다면 과실로 채권자목록에 이를 기재하지 못하였다고 하더라도 위 법조항에서 정하는 비면책채권에 해당한다. 이와 같이 채권자목록에 기재하지 아니한 청구권을 면책대상에서 제외한 이유는, 채권자목록에 기재되지 아니한 채권자가 있을 경우 그 채권자로서는 면책절차 내에서 면책신청에 대한 이의 등을 신청할 기회를 박탈당하게 될 뿐만 아니라 (이하 생략) [대법원 2010. 10. 14., 선고, 2010다49083, 판결]

5) 면책 불허가 사유, 재산상태의 허위진술

채무자 회생 및 파산에 관한 법률 제564조 제1항 제3호는 "채무자가 법원에 대하여 그 재산상태에 관하여 허위의 진술을 한 때"를 면책불허가사

유로 규정하고 있는바, 여기에서 '그 재산상태'란 '채무자의 재산상태'를 말하는 것이고, 채무자의 재산에는 채무자가 자신의 명의로 보유하는 재산뿐만 아니라 타인의 명의를 빌려 실질적으로 자신이 보유하는 재산도 모두 포함된다. 그러나 이에 해당하지 않는 재산으로서 채무자의 친족 등이 보유하는 재산은 채무자의 재산이라고 볼 수 없으므로, 채무자가 이러한 친족 등의 재산상태에 관하여 허위의 진술을 하였다고 하여 위 조항에 정한 면책불허가사유에 해당한다고 볼 수 없다.[대법원 2009. 3. 20., 자, 2009마78, 결정]

6) 특정채권자에게 이익을 줄 목적

채무자 회생 및 파산에 관한 법률(이하 '법'이라고만 한다) 제564조 제1항 제1호, 제651조 제2호는 "파산의 원인인 사실이 있음을 알면서 어느 채권자에게 특별한 이익을 줄 목적으로 한 담보의 제공이나 채무의 소멸에 관한 행위로서 채무자의 의무에 속하지 아니하거나 그 방법 또는 시기가 채무자의 의무에 속하지 아니하는 행위가 있다고 인정하는 때"를 면책불허가 사유의 하나로 규정하고 있는데, 여기에서의 '목적'은 단순한 인식으로는 부족하고 적극적으로 이를 희망하거나 의욕하는 것을 의미한다고 보아야 한다 (대법원 2009. 3. 2.자 2008마1654, 1655 결정 참조). 한편, 채무자가 파산의 원인인 사실이 있음을 알면서 여럿의 채권자들 중에서 어느 채권자에게 특별한 이익을 줄 목적으로 변제하였더라도 그 행위가 '변제기에 도달한 채무를 그 내용에 좇아 변제하는 것'인 경우에는 위 면책불허가사유에 해당한다고 볼 수 없다.[대법원 2010. 1. 20., 자, 2009마1588, 결정]

7) 사실을 속이거나 감추고 신용거래로 재산을 취득한 사실이 있는 때

"채무자가 파산선고 전 1년 이내에 파산의 원인인 사실이 있음에도 불구하고 그 사실이 없는 것으로 믿게 하기 위하여 그 사실을 속이거나 감추고 신용거래로 재산을 취득한 사실이 있는 때"라고 규정하고 있으므로, 위 법률 제564조 제1항 제2호의 면책불허가사유에 해당하기 위해서는, 첫째

재산의 취득행위가 파산선고 전 1년 내에 있어야 하고, 둘째 파산의 원인인 사실이 있음에도 불구하고 그 사실이 없는 것으로 믿게 하기 위하여 그 사실을 속이거나 감추어야 하며, 셋째 신용거래로 인하여 재산을 취득하였어야 한다. 이때 채무자가 파산의 원인인 사실이 없는 것으로 믿게 하기 위하여 그 사실을 속이거나 감추었다고 판단하기 위해서는, 채무자가 객관적으로 지급불능의 상태에 있었다는 사정만으로 부족하고, 채무자가 신용거래로 재산을 취득하는 과정에서 상대방인 채권자에게 한 언행, 상대방인 채권자가 채무자에게 다액의 채무가 있다거나 지급불능의 상태에 빠질 수도 있다는 사정을 알고서 과다한 이익을 얻기 위하여 신용거래에 나아간 것인지 여부 등 상대방인 채권자가 신용거래를 하게 된 경위, 채무자의 전체 채무 중에서 위와 같이 취득한 재산이 차지하는 비중 및 그 증감의 정도, 신용거래의 성격 즉, 새로운 신용거래인지 아니면 종전의 신용거래를 연장 내지 갱신한 거래에 지나지 않는지 여부, 채무자가 신용거래로 취득한 재산의 사용처 등을 면밀히 심리하여 판단하여야 한다.[대법원 2010. 8. 23., 자, 2010마227, 결정]

8) 전방주시 태만에 따른 교통사고 손해배상청구권의 면책 대상여부

파산채권은 그것이 면책신청의 채권자목록에 기재되지 않았다고 하더라도 위 법률 제566조 단서의 각 호에 해당하지 않는 한 면책의 효력으로 그 책임이 면제된다.

벌점 누적으로 운전면허가 취소된 것이라면 도로교통법상의 무면허운전이 위 사고의 직접 원인으로 작용하였다고 보기 어렵고 전방주시를 태만히 한 상태에서 졸음운전을 하였다는 점만으로 주의의무를 현저히 위반하는 중대한 과실이 있다고 어렵다는 이유로, 그로 인한 손해배상채권이 채무자 회생 및 파산에 관한 법률 제566조 제4호에 정한 비면책채권에 해당하지 않는다.[대법원 2010. 5. 13., 선고, 2010다3353, 판결]

9) 면책 채권과 강제집행

"면책결정이 확정된 때에는 제1항의 규정에 의하여 중지한 절차는 그 효력을 잃는다"라고 규정하고 있으므로, 채무자에 대한 파산·면책신청이 있는 경우에 파산채권에 기한 채권압류 및 추심명령도 위 법률의 규정에 따라 제한되어야 한다. [대법원 2010. 7. 28., 자, 2009마783, 결정]

10) 면책채권 발견시 집행절차의 직권 취소

만일 집행법원이 위와 같은 면책절차 중의 집행신청임에도 간과하고 강제집행을 개시한 다음 이를 발견한 때에는 이미 한 집행절차를 직권으로 취소하여야 하고, 이는 그 후 면책불허가결정이 확정되었다고 하더라도 마찬가지라고 할 것이다.[대법원 2013. 7. 16., 자, 2013마967, 결정]

11) 채무자가 악의로 채권자목록에 기재하지 아니한 청구권'

채무자 회생 및 파산에 관한 법률 제566조 제7호에서 말하는 '채무자가 악의로 채권자목록에 기재하지 아니한 청구권'이라고 함은 채무자가 면책결정 이전에 파산채권자에 대한 채무의 존재 사실을 알면서도 이를 채권자목록에 기재하지 않은 경우를 뜻하므로, 채무자가 채무의 존재 사실을 알지 못한 때에는 비록 그와 같이 알지 못한 데에 과실이 있더라도 위 법 조항에 정한 비면책채권에 해당하지 아니하지만, (중략) 그리고 여기에서 '채무자가 채무의 존재 사실을 알지 못한 때'에는 채무자가 채무 발생 사실 자체를 알지 못한 경우는 물론, 채무자가 채무가 소멸한 것으로 잘못 안 경우, 오랜 기간의 경과나 그 밖의 사정으로 채무의 존재 사실을 잊어버린 경우 등은 포함되나, 채무자가 채무의 존재 사실을 알고 있었으면서도 단순히 순간적인 착각이나 부주의로 채권자목록에 기재하는 것을 누락한 경우까지 포함되는 것은 아니라고 보아야 한다.[전주지법 2014. 8. 21., 선고, 2013나12054, 판결 : 상고]

12) 사기파산죄의 재산의 은닉

구 파산법(2005. 3. 31. 법률 제7428호 채무자 회생 및 파산에 관한 법률 부칙 제2조로 폐지) 제366조 제1항의 사기파산죄에 정한 '재산의 은닉'은 재산의 발견을 불가능하게 하거나 곤란하게 만드는 것을 말하고, 재산의 소재를 불명하게 하는 경우뿐만 아니라 재산의 소유관계를 불명하게 하는 경우도 포함한다. 그러나 채무자가 법원에 파산신청을 하면서 단순히 소극적으로 자신의 재산 상황을 제대로 기재하지 아니한 재산목록 등을 제출하는 행위는 위 죄에서 말하는 '재산의 은닉'에 해당한다고 할 수 없다.

피고인이 상속재산이 있음에도 상속에 기한 소유권이전등기를 마치지 않은 채 파산신청을 하면서 상속재산이 없다는 허위 내용의 진술서를 첨부하여 제출한 사안에서, 위 행위는 '재산의 은닉'에 해당하지 않는다는 이유로 구 파산법상 사기파산죄의 성립을 부정한 사례.[대법원 2009. 7. 9., 선고, 2009도4008, 판결]

10 확인 문제(O, X)

■ 파산절차 O, X 문제

1. 채권자도 채무자에 대한 파산신청을 할 수 있다.
2. 파산선고와 면책결정은 확정시에 효력이 발생한다.
3. 파산절차를 통해 배당받을 가능성이 희박함에도 부당한 이익을 얻기 위해 파산신청을 하는 경우 파산절차의 남용에 해당할 수 있다.

정답 1. O 2. X 3. O

4. 파산선고전에 등기 원인이 발생한 경우 파산 선고 후에 등기하더라도 파산 채권자에게 대항 할 수 있다.

5. 파산선고가 있으면 채권자취소송은 중단되고 파산관재인이 당사자적격을 가진다. 이러한 원리는 채권자대위소송에는 적용되지 않는다.

6. 채무자의 모든 재산은 파산재단에 속하나 압류금지 재산이나 면제 결정이 난 재산은 포함되지 않는다.

7. 회생절차에서의 부인권은 대항요건이나 집행행위에 대한 부인이 가능하지만 파산절차에서는 부인권 행사 대상이 아니다.

8. 부인권은 부인의 소, 부인의 청구, 항변으로 할 수 있다. 이 중 부인의 청구는 법원의 결정으로 진행되기 때문에 채권자가 청구한다.

9. 대항요건을 갖춘 주택임차인은 주택환가 대금에서 후순위 권리자보다 우선하여 변제 받을 수 있다.

10. 근저당권자는 별제권으로 배당 받기 위해 채권을 신고할 의무가 있다.

11. 파산채권자는 파산선고 전에 발생한 채무자에 대해 부담하는 채무가 있는 경우 파산절차에 의하지 않고 상계할 수 있다.

12. 파산관재인이 근로자의 임금의 지급을 지체하여 발생한 지연 손해금은 파산관재인이 한 행위로 발생한 청구권에 해당되어 재단채권이 된다.

13. 파산폐지가 있으면 파산절차가 소급적으로 소멸하여 면책결정 절차가 진행되지 않는다.

14. 파산재단의 재산이 5억 미만인 경우를 간이파산이라 한다. 간이파산은 중간배당을 하지 않고 최후배당을 원칙으로 한다.

> 정답 4. X 5. X 6. O 7. X 8. X 9. X 10. X 11. O 12. O 13. X 14. O

15. 채무자의 고의, 과실에 기한 불법행위 손해배상청구권은 면책에도 불구하고 그 효력이 미치지 않는다.

16. 당사자가 면책채권에 기초한 압류추심명령에 대하여 이의를 제기하지 않으면 그 강제집행은 유효하다.

17. 채무자가 특정 채권자의 채권이 변제기가 도달하여 채무를 변제한 경우는 면책불허가 사유에 해당하지 않는다.

18. 채무자가 채무의 존재 사실을 알고 있으면서 과실로 채권자목록에 기재하지 못한 경우 면책의 효력이 미치지 않는다.

19. 파산선고가 있으면 가압류, 강제집행은 실효된다.

20. 파산절차가 기각되면 면책불허가 사유가 된다.

정답 15. X 16. X 17. O 18. O 19. X 20. X

현 장 에 서 通 하 는 채 무 자 회 생 법 실 무

제4편
회생절차

제4편 회생절차

1 회생절차개시의 신청

1. 신청권자와 요건(제34조)

1) 파산원인과 신청권자 내용 정리

유 형	요 건	
채무자	1.사업의 현저한 지장 없이 변제 불가능한 경우	
	2.파산원인 사실이 발생할 염려	
채권자	자본의 1/10 이상 채권 보유	2호 사유만 가능 (파산원인)
주주·지분권자	자본이 1/10 이상 주식, 지분 보유	

2) 판례

① 임금 채권자의 회생절차 신청 가부

채무자 회생 및 파산에 관한 법률(이하 '법'이라 한다) 제34조 제2항 제1호 (가)목은 '<u>주식회사인 채무자에 대하여 자본의 10분의 1 이상에 해당하는 채권을 가진 채권자는 회생절차개시의 신청을 할 수 있다</u>'고 규정할 뿐, 여기에 다른 제한을 두고 있지 않다. 한편 임금·퇴직금 등의 채권자에게도 채무자에게 파산의 원인인 사실이 생길 염려가 있는 경우에는 회생절차를 통하여 채무자 또는 사업의 효율적인 회생을 도모할 이익이 있고, 개별적인 강제집행절차 대신 회생절차를 이용하는 것이 비용과 시간 면에서 효과적일 수 있다. 따라서 주식회사인 <u>채무자에 대한 임금·퇴직금 등의 채권자도 법 제34조 제2항 제1호 (가)목에서 정한 요건을 갖춘 이상</u>

회생절차개시의 신청을 할 수 있고, 이는 임금 등의 채권이 회생절차에 의하지 아니하고 수시로 변제해야 하는 공익채권이라고 하여 달리 볼 수 없다.[대법원 2014. 4. 29., 자, 2014마244, 결정]

② 주식회사가 회생절차개시신청을 하는 경우, 이사회 결의를 거쳐야 하는지 여부

주식회사에 대하여 회생절차가 개시되는 경우 이를 이유로 한 계약의 해지 및 환취권 행사 등으로 인하여 회사의 영업 또는 재산에 상당한 변동이 발생하게 된다. 또한 본래 주식회사의 업무집행권은 대표이사에게 부여되고(상법 제389조 제3항, 제209조 제1항), 정관이나 법률이 정한 사항 내지 중요한 자산의 처분 및 양도 등에 관한 의사결정권은 주주총회 내지 이사회가 가지고 있으나(상법 제361조, 제393조 제1항), 회생절차가 개시되면 주식회사의 업무수행권과 관리처분권이 관리인에게 전속하게 되고, 관리인이 재산의 처분이나 금전의 지출 등 일정한 행위를 하기 위해서는 미리 법원의 허가를 받아야 하는 등(채무자회생법 제56조 제1항, 제61조 등 참조) 회사의 경영에 근본적인 변화가 발생하게 된다.

(중략)

위와 같은 주식회사에서의 이사회의 역할 및 주식회사에 대한 회생절차개시결정의 효과 등에 비추어 보면 주식회사의 회생절차개시신청은 대표이사의 업무권한인 일상 업무에 속하지 아니한 중요한 업무에 해당하여 이사회 결의가 필요하다고 보아야 한다.[대법원 2019. 8. 14., 선고, 2019다204463, 판결]

2. 신청서 기재내용(제36조)

1) 신청인 및 그 법정대리인의 성명 및 주소
2) 채무자가 개인인 경우에는 채무자의 성명·주민등록번호
3) 채무자가 개인이 아닌 경우에는 채무자의 상호, 주된 사무소 또는 영업소의 소재지, 채무자의 대표자의 성명

4) 신청의 취지

  5) 회생절차개시의 원인

  6) 채무자의 사업목적과 업무의 상황

  7) 채무자의 발행주식 또는 출자지분의 총수, 자본의 액과 자산, 부채 그 밖의 재산상태

  8) 채무자의 재산에 관한 다른 절차 또는 처분으로서 신청인이 알고 있는 것

  9) 회생계획에 관하여 신청인에게 의견이 있는 때에는 그 의견

  10) 채권자가 회생절차개시를 신청하는 때에는 그가 가진 채권의 액과 원인

  11) 주주·지분권자가 회생절차개시를 신청하는 때에는 그가 가진 주식 또는 출자지분의 수 또는 액

3. 회생절차 개시기각 사유(제42조)

1) 회생절차 비용을 납부하니 아니한 경우

2) 회생절차개시 신청이 성실하지 않은 경우

채무자회생법의 취지인 회생을 하려는 것이 아니라 채권자의 가압류, 강제집행 회피하거나 보전처분을 통하여 중지명령 받고 자금 융통의 시간을 확보하기 위해 신청한 경우 등이 여기에 해당 될 수 있다.

3) 회생절차에 의함이 채권자의 일반의 이익에 적합하지 아니한 경우

회생절차에 의한 변제금액이 청산가치에 미달하는 경우 채권자의 일반 이익에 적합하지 않을 수 있다.

4. 판례

1) 개시신청이 성실하지 아니한 경우

회생절차의 폐지결정이 확정되거나 회생계획에 대한 불인가결정이 확정되어 채무자에 대한 회생절차가 종료되었음에도 불구하고 그 채무자가 새로운 회생절차개시의 신청을 한 경우, 그 신청이 채무자 회생 및 파산에 관한 법률 제42조 제2호에 정한 '회생절차 개시신청이 성실하지 아니한 경우' 또는 같은 조 제3호에 정한 '그 밖에 회생절차에 의함이 채권자 일반의 이익에 적합하지 아니한 경우'에 해당하여 회생절차 개시신청의 기각사유가 존재하는지 여부를 판단함에 있어서는, 종전 회생절차의 종료 시점과 새로운 회생절차 개시신청 사이의 기간, 종전 회생절차의 폐지사유가 소멸하거나 종전 회생계획에 대한 불인가사유가 소멸하는 등 그 사이에 사정변경이 발생하였는지 여부, 채무자의 영업상황이나 재정상황, 채권자들의 의사 등의 여러 사정을 고려하여야 한다.[대법원 2009. 12. 24., 자, 2009마1137, 결정]

2) 개시결정의 적극적 요건과 소극적 요건

채무자 회생 및 파산에 관한 법률(이하 '통합도산법'이라 한다) 제34조 제1항은 회생절차를 개시하기 위한 적극적 요건으로서 사업의 계속에 현저한 지장을 초래하지 아니하고는 변제기에 있는 채무를 변제할 수 없거나(제1호), 채무자에게 파산의 원인인 사실이 생길 염려가 있어야 함(제2호)을 규정하고 있고, 같은 법 제42조 제2호, 제3호는 소극적 요건으로서 회생절차개시신청이 성실하지 아니한 경우(제2호) 또는 그 밖에 회생절차에 의함이 채권자 일반의 이익에 적합하지 아니한 경우(제3호)에는 회생절차 개시신청을 기각하여야 한다고 규정하고 있다. (즉 적극적 요건과 소극적 요건이 모두 충족되어야 개시결정을 할 수 있다는 의미)[부산고등법원 2009. 6. 18., 자, 2008라155, 결정]

3) 개시신청이 불성실한 경우

회사정리법 제38조 제8호 에서 정리절차개시신청이 불성실한 경우에 그 신청을 기각하도록 규정한 취지는, 신청채권자가 위 신청의 취하를 교환조건으로 하여 자기의 채권을 우선적으로 만족하려고 하거나 금전 기타의 이익을 강요할 목적으로 신청하는 것과 같이 정리절차 이외의 목적으로 정리절차개시신청을 하는 등 같은 조 제1호 내지 제6호에 열거된 이외의 경우로서 회사정리법의 목적에 비추어 정리절차개시신청을 기각하는 것이 적당하다고 인정되는 경우를 예정한 것으로[대법원 2004. 5. 12. 자 2003마1637 결정]

> **회사정리법**
> 제38조 (절차개시의 조건) 다음의 경우에는 법원은 정리절차개시의 신청을 기각하여야 한다.
>   1. 정리절차의 비용의 예납이 없는 때
>   2. 채권자 또는 주주가 정리절차개시의 신청을 하기 위하여 그 채권 또는 주식을 취득한 때
>   3. 파산회피의 목적 또는 채무면탈을 주된 목적으로 신청한 때
>   4. 법원에 파산절차, 화의절차가 계속하고 있으며 그 절차에 의함이 채권자의 일반의 이익에 적합한 때
>   5. 회사를 청산할 때의 가치가 회사의 사업을 계속할 때의 가치보다 큰 것이 명백한 경우
>   6. 조세채무의 이행을 회피하거나 기타 조세채무의 이행에 관하여 이익을 얻을 것을 주된 목적으로 신청한 때
>   7. 삭제 〈1998.2.24〉
>   8. 기타 신청이 성실하지 아니한 때

4) 회생신청이 예정된 경우 제3채무자가 추심금 거절이 위법한지

추심명령에 기한 집행채권자의 추심금 청구에도 불구하고 제3채무자가 집행채무자에 대하여 구 회사정리법에 의한 회사정리절차의 개시가 임박하였음을 인식하면서 그 추심금 청구에 불응하여 추심금을 지급하지 아니하고 있던 중에 집행채무자에 대하여 회사정리절차가 개시되어 집행채권자가 받았던 추심명령이 취소되고 집행채권이 정리계획에 따라 감액되었다고 하더라도, 위와 같은 제3채무자의 추심금 지급거절을 가리켜 위법한 행위에 해당하는 것으로 볼 수 없고, 집행채권자가 받은 추심명령의 취소 또는 정리계획에 따른 집행채권의 감액 등으로 인한 집행채권자의 손해와 상당인과관계가 있는 것으로 볼 수도 없다.[대법원 2007. 9. 21. 선고 2006다9446 판결]

2 채무자의 재산 보전(개시결정전)

1. 의의 및 취지

회생절차의 신청이 있더라도 개시결정이 있기 전까지는 자동으로 채권자의 가압류, 소송, 경매절차가 금지되지 않고 채무자 또한 자신의 재산을 임의로 처분(관리처분권이 채무자에게 있음)할 수 있다. 이러한 문제를 방지하기 위해 법은 채무자의 재산에 대해 보전처분, 중지명령, 포괄적 금지명령의 방법으로 절차의 안정과 재산의 보전방법을 강구하고 있다.

2. 보전처분

1) 의의

회생개시결정이 있기 전까지 채무자가 임의로 본인 소유의 재산을 처분, 은닉을 방지하기 위해서 법은 채무자의 업무나 재산에 대해서 보전처분을 할 수 있게 규정하고 있다(제43조).

2) 신청권자와 규제 대상

이해관계인(채권자 주주 등)의 신청이나 법원의 직권으로 보전처분이 가능하고 채무자의 행위만을 제한하기 때문에 채권자의 강제집행, 가압류, 경매에 대해서는 금지 효력이 미치지 않는다.

3) 보전처분의 종류와 내용

그 종류는 가압류, 가처분, 보전관리명령으로 구성된다. 법원 실무상 변제금지, 처분금지, 차재금지 등의 내용으로 보전처분이 이루어지고 그 중 처분금지가 주로 이용된다.

4) 절차와 불복

① 관리위원회 의견 청취
② 보전처분 신청일 7일 이내 결정
③ 보전처분의 내용이 등기할 사항인 경우 등기 촉탁 진행
④ 기각결정에 대해서는 즉시항고 가능하며 집행정지 효력 없음

5) 처분금지 보전처분의 효과

보전처분은 특정 재산에 대해서만 효력이 미치고 등기부에 공시된 이후 양수한 자는 보전처분에 대항 할 수 없다. 다만 등기 전에 양수한 경우 또는 등기부에 공시되지 않는 것은 제3자에게 효력을 주장할 수 없다. 또한 강제집행이 이미 개시되고 있는 경우 그 속행을 방해하지 않는다. 이러한 보전처분은 개시결정 있을 때까지 존속한다.

6) 판례

① 화의절차개시의 신청을 받은 법원이 그 결정을 하기에 앞서 구 화의법 제20조 제1항의 규정(현행 채무자 회생 및 파산에 관한 법률 제43조 제1항 참조)에 의한 보전처분으로서 채무자에 대하여 채권자에 대한 채무의 변제

를 금지하였다 하더라도 그 처분의 효력은 원칙적으로 채무자에게만 미치는 것이므로 채무자가 채권자에게 임의로 변제하는 것이 금지될 뿐이고, 채무자의 채권자가 이행지체에 따른 해지권을 행사하는 것까지 금지되는 것은 아니라고 할 것이다.[대법원 2007. 5. 10., 선고, 2007다9856, 판결]

② 회사정리절차개시의 신청을 받은 법원이 그 결정을 하기에 앞서 회사정리법 제39조 제1항의 규정에 의한 보전처분으로서 회사에 대하여 채권자에 대한 채무의 변제를 금지하였다 하더라도 그 처분의 효력은 원칙적으로 회사에만 미치는 것이어서 회사가 채권자에게 임의로 변제하는 것이 금지될 뿐 회사의 채권자가 강제집행을 하는 것까지 금지되는 것은 아니고, 다른 한편 정리절차가 개시된 후에도 정리채권자 또는 정리담보권자는 회사정리법 제162조에 정한 바에 따라 정리절차에 의하지 아니하고 상계를 할 수 있음이 원칙인 점에 비추어 볼 때 보전처분만이 내려진 경우에는 회사의 채권자에 의한 상계가 허용되지 않는다고 할 수 없다. [대법원 1993. 9. 14. 선고 92다12728 판결]

3. 중지명령

1) 의의

회생절차의 신청이 있는 경우 법원은 이해관계인의 신청 또는 직권으로 채무자와 관련하여 진행되고 있는 소송, 강제집행 등의 절차를 중지할 수 있다. 이는 채권자들의 권리행사를 금지시켜 채무자의 재산을 보전하기 위함이며 보전처분과 달리 제3자의 행위를 제한할 수 있는 점에 차이가 있다(제44조).

2) 요건

① 중지할 필요성이 존재
② 회생채권자나 회생담보권자에게 부당한 손해 우려가 없을 것

3) 중지 대상

① 채무자에 대한 파산절차

② 회생채권 또는 회생담보권에 기한 강제집행, 가압류, 가처분 또는 담보권실행을 위한 경매절차로서 채무자의 재산에 대하여 이미 행하여지고 있는 것

③ 채무자의 재산에 관한 소송절차

④ 채무자의 재산에 관하여 행정청에 계속되어 있는 절차

⑤ 「국세징수법」 또는 「지방세징수법」에 의한 체납처분 등

4) 절차

이해관계인의 신청 또는 법원의 직권으로 중지 명령이 가능하다.

5) 중지의 효과

중지명령은 이미 진행되고 있는 소송, 강제집행을 현재 상태에서 정지시킴에 불과하고 그 자체를 취소하는 것이 아니다. 또한 채무자와 관련한 개별적으로 진행된 절차를 중지하기 때문에 신규로 진행되는 절차를 장래에 금지하는 효력이 없다.

> ☞ 채무자의 재산에 경매가 진행되고 있는 경우 채무자는 필요에 따라 중지명령을 신청하여 그 정본을 집행법원에 제출하여 경매를 중지시킬 수 있다(민집법 제49조의 일시정지를 명한 재판의 정본).

4. 취소명령

1) 의의

채무자 회생을 위해 특히 필요할 경우 중지된 강제집행, 가압류, 가처분, 담보권 실행을 취소할 수 있다. 중지명령과 달리 취소 결정이 있으면 소급하여 강제집행 등은 효력을 잃는다(제44조 제4항).

2) 판례

甲이 乙 주식회사에 대한 채권에 기하여 乙 회사의 丙 주식회사에 대한 채권에 관해 압류 및 추심명령을 받았고, 배당절차에서 乙 회사의 채권자인 丁 주식회사가 甲의 배당금에 관해 이의를 진술하고 배당이의 소송을 제기하였는데, 배당이의 소송 진행 중 乙 회사에 대하여 회생절차가 개시되자 회생법원이 채무자 회생 및 파산에 관한 법률 제58조 제5항에 따라 甲의 압류 및 추심명령을 취소하는 강제집행 취소결정을 하였고, 이후 속개된 배당절차에서 甲의 배당금을 乙 회사에 배당하는 추가배당표가 작성되자 甲이 이의를 진술하고 배당이의 소송을 제기한 사안에서, 甲의 압류 및 추심명령은 회생법원의 강제집행 취소결정에 따라 소급하여 효력이 소멸하였으므로 甲은 乙 회사의 추심채권자로서 추가배당표에 대한 실체상의 이의를 진술할 권한을 상실하였고, 甲이 배당절차에서 추가배당표에 대해 한 배당이의 진술은 부적법하며, 甲에게는 배당이의 소를 제기할 원고적격이 없다.[대법원 2018. 6. 28., 선고, 2016다229348, 판결]

5. 포괄적 금지명령

1) 의의

중지명령만으로 채무자 회생절차를 충분히 달성하지 못할 우려가 있는 경우 신청이나 직권으로 모든 회생채권자나 회생담보권에 기한 강제집행 등을 금지할 수 있는 것을 명령을 말한다. 개별적 중지명령 단점을 보완하고 업무처리의 경제성 측면에 의미가 있다(제45조).

2) 요건

① 채무자의 재산에 보전처분(보전관리명령) 있거나 동시에 행할 것
② 중지명령만으로 회생절차의 목적 달성이 어려운 특별한 사정 존재
③ 이해관계인의 신청 또는 법원 직권

3) 금지대상

회생채권에 또는 회생담보권에 기한 강제집행, 가압류, 가처분, 담보권실행 경매절차를 금지대상으로 한다.

4) 효과

① 기존에 진행되었던 강제집행은 중지되고, 장래의 모든 회생채채권, 회생담보권에 기한 강제집행은 금지된다.

② 포괄적 금지명령은 채무자(채권자 ×)에게 송달되는 시점부터 효력이 발생한다.

5) 절차와 불복

이해관계인의 신청 또는 법원의 직권으로 금지명령이 가능하고 그 결정에 대하여 즉시항고의 방법으로 다툴 수 있다. 다만, 즉시항고가 있더라도 집행정지의 효력은 없다.

6) 판례

① 비금전채권도 금지 대상인지 여부

포괄적 금지명령에 따라 보전처분 등이 금지되는 회생채권은 '채무자에 대하여 회생절차개시 전의 원인으로 생긴 재산상의 청구권'을 의미하는데 (채무자 회생 및 파산에 관한 법률 제118조 제1호), 회생채권은 이른바 금전화, 현재화의 원칙을 취하지 않고 있으므로 그러한 재산상의 청구권은 금전채권에 한정되지 아니하고 계약상의 급여청구권과 같은 비금전채권도 대상이 될 수 있다.

② 포괄적 금지명령 위반 효과

포괄적 금지명령에 반하여 이루어진 회생채권에 기한 보전처분이나 강제집행은 무효이고, 회생절차폐지결정에는 소급효가 없으므로, 이와 같이 무효인 보전처분이나 강제집행 등은 사후적으로 회생절차폐지결정이 확정

되더라도 여전히 무효이다.[대법원 2016. 6. 21., 자, 2016마5082, 결정]

③ 양도담보권에 기한 강제집행도 금지 되는지 여부

• (내용) 채무자 회생 및 파산에 관한 법률 제141조 제1항은 양도담보권도 회생담보권에 포함되는 것으로 규정하고 있으므로, 회생절차개시결정의 효력을 규정하고 있는 같은 법 제58조 제2항 제2호의 '회생담보권에 기한 강제집행 등'에는 양도담보권 실행행위도 포함되고, 같은 법 제45조 제1항, 제3항에 의한 포괄적 금지명령은 회생절차개시 신청에 대한 결정이 있을 때까지 모든 회생채권자 및 회생담보권자에게 회생채권 및 회생담보권에 기한 강제집행 등의 금지를 명하는 것이므로, 포괄적 금지명령에 의하여 금지되거나 중지되는 '회생담보권에 기한 강제집행 등'에는 양도담보권 실행행위도 포함된다고 해석하여야 한다.[대법원 2011. 5. 26., 선고, 2009다90146, 판결]

• (사실관계) 금융회사인 甲 회사가 乙 공사와, 甲 회사는 택지매수인에게 매수자금을 대출하여 주고 대출금상환이 연체될 경우 乙 공사에 매매계약 해제를 요구할 수 있으며, 이 경우 乙 공사는 매매계약을 해제하고 별도 채권양도 약정에 따라 매수인이 납입한 매매대금 중 계약보증금을 제외한 나머지를 직접 甲 회사에 지급하기로 하는 내용의 협약을 체결한 후, 乙 공사와 택지 매매계약을 체결한 매수인 丙 회사에 매수자금을 대출해 주었는데, 丙 회사가 대출금으로 매매대금을 모두 납입한 후 부도처리되어 기한의 이익을 상실하자, 甲 회사가 乙 공사에 매매계약을 해제하고 丙 회사가 납입한 매매대금 중 계약보증금을 제외한 나머지를 직접 甲 회사에 지급하여 줄 것을 요청하였고, 그 직후 丙 회사가 회생절차개시를 신청하여 법원이 회생담보권 등에 기한 강제집행 등의 포괄적 금지명령을 한 사안에서, 甲 회사는 매매계약 해제로 발생하는 丙 회사의 乙 공사에 대한 기지급 매매대금 반환채권을 대출금채권의 담보로 제공받은 회생담보권자에 해당하고, 담보권 실행을 통한 채권 회수를 위해서는 乙 공사의 매매계약 해제통지가 선행되어야 하는데, 甲 회사의 매매계약 해제 및 매

매대금 지급 요청은 乙 공사에 매매계약 해제통지를 요구하는 의사표시에 불과하여 丙 회사 재산에 대한 양도담보권 실행행위로 볼 수 없으므로 법원의 포괄적 금지명령으로 그 의사표시가 중지된다고 볼 수 없고, 나아가 乙 공사의 매매계약 해제 의사표시도 포괄적 금지명령에 의하여 금지되는 양도담보권 실행행위로 볼 수 없다.

3 회생절차개시의 결정

1. 개시결정의 내용 일반

신청일로부터 1월 이내에 법원은 개시여부를 결정하고, 그 내용에는 연, 월, 일, 시를 기재한다. 개시결정의 효력은 결정시(확정시 ×)부터 효력이 발생한다. 개시결정에 대해 이의가 있는 경우 즉시항고를 제기할 수 있으나 그 집행정지의 효력은 없다.

2. 개시결정과 동시에 정하는 사항(제50조)

1) 관리인이 제147조제1항에 규정된 목록(회생채권,담보권,주주권의 목록)을 작성하여 제출하여야 하는 기간(제223조제4항에 따른 목록이 제출된 경우는 제외한다). 이 경우 기간은 회생절차개시결정일부터 2주 이상 2월 이하이어야 한다.

2) 회생채권·회생담보권·주식 또는 출자지분의 신고기간(이하 이 편에서 "신고기간"이라 한다). 이 경우 신고기간은 제1호에 따라 정하여 진 제출기간의 말일(제223조제4항에 따른 목록이 제출된 경우에는 회생절차개시결정일)부터 1주 이상 1월 이하이어야 한다.

3) 목록에 기재되어 있거나 신고된 회생채권·회생담보권의 조사기간(이하 이 편에서 "조사기간"이라 한다). 이 경우 조사기간은 신고기간의 말일부터 1주 이상 1월 이하이어야 한다.

4) 회생계획안의 제출기간. 이 경우 제출기간은 조사기간의 말일(제223조제1항에 따른 회생계획안이 제출된 경우에는 회생절차개시결정일)부터 4개월 이하(채무자가 개인인 경우에는 조사기간의 말일부터 2개월 이하)여야 한다.

3. 개시결정의 공고와 송달(제51조)

1) 공고 내용

① 회생절차개시결정의 주문
② 관리인의 성명 또는 명칭
③ 제50조의 규정에 의하여 정하여진 기간 및 기일
④ 회생절차가 개시된 채무자의 재산을 소지하고 있거나 그에게 채무를 부담하는 자는 회생절차가 개시된 채무자에게 그 재산을 교부하여서는 아니된다는 뜻이나 그 채무자에게 그 채무를 변제하여서는 아니된다는 뜻과 회생절차가 개시된 채무자의 재산을 소지하고 있거나 그에게 채무를 부담하고 있다는 사실을 일정한 기간 안에 관리인에게 신고하여야 한다는 뜻의 명령
⑤ 제221조와 제223조제1항에 규정된 내용의 취지

2) 송달 대상

① 관리인
② 채무자
③ 알고 있는 회생채권자 · 회생담보권자 · 주주 · 지분권자
④ 회생절차가 개시된 채무자의 재산을 소지하고 있거나 그에게 채무를 부담하는 자

4 회생절차개시결정의 효과

1. 관리처분권 이전

1) 의의

개시결정이 있으면 관리인이 선임되고 선임된 관리인은 채무자의 업무의 수행과 재산의 관리 및 처분을 하는 권한을 가진다. 특별한 경우를 제외하고 개인채무자는 그 개인, 법인채무자일 경우 그 대표이사가 관리인으로 선임된다.(제56조)

> ☞ 소송법적으로 당사자 관련한 문제는 채무자가 아니라 관리인을 기준으로 당사자적격 등을 판단한다.(제78조)

2) 판례

채무자 회생 및 파산에 관한 법률에 의한 회생절차개시결정이 있는 때에는 채무자의 업무의 수행과 재산의 관리 및 처분을 하는 권리는 관리인에게 전속하고(제56조 제1항), 채무자의 재산에 관한 소송에서는 관리인이 당사자가 되며(제78조), 이 조항의 '재산에 관한 소송'에는 회생회사와 관련된 특허의 등록무효를 구하는 심판도 포함되므로, 그러한 심판에서 회생회사에는 당사자적격이 없고 관리인에게만 당사자적격이 있다.[대법원 2016. 12. 29., 선고, 2014후713, 판결]

2. 다른 절차의 금지와 중지(제58조)

1) 금지대상

① 파산 또는 회생절차개시의 신청
② 회생채권 또는 회생담보권에 기한 강제집행등
③ 국세징수의 예에 의하여 징수할 수 있는 청구권으로서 그 징수우선

순위가 일반 회생채권보다 우선하지 아니한 것에 기한 체납처분

2) 중지대상.
 ① 파산절차
 ② 채무자의 재산에 대하여 이미 행한 회생채권(회생담보권)에 기한 강제집행
 ③ 국세징수의 예에 의하여 징수할 수 있는 청구권으로서 그 징수 우선순위가 일반 회생채권보다 우선하지 아니한 것에 기한 체납처분

> ☞ 개시결정이 있는 경우 집행정본에 의한 강제경매와 근저당권에 기한 임의경매가 모두 금지된다. 또한 이미 진행중인 절차라면 중지효과가 발생한다. 이 경우 개시결정 전 중지명령에 의한 중지와 다르게 집행법원에 별도의 중지 신청의 절차가 요구되지 않고 법률 규정에 따라 그 효과가 발생한다.

3) 판례

하도급거래 공정화에 관한 법률 제14조 제1항 제1호 및 제2항은 원사업자의 지급정지나 파산 등으로 인해 영세한 수급사업자가 하도급대금을 지급받지 못함으로써 연쇄부도에 이르는 것을 방지하기 위한 것으로서, 영세한 수급사업자의 보호를 위해 원사업자가 파산한 경우 등에 인정되는 이러한 직접청구제도가 원사업자에 대하여 회생절차가 개시된 경우라 하여 배제될 이유는 없는 것이므로, 원사업자에 대하여 회생절차가 개시된 경우 '회생채권에 관하여는 회생절차가 개시된 후에는 이 법에 특별한 규정이 있는 경우를 제외하고는 회생계획에 규정한 바에 따르지 아니하고는 변제하거나 변제받는 등 이를 소멸하게 하는 행위(면제를 제외한다)를 하지 못한다'고 정한 채무자 회생 및 파산에 관한 법률 제131조에 의하여 하도급거래 공정화에 관한 법률 제14조의 적용이 배제되어야 한다거나, 수급사업자의 발주자에 대한 하도급 대금채권의 직접청구가 채무자 회생 및 파산

에 관한 법률 제58조 제1항 제2호에서 금지하는 '회사재산에 대한 강제집행'에 해당한다고 볼 수 없다.[서울중앙지법 2010. 7. 7., 선고, 2009가합37669, 판결 : 확정]

> ☞ 제14조(하도급대금의 직접 지급) ① 발주자는 다음 각 호의 어느 하나에 해당하는 사유가 발생한 때에는 수급사업자가 제조·수리·시공 또는 용역수행을 한 부분에 상당하는 하도급대금을 그 수급사업자에게 직접 지급하여야 한다.
> 1. <u>원사업자의 지급정지·파산</u>, 그 밖에 이와 유사한 사유가 있거나 사업에 관한 허가·인가·면허·등록 등이 취소되어 원사업자가 하도급대금을 지급할 수 없게 된 경우로서 수급사업자가 하도급대금의 직접 지급을 요청한 때
> ② 제1항에 따른 사유가 발생한 경우 원사업자에 대한 발주자의 대금지급채무와 수급사업자에 대한 원사업자의 하도급대금 지급채무는 그 범위에서 소멸한 것으로 본다.

3. 소송절차의 중단(제59조)

1) 소송중단

개시결정이 있으면 채무자에 대한 소송이 중단된다. 그 이유는 채무자의 업무와 재산에 관한 관리처분권이 관리인에게 귀속하기 때문이다. 다만 중단되는 소송은 채무자의 재산 관련 소송에 한정된다. 즉 재산 관련 소송이 아닌 경우 채무자가 그대로 당사자적격을 유지한다.

2) 소송수계, 이송

중단된 소송은 관리인이 채무자의 지위를 수계하여 진행할 수 있고, 회생법원은 다른 법원(상소심 법원 제외)에 계속되고 있는 채무자의 재산소송을 경정으로 이송을 청구할 수 있고 다른 법원은 이송 결정에 따라야 한다.

> ☞ "채권자취소소송"은 채무자의 총채권자를 위하여 채무자의 재산을 회복하는 소송의 성질을 가지고 있어 관리인은 채무자를 수계하는 것이 아니라 "채권자"를 지위를 인수한다. 채무자는 처음부터 취소소송의 당사자(피고)가 아니기도 하다.

3) 판례

채무자 회생 및 파산에 관한 법률 제59조 제1항, 제33조, 민사소송법 제247조 제1항, 제2항의(판결의 선고는 소송절차가 중단된 중에도 할 수 있다 등) 각 취지 및 내용 등에 비추어 보면, 소송 계속 중 일방 당사자에 대하여 채무자 회생 및 파산에 관한 법률 제49조에서 정한 회생절차 개시결정이 있었는데, 법원이 회생절차 개시결정사실을 알지 못한 채 <u>관리인의 소송수계가 이루어지지 아니한 상태 그대로 소송절차를 진행하여 판결을 선고하였다면, 그 판결은 일방 당사자의 회생절차 개시결정으로 소송절차를 수계할 관리인이 법률상 소송행위를 할 수 없는 상태에서 심리되어 선고된 것이므로 여기에는 마치 대리인에 의하여 적법하게 대리되지 아니하였던 경우와 마찬가지의 위법이 있다</u>(위법이 있는 것이지 소송이 무효가 되는 것은 아님, 저자 주).[대법원 2011. 10. 27., 선고, 2011다56057, 판결]

> ☞ 제59조(소송절차의 중단 등) ① 회생절차개시결정이 있는 때에는 채무자의 재산에 관한 소송절차는 중단된다.
> ② 제1항의 규정에 의하여 중단한 소송절차 중 회생채권 또는 회생담보권과 관계없는 것은 관리인 또는 상대방이 이를 수계할 수 있다. 이 경우 채무자에 대한 소송비용청구권은 공익채권으로 한다.

4. 개시 후 채무자의 행위와 그 효력(제64조 이하)

구분		효력
채무자의 법률행위		회생절차에서 효력주장 ×
제3자의 채무자의 권리취득		회생절차에서 효력주장 ×
개시전 등기원인 개시후 등기		회생절차에서 효력주장 ×
채무자에 대한 변제(선의)		회생절차에서 효력주장 O
개시 전 가등기, 개시 후 본등기	악의	회생절차에서 효력주장 ×
	선의	회생절차에서 효력주장 O
채무자에 대한 변제	선의	회생절차에서 효력주장 O
	악의	이익한도 내 효력주장 O
선의, 악의 추정	개시 전	선의 추정
	개시 후	악의 추정

5. 쌍무계약에 대한 특칙(제119조)

1) 의의

법률행위의 당사자가 상호 대등한 관계에서 상호 채무를 부담하는 계약으로 성립, 이행에 있어 법률적 경제적 견련성이 있는 경우를 의미한다.

2) 계약 이행상태에 따른 관리인의 선택(법원의 허가 사항, 제61조)

구 분	내 용
쌍방 이행 미완료	해제(해지), 이행의 선택적 행사
회생채무자만 이행완료	상대방에게 이행 청구
상대방만 이행완료	상대방채권 -> 회생채권

3) 계약 해제, 해지 위험에 따른 상대방의 권리

구 분	효력
최고권	계약해제 등 최고 가능 (30일 내 미응답 해제권 포기)
손해발생	회생채권으로 권리행사
채무자의 재산에 현존	반환청구
재산에 부존재	가액만큼 공익채권으로 권리행사

4) 판례

① 쌍무계약의 의미

구 회사정리법 제103조 제1항(현행법 제119조) 소정의 쌍무계약이라 함은 쌍방 당사자가 상호 대등한 대가관계에 있는 채무를 부담하는 계약으로서, 본래적으로 쌍방의 채무 사이에 성립·이행·존속상 법률적·경제적으로 견련성을 갖고 있어서 서로 담보로서 기능하는 것을 가리키는 것이고, 이와 같은 법률적·경제적 견련관계가 없는데도 당사자 사이의 특약으로 쌍방의 채무를 상환 이행하기로 한 경우는 여기서 말하는 쌍무계약이라고 할 수 없다. [대법원 2007. 3. 29., 선고, 2005다35851, 판결]

② 관리인의 선택권의 취지

채무자 회생 및 파산에 관한 법률(이하 '채무자회생법'이라고 한다) 제119조 제1항, 제121조 제2항의 규정들은 쌍방의 채무가 법률적·경제적으로 상호 관련성을 가지고 원칙적으로 서로 담보의 기능을 하고 있는 쌍무계약에 관하여 쌍방 당사자가 아직 이행을 완료하지 아니한 상태에서 당사자인 일방의 채무자에 대하여 회생절차가 개시된 경우, 관리인에게 계약을 해제할 것인가 또는 상대방 채무의 이행을 청구할 것인가의 선택권을 부여함으로써 회생절차의 원활한 진행을 도모함과 아울러, 관리인이 계약의 해제를 선택한 경우 이에 따른 원상회복의무도 이행하도록 함으로써 양 당사자 사이에 형평을 유지하기 위한 취지에서 만들어진 쌍무계약의 통칙이다.

(주식매매계약 해제가부) 따라서 상법 제374조의2에서 규정하고 있는 영업양도 등에 대한 반대주주의 주식매수청구권 행사로 성립한 주식매매계약에 관하여 채무자회생법 제119조 제1항의 적용을 제외하는 취지의 규정이 없는 이상, 쌍무계약인 위 주식매매계약에 관하여 회사와 주주가 모두 이행을 완료하지 아니한 상태에서 회사에 대하여 회생절차가 개시되었다면, 관리인은 채무자회생법 제119조 제1항에 따라 주식매매계약을 해제하거나 회사의 채무를 이행하고 주주의 채무이행을 청구할 수 있다.[대법원 2017. 4. 26., 선고, 2015다6517, 6524, 6531, 판결]

> ☞ **회사정리법**
>
> 제103조 (쌍무계약) ① 쌍무계약에 관하여 회사와 그 상대방이 모두 정리절차개시당시에 아직 그 이행을 완료하지 아니한 때에는 관리인은 계약을 해제 또는 해지하거나 회사의 채무를 이행하고 상대방의 채무이행을 청구할 수 있다.
>
> 제119조(쌍방미이행 쌍무계약에 관한 선택) ① 쌍무계약에 관하여 채무자와 그 상대방이 모두 회생절차개시 당시에 아직 그 이행을 완료하지 아니한 때에는 관리인은 계약을 해제 또는 해지하거나 채무자의 채무를 이행하고 상대방의 채무이행을 청구 할 수 있다. 다만, 관리인은 회생계획안 심리를 위한 관계인집회가 끝난 후 또는 제240조의 규정에 의한 서면결의에 부치는 결정이 있은 후에는 계약을 해제 또는 해지할 수 없다.
>
> ② 제1항의 경우 상대방은 관리인에 대하여 계약의 해제나 해지 또는 그 이행의 여부를 확답할 것을 최고할 수 있다. 이 경우 관리인이 그 최고를 받은 후 30일 이내에 확답을 하지 아니하는 때에는 관리인은 제1항의 규정에 의한 해제권 또는 해지권을 포기한 것으로 본다.

6. 회생개시결정과 임대차계약에 미치는 효과

1) 차임선급 또는 처분의 효과(제124조 제1항)

임대인이 회생절차를 신청하여 개시결정이 된 후에는 차임을 선급하거나 차임채권을 처분하더라도 당기와 차기에 해당하는 금액을 제외하고는 회생절차에서 효력을 주장하지 못한다. 그 결과로 손해가 발생한 상대방은 회생채권자로서 권리를 행사할 수 밖에 없다.

2) 계약해제, 해지권 선택적 행사 금지(제124조 제4항)

주택(상가)임대차보호법상 대항요건을 갖춘 경우 관리인은 제119조에 따른 임대차계약을 해지할 수 없다.

7. 회생채권의 변제금지(제131조)

개시결정 이후부터 특별한 경우를 제외하고 회생계획과 달리 채무자가 변제를 하거나 변제를 받는 행위는 할 수 없다. 다만 법원의 허가가 있는 경우는 그러하지 아니하다.

5 회생절차의 기관

1. 관리위원회(제16조 등)

1) 관리위원 자격과 구성 등

① 관리위원회는 위원장 1인을 포함한 3인 이상 15인 이내의 관리위원으로 구성한다.
② 관리위원의 임기는 3년으로 한다.
③ 관리위원은 다음 각호의 어느 하나에 해당하는 자 중에서 회생법원장이 위촉한다.

> 1. 변호사 또는 공인회계사의 자격이 있는 자
> 2. 「은행법」에 의한 은행 그 밖에 대통령령이 정하는 법인에서 15년 이상 근무한 경력이 있는 자
> 3. 상장기업의 임원으로 재직한 자
> 4. 법률학·경영학·경제학 또는 이와 유사한 학문의 석사학위 이상을 취득한 자로서 이와 관련된 분야에서 7년 이상 종사한 자
> 5. 제1호 내지 제4호에 규정된 자에 준하는 자로서 학식과 경험을 갖춘 자

④ 다음 각호의 어느 하나에 해당하는 자는 관리위원이 될 수 없다.

> 1. 피성년후견인·피한정후견인 또는 파산선고를 받은 자로서 복권되지 아니한 자
> 2. 금고 이상의 실형의 선고를 받고 그 집행이 종료(집행이 종료된 것으로 보는 경우를 포함한다)되거나 집행이 면제된 날부터 5년이 경과되지 아니한 자
> 3. 금고 이상의 형의 집행유예선고를 받고 그 유예기간이 만료된 날부터 2년이 경과되지 아니한 자
> 4. 금고 이상의 형의 선고유예를 받고 그 유예기간 중에 있는 자
> 5. 다른 법률 또는 법원의 판결에 의하여 자격이 정지 또는 상실된 자

⑤ 관리위원회는 재적위원 과반수의 출석과 출석위원 과반수의 찬성으로 의결한다.

⑥ 관리위원회의 설치·조직 및 운영, 관리위원의 자격요건·신분보장 및 징계 등에 관하여는 대법원규칙으로 정한다.

⑦ 관리위원은 「형법」그 밖의 법률의 규정에 의한 벌칙의 적용에 있어서는 이를 공무원으로 본다.

2) 관리위원회의 담당 업무

① 관리인·보전관리인·조사위원·간이조사위원·파산관재인·회생위

원 및 국제도산관리인의 선임에 대한 의견의 제시
② 관리인·보전관리인·조사위원·간이조사위원·파산관재인 및 회생위원의 업무수행의 적정성에 관한 감독 및 평가
③ 회생계획안·변제계획안에 대한 심사
④ 채권자협의회의 구성과 채권자에 대한 정보의 제공
⑤ 이 법의 규정에 의한 절차의 진행상황에 대한 평가
⑥ 관계인집회 및 채권자집회와 관련된 업무
⑦ 그 밖에 대법원규칙 또는 법원이 정하는 업무

2. 관리인(제74조 등)

1) 관리인 선임 및 절차

① 원칙

법원은 개인인 채무자는 그 개인, 법인의 경우 그 대표자를 관리인으로 선임하고(개인,중소기업으로 관리인을 선임하지 않는 경우도 같음) 관리인 선임 시 관리위원회, 채권자협의회를 의견을 듣는다.

② 예외

채무자의 재정적 파탄의 원인이 채무자, 채무자의 이사 또는 지배인이 행한 재산의 유용 또는 은닉이나 그에게 중대한 책임이 있는 부실경영에 기인하는 때에는 관리인으로 선임될 수 없다.

2) 관리인의 성질 및 지위 등

관리인으로 선임되거나 또는 개인, 중소기업으로서 관리인 선임결정이 없는 경우 관리인으로 간주되는 개인 등은 소속 회사의 대표자의 지위가 아닌 공적 의무자로서의 지위를 가진다. 즉 절차에서 회생채권자, 회생담보권자, 주주 등 이해관계자 전체를 위한 관리자가 되고 그 결과 선량한 관리자로서 직무를 수행하여야 한다.

3. 채권자협의회

1) 구성

① 관리위원회(관리위원회가 설치되지 아니한 때에는 법원을 말한다. 이하 이 조에서 같다)는 회생절차개시신청·간이회생절차개시신청 또는 파산신청이 있은 후 채무자의 주요채권자를 구성원으로 하는 채권자협의회를 구성하여야 한다. 다만, 채무자가 개인 또는 「중소기업기본법」 제2조제1항의 규정에 의한 중소기업자(이하 "중소기업자"라 한다)인 때에는 채권자협의회를 구성하지 아니할 수 있다.

② 채권자협의회는 10인 이내로 구성한다.

③ 관리위원회는 필요하다고 인정하는 때에는 소액채권자를 채권자협의회의 구성원으로 참여하게 할 수 있다.

④ 제1항의 경우 채무자의 주요채권자는 관리위원회에 채권자협의회 구성에 관한 의견을 제시할 수 있다.

2) 기능

① 채권자협의회는 채권자간의 의견을 조정하여 다음 각호의 행위를 할 수 있다.

> 1. 회생절차 및 파산절차에 관한 의견의 제시
> 2. 관리인·파산관재인 및 보전관리인의 선임(해임)에 관한 의견 제시
> 3. 법인인 채무자의 감사 선임에 대한 의견의 제시
> 4. 회생계획인가 후 회사의 경영상태에 관한 실사의 청구
> 5. 그 밖에 법원이 요구하는 회생절차 및 파산절차에 관한 사항

② 채권자협의회의 의사는 출석한 구성원 과반수의 찬성으로 결정한다.

③ 법원은 결정으로 채권자협의회의 활동에 필요한 비용을 채무자에게 부담시킬 수 있다.

④ 채권자협의회의 구성 및 운영에 관하여 필요한 사항은 대법원규칙으

로 정한다.

⑤ 채권자협의회가 구성되어 있지 아니한 때에는 제50조제1항·제62조제2항·제132조제3항·제203조제4항·제259조·제287조제3항 및 제288조제2항 중 채권자협의회에 관한 사항은 적용하지 아니한다.

3) 자료제공

① 법원은 회생절차 또는 파산절차의 신청에 관한 서류·결정서·감사보고서 그 밖에 대법원규칙이 정하는 주요자료의 사본을 채권자협의회에 제공하여야 한다.

② 관리인 또는 파산관재인은 법원에 대한 보고서류 중 법원이 지정하는 주요서류를 채권자협의회에 분기별로 제출하여야 한다.

③ 채권자협의회는 대법원규칙이 정하는 바에 따라 관리인 또는 파산관재인에게 필요한 자료의 제공을 청구할 수 있다.

④ 제3항의 규정에 의하여 자료제공을 요청받은 자는 대법원규칙이 정하는 바에 따라 자료를 제공하여야 한다.

⑤ 채권자협의회에 속하지 아니하는 채권자의 요청이 있는 때에는 채권자협의회는 제1항 내지 제3항의 규정에 의하여 제공받은 자료를 제공하여야 한다.

4) 신규자금대여자의 의견제시권한 등

① 제179조제1항제5호 및 제12호에 따라 자금을 대여한 공익채권자는 다음 각 호의 행위를 할 수 있다.

> 1. 채무자의 영업 또는 사업의 전부 또는 중요한 일부를 양도하는 것에 대한 의견의 제시
> 2. 회생계획안에 대한 의견의 제시
> 3. 회생절차의 폐지 또는 종결에 대한 의견의 제시

② 제179조제1항 제5호 및 제12호에 따라 자금을 대여한 공익채권자는 대법원규칙으로 정하는 바에 따라 관리인에게 필요한 자료의 제공을 청구할 수 있다. 이 경우 관리인은 대법원규칙으로 정하는 바에 따라 자료를 제공하여야 한다.

6 부인권(채무자재산 확보)

> 제100조(부인할 수 있는 행위) ① 관리인은 회생절차개시 이후 채무자의 재산을 위하여 다음 각호의 행위를 부인할 수 있다.
> 1. 채무자가 회생채권자 또는 회생담보권자를 해하는 것을 알고 한 행위. 다만, 이로 인하여 이익을 받은 자가 그 행위 당시 회생채권자 또는 회생담보권자를 해하는 사실을 알지 못한 경우에는 그러하지 아니하다.
> 2. 채무자가 지급의 정지, 회생절차개시의 신청 또는 파산의 신청(이하 이 조 내지 제103조에서 "지급의 정지등"이라 한다)이 있은 후에 한 회생채권자 또는 회생담보권자를 해하는 행위와 담보의 제공 또는 채무의 소멸에 관한 행위. 다만, 이로 인하여 이익을 받은 자가 그 행위 당시 지급의 정지등이 있는 것 또는 회생채권자나 회생담보권자를 해하는 사실을 알고 있은 때에 한한다.
> 3. 채무자가 지급의 정지등이 있은 후 또는 그 전 60일 이내에 한 담보의 제공 또는 채무의 소멸에 관한 행위로서 채무자의 의무에 속하지 아니하거나 그 방법이나 시기가 채무자의 의무에 속하지 아니한 것. 다만, 채권자가 그 행위 당시 채무자가 다른 회생채권자 또는 회생담보권자와의 평등을 해하게 되는 것을 알지 못한 경우(그 행위가 지급의 정지등이 있은 후에 행한 것인 때에는 지급의 정지등이 있은 것도 알지 못한 경우에 한한다)에는 그러하지 아니하다.
> 4. 채무자가 지급의 정지등이 있은 후 또는 그 전 6월 이내에 한 무상행위 및 이와 동일시할 수 있는 유상행위

1. 의의

채무자가 회생채권자를 해하는 것을 알고 한 행위나 지급정지 후에 특정인에게 담보를 제공하거나 채무 소멸행위를 한 경우 관리인은 그 행위 등을 부인하고 일탈된 재산을 찾을 수 있는 권리를 말한다(제100조). 부인권은 회생절차에서 민법상 채권자취소권과 기능적 측면에서 유사한 역할을 수행한다.

2. 부인권의 유형

유 형	내 용	상대방 인식
고의부인(제1호)	회생채권자를 해 함을 알고한 행위	악의
본지행위부인(2호)	지급정지 후 담보제공, 채무소멸 행위	악의
비본지행위부인(3호)	지급정지(그 전 60일) 후 의무에 속하지 않는 담보제공 채무소멸 행위	다른 채권자와 불평등은 인식
무상행위 부인(4호)	지급정지(그 전 6월) 후 무상행위 등	-

3. 성립요건

1) 회생채권자를 해하는 행위 존재

부인권의 대상 행위는 회생채권자를 害하는 행위이다. 해를 끼치는 행위는 민법의 취소소송의 사해행위와 회생채권자간 평등을 해하는 행위(제100조 제3항)도 포함된다. 위해 행위가 없었다면 그 책임재산에서 채권자에게 더 많은 금액이 변제될 수 있다면 그 행위는 부인의 대상인 해를 끼치는 행위로 성립될 수 있다.

2) 구체적 행위 유형

① 부동산 매각행위

부당한 가격으로 처분한 경우, 유일한 부동산을 소비하기 쉬운 금전으로 환가하는 것은 사해행위에 해당되고 동 조의 규정상 부인될 수 있다.

② 변제행위

채무 기한이 도래하여 채권을 변제하더라도 지급정지 시기에 한 것이라면 채권자간의 평등을 해치는 결과로 본지행위 부인으로 인정될 수 있다. 이 경우 특정 채권자만을 이익을 준다는 의도로 변제하였다면 고의부인의 대상이 될 수 있다.

③ 담보권 설정행위

기존 채무를 담보하기 위한 설정 행위는 그 채권자에게만 우선적 권리를 부여하기 때문에 부인의 대상이 된다. 그러나 사업목적을 위해 신규차입을 하면서 동시에 저당권을 설정한 경위 채무자를 해할 의사가 인정되기 어려워 사해행위가 부정될 가능성이 높다.

④ 담보권 실행행위

파산절차에서는 담보권이 별제권으로 인정되고 그 결과 독립적 권리행사가 가능하다. 그러나 회생절차에서는 근저당권이 별제권으로 인정되지 않고 있어 담보권을 실행하여 변제 받은 경우에도 부인 될 수 있다.

3) 채무자의 행위

원칙적으로 공모 등 특별한 경우를 제외하고 부인대상행위는 채무자의 행위이다. 그 행위는 부동산매각, 증여, 채권양도, 면제, 변제, 채무승인, 재판상 자백, 청구인낙 등 (비)법률행위, 소송행위 등 다양한 형태로 나타날 수 있다.

4. 부인행위별 구체적 요건 검토

1) 고의 부인

고의부인의 성립요건은 ① 객관적으로 채권자를 해하는 사해행위가 존재하고 ② 주관적으로 채무자를 해한다는 사해의사를 가지며 한 행위로서 그 성립요건에 대한 소송법상 입증책임은 관리인에게 있다.

2) 본지행위 부인

본지행위 부인은 ① 객관적으로 회생채권자를 해하는 사해행위에 더하여 담보를 제공하거나 채무의 소멸을 하는 행위가 추가된다. ② 시간적 요건으로 지급 정지 후에 채무자의 행위가 있음을 추가적으로 요구하며 ③ 수익자 요건으로 행위당시 지급정지 사실이나 채권자를 해하는 사실을 인식하고 있어야 한다. 다만, 고의 부인과 달리 주관적 요건으로 채무자의 사해의사를 요구하지는 않으며, 그 성립요건의 입증책임은 관리인에게 있다.

3) 비본지행위 부인

비본지행위 부인은 본지행위 부인과 달리 ① 객관적 요건으로 의무에 속하지 않은 담보제공 행위나 채무를 소멸시키는 행위가 존재하고 ② 시간적 요건으로 지급정지 후 또는 그 전 60일 이내의 행위를 요건으로 한다. 이 경우에도 채무자의 사해의사가 없어도 성립에 문제되지 않고 입증책임은 관리인에게 있다.

4) 무상행위 부인

이 유형은 ① 객관적으로 무상행위 또는 이와 동일시 할 수 있는 유상행위가 존재하고 ② 시간적으로 지급정지 후 또는 그 전 6월 이내에 한 행위이어야 한다. 무상행위 또한 관리인이 증명할 책임이 있다.

5) 특수관계인에 대한 특칙(제101조)

수익자가 특수관계인에 해당할 경우 본지행위의 경우 악의로 추정하며, 비본지행위, 무상행위의 경우 시간적 요건이 지급정지 전 1년으로 연장된다.

☞ 유형별 정리표

유 형	사해행위	주관적요건	수익자	행위 시기	입증
고의	사해행위	사해의사 O	악의	-	관리인
본지행위	사해행위+담보제공+채무소멸(평등 저해)	사해의사 ×	악의	지급정지	관리인
비본지행위	담보제공+채무소멸 (평등 저해)	사해의사 ×	악의	지급정지+전60일	관리인
무상행위	무상행위	사해의사 ×	-	지급정지+전 6월	관리인

5. 부인권의 행사 주체, 방법 등(제105~107조)

1) 주체

부인권 행사는 관리인만 할 수 있다. 회생채권자 등은 부인권 행사를 신청할 수 있는 지위에 있고 직접행사 할 수는 없다. 법원은 직권으로 관리인에게 부인권 행사를 명할 수 있다.

2) 절차

① 부인권 행사방법 등

부인의 소, 부인의 청구, 항변의 방법으로 행사할 수 있고 그 기간은 회생절차개시일로부터 2년 이내에 행사하여야 한다. 부인권에 대한 소송은 회생법원의 전속관할에 속하고 소송 계속 중에 회생절차가 폐지되면 관리인은 당사자 적격을 잃게 되어 소송이 진행되지 않고 소멸한다.

② 부인의 청구가 있는 경우 불복방법

관리인 입장에서 부인의 소보다 부인이 청구가 신속하고 편리하여 법원에 부인권 행사 명령을 신청하여 부인의 청구가 인용 될 수 있다. 이 경우 당사자는 인용 결정문을 송달 받은 날로부터 1개월 이내에 이의의 소를 제기하여야 한다. 이의제기의 소는 회생법원이 전속관할 한다.

3) 부인의 청구 인용결정의 효과

부인의 청구가 인용되어 확정되면 법 제107조 제5항에 의거 확정판결과 같은 효과가 발생한다.

4) 회생절차폐지가 부인의 소송에 미치는 영향

부인권은 채무자회생법상 인정되는 권리이기 때문에 회생절차가 소송중 폐지되면 관리인은 당사자적격을 상실하고 부인권과 관계된 권리는 모두 소멸한다.

5) 판례

구 회사정리법 제78조가 정하는 부인권은 정리절차개시 결정 이전에 부당하게 처분된 회사재산을 회복함으로써 회사사업을 유지·갱생시키고자 인정된 회사정리법상의 특유한 제도로서 정리절차의 진행을 전제로 관리인만이 행사할 수 있는 권리이므로 정리절차의 종결에 의하여 소멸하고, 비록 정리절차 진행 중에 <u>부인권이 행사되었다고 하더라도 이에 기하여 회사에게로 재산이 회복되기 이전에 정리절차가 종료한 때에는 부인권 행사의 효과로서 상대방에 대하여 재산의 반환을 구하거나 또는 그 가액의 상환을 구하는 권리 또한 소멸한다고 보아야 할 것이다.</u> [대법원 2006. 10. 26., 선고, 2005다75880, 판결]

6. 부인권 행사의 효과

1) 원상회복

취소소송과 마찬가지로 채무자의 행위가 부인되면 원상회복이 원칙적으로 이루어진다. 멸실 등 원상회복이 어려운 경우 그 가액을 배상하여야 한다. 다만 무상부인의 경우 수익자가 그 지급정지 등을 알지 못 한 경우(선의)

이익이 현존하는 한도에서 반환할 수 있는 특칙이 적용된다(제108조 2항).

2) 부인권 행사후 상대방의 권리(제108조 제3항)

① 부인권이 행사되면 채무자의 재산은 원상회복되고 상대방이 제공한 급부에 대해서는 채무자의 재산중에 현존하느냐에 따라 반환청구나 회생채권자로서 그 권리를 아래 표와 같이 행사할 수 있다.

구 분	내 용(원상회복 방법)
재산 중 현존	반환청구
재산 중 이익으로 현존	공익채권자
이익으로 부존재	그 가액배상액의 회생채권자
일부 현존	공익채권자(현존분), 회생채권자(차액분)

② 상대방 채권의 회복(제109조)

• 채무자가 자신의 채무에 대해 변제의 방법으로 채무소멸 행위를 한 경우 그 행위가 부인될 경우 상대방 채권은 원상으로 회복된다. 이 경우는 원인행위가 부인된 것이 아니라 이행행위가 부인된 경우에 해당한다(가령 금전소비대차계약 자체가 부인된 것이 아니고 그 계약자체는 인정되고 변제행위만 부인된 경우).

• 채무자의 이행행위가 부인되어 채권이 회복되면, 그 채권은 회생채권으로서 관계인(서면결의)집회가 끝난 경우에도 예외적으로 회생채권으로 부인될 날로부터 1개월 내에 추후 보완신고를 할 수 있다.

7. 부인권과 취소소송과 차이

1) 사해의사

취소권의 행사는 채무자의 사해의사를 기초로 하여 수익자의 악의를 주관적 요건으로 요구하나 부인권은 비본지행위나 무상행위시 사해의사가 없는 경우에도 인정될 수 있다.

2) 대상행위

취소소송은 채무자의 재산상 법률행위를 그 대상으로 하지만, 부인권은 재산상 법률행위 뿐만 아니라 권리변동의 성립요건, 대항요건, 집행행위에 대해서도 행사가 가능하다.

3) 행사방법

반드시 수익자를 대상으로 소송의 형태로 진행하지만, 부인권은 소, 청구, 항변의 방법으로 재판상 행사할 수 있다.

> 제103조(권리변동의 성립요건 또는 대항요건의 부인) ① 지급의 정지등이 있은 후 권리의 설정·이전 또는 변경을 제3자에게 대항하기 위하여 필요한 행위를 한 경우 그 행위가 권리의 설정·이전 또는 변경이 있은 날부터 15일을 경과한 후에 지급의 정지등이 있음을 알고 한 것인 때에는 이를 부인할 수 있다. 다만, 가등기 또는 가등록을 한 후 이에 의하여 본등기 또는 본등록을 한 때에는 그러하지 아니하다.
>
> 제104조(집행행위의 부인) 부인권은 부인하고자 하는 행위에 관하여 집행력 있는 집행권원이 있는 때 또는 그 행위가 집행행위에 의한 것인 때에도 행사할 수 있다.

8. 부인권과 관련된 판례

1) 본지행위 부인과 사해의사

회사정리법 제78조 제1항 제2호(현 제100조제1항 2호)에 의하여 회사가 지급의 정지 또는 파산, 화의개시 또는 정리절차개시의 신청이 있은 후에 채무의 소멸에 관한 행위를 한 경우에는 그로 인하여 <u>이익을 받은 자가 그 행위 당시 지급의 정지 등이 있는 것 또는 정리채권자 등을 해하는 사실을 알고 있기만 하면 부인할 수 있다</u> 할 것이고, 이러한 경우에 위 제1항 제1호에 있어서와 같이 회사가 정리채권자 등을 해할 것을 알고 한 행위일 것을 요하는 것은 아니라고 할 것이다.

소외 주식회사 신호스틸은 회사정리절차개시신청 및 회사재산보전처분신청을 한 이후, 원고에 대하여 부담하고 있던 금 16억 원 이상의 대출금 채무 중 금 2억 원을 임의변제하였는데, 그 당시 원고는 위 주식회사 신호스틸이 위와 같이 은행거래 정지처분을 받고 서울지방법원에 회사정리절차개시신청 및 회사재산보전처분신청을 한 사실을 알면서도 위 금 2억 원을 변제받았다는 것이므로, 원고가 위 금 2억 원을 변제받은 행위는 회사정리법 제78조 제1항 제2호의 부인의 대상에 해당한다고 할 것이다.

2) 부인권 행사와 신의칙 위반 등

부인권을 행사하는 것은 관리인으로서 양자는 별개의 존재이고, 부인권을 행사하는 것은 정리절차가 개시되기 전의 소외 회사의 채무변제행위를 응징하기 위한 관리인의 고유권한이므로 관리인이 부인권을 행사하는 것이 신의칙에 위반된다거나 권리남용에 해당된다고 할 수 없다.[대법원 1997. 3. 28. 선고 96다50445 판결]

3) 사회적으로 상당성과 부인권 행사의 제한

회사정리법상 부인의 대상이 되는 행위가 정리채권자에게 유해하다고 하더라도 행위 당시의 개별적·구체적 사정에 따라서는 당해 행위가 사회적으로 필요하고 상당하였다거나 불가피하였다고 인정되어 정리채권자가 정리회사 재산의 감소나 불공평을 감수하여야 한다고 볼 수 있는 경우가 있을 수 있고, 그와 같은 예외적인 경우에는 채권자 평등, 채무자의 보호와 이해관계의 조정이라는 회사정리법의 지도이념이나 정의 관념에 비추어 회사정리법 제78조 소정의 부인권 행사의 대상이 될 수 없다고 보아야 할 것이며, 여기에서 그 행위의 상당성 여부는 행위 당시의 정리회사의 재산 및 영업 상태, 행위의 목적·의도와 동기 등 정리회사의 주관적 상태를 고려함은 물론, 변제행위에 있어서는 변제자금의 원천, 정리회사와 채권자와의 관계, 채권자가 정리회사와 통모하거나 정리회사에게 변제를 강요하는 등의 영향력을 행사하였는지 여부 등을 기준으로 하여 신의칙과 공평의 이념에 비추어 구체적으로 판단하여야 한다고 할 것이다 (대법원 2007. 9. 21. 선고 2005다22398 판결).

3) 부인권 대상으로서 편파행위

구 회사정리법(2005. 3. 31. 법률 제7428호 채무자 회생 및 파산에 관한 법률 부칙 제2조로 폐지) 제78조 제1항 제1호에서 정한 부인의 대상으로 되는 행위인 '회사가 정리채권자 등을 해할 것을 알고 한 행위'에는 총채권자의 공동담보가 되는 회사의 일반재산을 절대적으로 감소시키는 이른바 사해행위뿐만 아니라, 특정한 채권자에 대한 변제와 같이 다른 정리채권자들과의 공평에 반하는 이른바 편파행위도 포함되나, 위와 같은 고의부인이 인정되기 위해서는 주관적 요건으로서 회사가 '정리채권자들을 해함을 알 것'을 필요로 하는데, 특정채권자에게 변제하는 편파행위를 고의부인의 대상으로 할 경우에는, 구 회사정리법이 정한 부인대상행위 유형화의 취지를 몰각시키는 것을 방지하고 거래 안전과의 균형을 도모하기 위해 회사정리 절차가 개시되는 경우에 적용되는 채권자평등의 원칙을 회피하기 위하여 특정채권자에게 변제한다는 인식이 필요하다고 할 것이지만, 더 나아가 정리채권자들에 대한 적극적인 가해의 의사 내지 의욕까지 필요한 것은 아니다.[대법원 2006. 6. 15. 선고 2004다46519 판결]

4) 편파행위시 채무초과가 필요한지 여부

채무자의 일반재산의 유지·확보를 주된 목적으로 하는 채권자취소권의 경우와는 달리, 이른바 편파행위까지 규제 대상으로 하는 파산법상의 부인권 제도에 있어서는 반드시 해당 행위 당시 부채의 총액이 자산의 총액을 초과하는 상태에 있어야만 행사할 수 있다고 볼 필요도 없고, 행위 당시 자산초과상태였다 하여도 장차 파산절차에서 배당재원이 공익채권과 파산채권을 전부 만족시킬 수 없는 이상, 그리고 그러한 개연성이 존재하는 이상, 일부 특정 채권자에게만 변제를 한다거나 담보를 제공하는 것은 다른

채권자들이 파산절차에서 배당받아야 할 배당액을 감소시키는 행위로서 부인권 행사를 할 수 있다

5) 신규대출 형식으로 담보설정

형식적으로는 기존 채무의 변제를 받고 그 직후 같은 금액을 신규대출하는 방식을 취하였지만, 그 실질 및 경제적 효과에 있어서는 기존 채무에 대한 기한의 연장에 불과한 점 등 제반 사정에 비추어, 이를 담보하기 위하여 이루어진 근저당권설정행위가 이른바 편파행위로서 파산법 제64조 제1호에서 정한 부인의 대상이 된다.[대법원 2005. 11. 10. 선고 2003다271]

6) 집행행위 부인(질권실행에 대한 부인)

회사정리절차에 있어서는 담보권자는 개별적으로 담보권실행행위를 할 수 없고(회사정리법 제67조), 정리담보권자로서 정리절차 내에서의 권리행사가 인정될 뿐, 정리절차 외에서 변제를 받는 등 채권소멸행위를 할 수 없으며(같은 법 제123조 제2항, 제112조), 또한 같은 법 제81조 후단이 부인하고자 하는 행위가 집행행위에 기한 것인 때에도 부인권을 행사할 수 있다고 규정한 취지에 비추어 보면, 질권의 목적물을 타에 처분하여 채권의 만족을 얻는 경우도 그 실질에 있어서 집행행위와 동일한 것으로 볼 수 있어 부인의 대상이 되는 행위에 포함된다. 질권자가 그 질권의 목적인 유가증권을 처분하여 채권을 회수한 행위에 대하여 회사정리법상의 부인권이 행사된 경우, 그 유가증권의 원상회복에 갈음하여 그 가액의 상환을 청구할 수 있다.[대법원 2003. 2. 28. 선고 2000다50275 판결 [부인권행사]]

7) 당좌거래정지처분과 지급정지의 인식

회사정리법 제78조 제1항 제2호 소정의 '지급정지'라 함은 채무자가 변제기에 있는 채무를 자력의 결핍으로 인하여 일반적·계속적으로 변제할 수 없다는 것을 명시적·묵시적으로 외부에 표시하는 것을 말하고, 일반적

으로 채무자가 어음을 발행한 후 은행이나 어음교환소로부터 당좌거래정지처분을 받은 때에는 특별한 사정이 없는 한 지급정지 상태에 있다고 할 것이므로, 위와 같은 회사의 당좌거래정지처분을 알고 있었던 자는 특별한 사정이 없는 한 회사가 위 법 소정의 지급정지 상태에 있었음을 알고 있었다고 봄이 상당하다. [대법원 2002. 11. 8. 선고 2002다28746 판결]

8) 채무변제를 위한 채권 양도

회사가 지급의 정지 또는 파산, 화의개시 또는 정리절차개시의 신청이 있은 후에 특정 담보권자에게 그 채무의 변제를 위하여 회사의 채권을 양도하는 행위는 다른 회사채권자들과의 공평을 해하는 편파행위로서 구 회사정리법 제78조 제1항 제2호에 의한 부인의 대상이 된다.

9) 채무자외 제3자 행위에 대한 부인

채무자회생법 제100조 제1항 각호의 규정에 의하면, 부인의 대상이 되는 행위는 원칙적으로 채무자의 행위이다. 다만 채무자의 행위가 없었다고 하더라도 채무자와의 통모 등 특별한 사정이 있어서 채권자 또는 제3자의 행위를 채무자의 행위와 동일시할 수 있는 경우에는 예외적으로 그 채권자 또는 제3자의 행위도 부인의 대상으로 할 수 있다(대법원 2011. 10. 13. 선고 2011다56637, 56644 판결 등 참조).

채무자회생법 제104조 후단은 부인하고자 하는 행위가 집행행위에 의한 것인 때에도 부인권을 행사할 수 있다고 규정하고 있다. 그러나 채무자회생법 제100조 제1항 각호에서 부인권의 행사 대상인 행위의 주체를 채무자로 규정한 것과 달리 제104조에서는 아무런 제한을 두지 않고 있다. 부인하고자 하는 행위가 '집행행위에 의한 것인 때'는 집행법원 등 집행기관에 의한 집행절차상의 결정에 의한 경우를 당연히 예정하고 있는데, 그러한 경우에는 채무자의 행위가 개입할 여지가 없기 때문이다. 그러므로 집행행위를 채무자회생법 제100조 제1항 각호에 의하여 부인함에는 반드시 그것을 채무자의 행위와 같이 볼 만한 특별한 사정이 있을 것을 요하지 아니한다고 볼 것이다.

따라서 집행행위를 채무자회생법 제100조 제1항 제1호에 의하여 부인할 때에는, 채무자의 주관적 요건을 필요로 하는 고의부인의 성질상 채무자가 파산채권자들을 해함을 알면서도 채권자의 집행행위를 적극적으로 유도하는 등 그 집행행위가 '채무자가 파산채권자들을 해함을 알면서도 변제한 것'과 사실상 동일하다고 볼 수 있는 특별한 사정(집행행위로 보지 않고 채무자 행위로 본다는 의미, 저자)이 요구된다. 위와 같은 특별한 사정이 있다는 점에 대하여는 고의부인을 주장하는 관리인에게 증명책임이 있다. [대법원 2018. 7. 24., 선고, 2018다210348, 판결]

10) 정리절차 종결과 부인권 행사의 효과

구 회사정리법(2005. 3. 31. 법률 제7428호 채무자 회생 및 파산에 관한 법률 부칙 제2조로 폐지, 이하 '회사정리법'이라 한다) 제78조가 정하는 부인권은 정리절차개시 결정 이전에 부당하게 처분된 회사재산을 회복함으로써 회사사업을 유지·갱생시키고자 인정된 회사정리법상의 특유한 제도로서 정리절차의 진행을 전제로 관리인만이 행사할 수 있는 권리이므로 정리절차의 종결에 의하여 소멸하고, 비록 정리절차 진행 중에 부인권이 행사되었다고 하더라도 이에 기하여 회사에게로 재산이 회복되기 이전에 정리절차가 종료한 때에는 부인권 행사의 효과로서 상대방에 대하여 재산의 반환을 구하거나 또는 그 가액의 상환을 구하는 권리 또한 소멸한다고 보아야 할 것이다 (대법원 1995. 10. 13. 선고 95다30253 판결, 2004. 7. 22. 선고 2002다46058 판결 참조).

11) 무상행위 부인

여기에서 무상행위라 함은 채무자가 대가를 받지 않고 적극재산을 감소시키거나, 소극재산 즉 채무를 증가시키는 일체의 행위를 말하고, 이와 동일시하여야 할 행위란 상대방이 반대급부로서 출연한 대가가 지나치게 근소하여 사실상 무상행위와 다름없는 경우를 말한다. 채무자가 의무 없이 타인을 위하여 한 보증 또는 담보의 제공은, 그것이 채권자의 타인에 대한 출연 등의 직접적인 원인이 되는 경우에도, 채무자가 그 대가로서 직접적이고도 현실적인 경제적 이익을 받지 아니하는 한 무상행위에 해당한다고 해석함이 상당하다.[대법원 2014. 5. 29., 선고, 2014다765, 판결]

7 기타 채무자재산 확보

1. 환취권

1) 의의

회생절차가 개시된 경우에도 채무자에 속하지 않는 재산은 그 정당한 권리자를 가진 제3자가 채무자로부터 환취할 수 있다. 일반적으로 환취할 수 있는 제3자는 소유권자로서 환취권을 가지는 경우가 다수일 것이다. 가령 채무자의 임대차종료 후 건물 반환, 피담보채무를 변제 후 질물 반환, 채무자에게 대여한 사무용기구 등에 대한 반환이 그 예일 것이다(제70조).

> ☞ **제70조(환취권)** 회생절차개시는 채무자에게 속하지 아니하는 재산을 채무자로부터 환취하는 권리에 영향을 미치지 아니한다.

2) 판례

동산의 소유권유보부매매는 동산을 매매하여 인도하면서 대금 완납 시까지 동산의 소유권을 매도인에게 유보하기로 특약한 것을 말하며, 이러한 내용의 계약은 동산의 매도인이 매매대금을 다 수령할 때까지 대금채권에 대한 담보의 효과를 취득·유지하려는 의도에서 비롯된 것이다. 따라서 <u>동산의 소유권유보부매매의 경우에, 매도인이 유보한 소유권은 담보권의 실질을 가지고 있으므로 담보 목적의 양도와 마찬가지로 매수인에 대한 회생절차에서 회생담보권으로 취급함이 타당하고, 매도인은 매매목적물인</u>

동산에 대하여 환취권을 행사할 수 없다.[대법원 2014. 4. 10., 선고, 2013다61190, 판결]

2. 법인 임원의 책임(제114조 등)

1) 의의

회생개시결정이 있는 경우 법인의 이사가 법령, 정관 등에 위반한 행위를 하는 등 필요성이 인정될 경우 당해 이사에 대해서 책임이 있는 경우 손해배상을 청구할 수 있고 그 금원을 회생재원으로 사용할 수 있도록 하고 있다.

2) 보전처분

손해배상 책임의 여지가 있는 임원의 개인 재산에 대해 손해배상금 확보를 위해 그 판결이 확정되기 전에 책임재산 확보를 위해 관리인의 신청에 따라 가압류 등 보전처분을 할 수 있다.

3) 손해배상 조사확정재판과 효과

법원의 직권 또는 관리인의 신청으로 조사확정재판을 할 수 있다. 통상의 민사소송에 의한 절차에 의해서도 가능할 수 있으나, 채무자회생법에서는 별도의 조사확정재판을 통해 결정의 형식으로 보다 간이, 신속하게 진행할 수 있도록 마련하고 있다.

또한 조사확정재판은 이행을 명한 확정판결과 동일한 효과가 있다. 즉 통상 소송절차의 이행판결이 가지는 기판력과 집행력의 효과가 부여되어 앞서 보전처분의 재산에 대해서 강제집행의 집행권으로 사용될 수 있다.

4) 조사확정재판의 이의의 소

조사확정재판의 결정에 책임 있는 이사는 결정서를 송달받은 1월 이내에 이의의 소를 제기하여 불복할 수 있다. 1월의 기간은 불변기간이고 회생법원이 전속으로 관할권을 가진다.

3. 상계권(제144조 등)

1) 의의

회생채권자가 회생채무자에 대해서 일정한 채무를 부담하고 있는 경우 회생채권자는 자신의 채권을 자동채권으로 상계할 수 있다. 채권자 입장에서 본인의 채무는 전액 상환하면서 회생절차를 통해 자신의 채권은 일부 변제 받거나 면책될 소지가 높아 공평의 견지에서 회생절차에서 일정한 경우 인정된다.

2) 상계의 요건

통상 민법상 상계적상 요건을 구비하고 있어야 한다. 회생절차에서는 추가적으로 자동채권은 채권 신고기간 만료 전에 변제기가 도래하여야 하고 수동채권의 경우 채권자가 기한이익을 포기할 수 있기 때문에 변제기가 도래하지 않아도 무방하다.

3) 상계권 행사시기

회생절차중의 상계권 행사는 채권신고기간 만료 전까지 상계의 의사표시를 해야 한다. 회생절차에서 채무자의 재산, 채권, 채무 등의 확정이 필요하기 때문에 행사시기의 제한을 부과하고 있다.

4) 상계가 금지되는 경우

① 회생채권자 또는 회생담보권자가 회생절차개시 후에 채무자에 대하여 채무를 부담한 때

② 회생채권자 또는 회생담보권자가 지급의 정지, 회생절차개시의 신청 또는 파산의 신청이 있음을 알고 채무자에 대하여 채무를 부담한 때.

③ 회생절차가 개시된 채무자의 채무자가 회생절차개시 후에 타인의 회생채권 또는 회생담보권을 취득한 때

④ 회생절차가 개시된 채무자의 채무자가 지급의 정지, 회생절차개시의 신청 또는 파산의 신청이 있음을 알고 회생채권 또는 회생담보권을 취득한 때.

4. 판례

1) 보전처분 명령시 상계권 행사가 가능한지 여부

회사정리절차개시의 신청을 받은 법원이 그 결정을 하기에 앞서 회사정리법 제39조 제1항의 규정에 의한 보전처분으로서 회사에 대하여 채권자에 대한 채무의 변제를 금지하였다 하더라도 그 처분의 효력은 원칙적으로 회사에만 미치는 것이어서 회사가 채권자에게 임의로 변제하는 것이 금지될 뿐 회사의 채권자가 강제집행을 하는 것까지 금지되는 것은 아니고, 다른 한편 정리절차가 개시된 후에도 정리채권자 또는 정리담보권자는 회사정리법 제162조에 정한 바에 따라 정리절차에 의하지 아니하고 상계를 할 수 있음이 원칙인 점에 비추어 볼 때 보전처분만이 내려진 경우에는 회사의 채권자에 의한 상계가 허용되지 않는다고 할 수 없다. 대법원 1993. 9. 14. 선고 92다12728 판결]

> ☞ 회사정리법
> 제39조(보전처분 및 보전관리인)
> ① 법원은 정리절차개시의 결정을 하기 전에 이해관계인의 신청에 의하여 또는 직권으로 회사의 업무와 재산에 관하여 가압류·가처분 기타 필요한 보전처분을 명할 수 있다. 이 경우 법원은 관리위원회의 의견을 들어야 한다.
>
> 제162조(상계권)
> ① 정리채권자 또는 정리담보권자가 정리절차개시당시 회사에 대하여 채무를 부담하는 경우에 채권과 채무의 쌍방이 정리채권과 정리담보권의 신고기간만료전에 상계할 수 있게 되었을 때에는 정리채권자 또는 정리담보권자는 그 기간내에 한하여 정리절차에 의하지 아니하고 상계할 수 있다. 채무가 기한부인 때에도 같다.

2) 파산선고 후 채무부담의 의미

파산법 제95조 제1호는 '파산채권자가 파산선고 후에 파산재단에 대하여 채무를 부담한 때'를 상계금지사유로 규정하고 있는바, 위 규정은 파산채권자가 파산선고 후에 부담한 채무를 파산채권과 상계하도록 허용한다면, 그 파산채권자에게 그 금액에 대하여 다른 파산채권자들에 우선하여 변제받는 것을 용인하는 것이 되어 결과적으로 파산채권자 사이의 공평을 해치게 되므로 이를 방지하기 위한 것에 그 목적이 있다 할 것이므로, 위 규정 소정의 '파산선고 후에 파산재단에 대하여 채무를 부담한 때'라 함은 그 채무 자체가 파산선고 후에 발생한 경우만을 의미하는 것이 아니라, 파산선고 전에 발생한 제3자의 파산재단에 대한 채무를 파산선고 후에 파산채권자가 인수하는 경우도 포함되고, 그 인수는 포괄승계로 인한 것이라도 관계없다. [대법원 2003. 12. 26. 선고 2003다35918 판결]

8 회생절차의 이해관계인

1. 의의

회생절차가 진행되면 다양한 관련자가 참여하여 신청, 의견제시, 이의제기를 할 수 있다. 대표적 관련자는 관리위원회, 채권자협의회, 관리인, 회생채권자(담보권자), 주주/지분권자로 구성된다. 이하에서는 회생채권자와 회생담보권자에 대한 내용을 살펴 본다.

2. 회생채권자

1) 법 규정 검토

법 제118조는 회생채권의 일반적 규정으로 다음 4개의 청구권을 회생채권으로 규정하고 있지만 개별조문에서 회생채권이 성립하는 경우도 있다.

> 1. 채무자에 대하여 회생절차개시 전의 원인으로 생긴 재산상의 청구권
> 2. 회생절차개시 후의 이자
> 3. 회생절차개시 후의 불이행으로 인한 손해배상금 및 위약금
> 4. 회생절차참가의 비용

2) 회생채권의 요건

일반적으로 회생채권은 법 제118조 제1호에서 규정되고 있는 " 채무자에 대하여 회생절차 개시 전 원인으로 생긴 재산상의 청구권"대부분을 차지하고 있어 그 요건을 확인하자면

① 채무자에 대한 청구권일 것(일반재산에 대한 채권적 청구권만 가능, 특정재산에 대한 물권적 청구권은 불가)

② 재산상의 청구권일 것(재산상 청구권이면 금전채권, 비금전채권 모두 가능)

③ 회생절차 개시 전의 원인에 의한 청구권일 것(채권발생원인이 개시전이면 정지조건 채권, 기한부 채권, 장래구상권도 가능)

④ 물적담보를 가지지 않은 청구권일 것(담보부채권은 회생담보권으로 별도의 권리로 분류됨)

3) 회생채권의 순위

① 회생채권은 우선권 있는 회생채권과 ② 일반 회생채권으로 구분된다. 후자의 경우가 다수(제118조 각 호 채권)이고 우선권 있는 회생채권에는 주로 조세채권 등이 포함된다. 민법 등 특별법에 의해 우선권 있는 채권이 반드시 채무자회생법에 의한 우선권 있는 회생채권과 일치하지 않는다(가령 임금채권은 임금채권보장법에 의거 강제집행시 우선권 있는 채권이나 공익채권으로 분류되고, 대항력 있는 임차권의 경우 관리인은 임대차계약을 해지할 수 없는 이유로 임차인의 보증금반환채권은 회생채권으로 되지 않는 경우처럼).

4) 회생채권자의 지위

① 내용

회생채권은 회생절차에 의하지 않고 변제할 수 없고 특별한 경우 법원의 허가를 받아 예외적(제132조)으로 가능하다. 회생채권자로서 절차에 참여할 수 있고 채권신고기간 만료 전에 채무자에 대해 채무가 있는 경우 회생채권을 자동채권으로 상계할 수도 있다.

② 회상정리법 제112조 위반 효과(정리절차에 의하지 않은 변제)

정리절차중인 회사의 관리인 대리가 회사정리법 제112조에 위반하여 회사의 운영자금중에서 일부 <u>채권자들에게 채무의 일부를 변제하고 그 채권자들은 나머지 채무를 면제하였다면 그 채무의 변제는 무효이고 그 유효</u>를 전제로 하는 채무면제 역시 무효이어서 결국 회사의 채무는 소멸되지 않고 여전히 존속하게 되는 것이므로 법률상 효력도 없는 채무변제로 인하여 특별한 사정이 없는한 그 회사와 주주 및 기타 채권자에게는 재산상 손해를 가하고 변제받은 채권자에게는 재산상의 이득을 얻게 한 것이 된다.[대법원 1980. 10. 14. 선고 80도1597 판결]

3. 특수한 회생채권

1) 회생절차 개시 후 채권자

회생절차가 개시 된 후 발생한 채권도 회생채권으로 될 수 있다. 쌍무계약에서 계약의 해제(해지) 등이 있는 경우 현존하는 경우는 반환청구가 가능하지만 반대 급부가 현존(또는 현존이익 없는 경우)하지 않으면 손해배상을 청구할 수 밖에 없고(제121조) 이 경우 회생채권이 되며, 임대인이 채무자인 경우 차임은 당기와 차기의 것에 한해 회생채권이 된다(제124조). 사해행위 등에 의해 부인권이 행사된 경우 그 상대방의 반대급부가 현존하지 않은 경우에도 회생채권자로 참여하게 된다(제108조 제3항).

2) 조세채권자

① 조세채권의 성립시기에 따른 구별

조세청구권은 법률에 정한 과세요건이 충족되었는지를 기준으로 회생절차 개시결정 전에 과세요건이 성립한 경우는 회생채권이(제118조의 회생채권) 되고 납부기한이 도래하지 아니한 조세채권은 공익채권(제179조)이 된다.

> **제179조(공익채권이 되는 청구권)** ① 다음 각호의 어느 하나에 해당하는 청구권은 공익채권으로 한다.
> 1. 회생채권자, 회생담보권자와 주주·지분권자의 공동의 이익을 위하여 한 재판상 비용청구권
> (중 략)
> 9. 다음 각목의 조세로서 회생절차개시 당시 아직 납부기한이 도래하지 아니한 것
>   가. 원천징수하는 조세. 다만, 「법인세법」 제67조(소득처분)의 규정에 의하여 대표자에게 귀속된 것으로 보는 상여에 대한 조세는 원천징수된 것에 한한다.
>   나. 부가가치세·개별소비세·주세 및 교통·에너지·환경세
>   다. 본세의 부과징수의 예에 따라 부과징수하는 교육세 및 농어촌특별세
>   라. 특별징수의무자가 징수하여 납부하여야 하는 지방세

② 회생채권으로서 조세채권 특징

• 체납처분은 제45조의 포괄적 금지명령(금지대상에 불포함)에도 불구하고 금지·중지되지 않는다. 중지가 필요할 경우 중지명령을 개별적으로 신청할 필요가 있다.

• 회생채권으로 분류된 조세채권도 회생채권인 이상 목록의 기재나 채

권신고가 필요하다. 만약 목록기재나 신고가 되지 않으면 인가결정으로 실권된다.

- 개시결정이 있으면 조세채권도 개별적 권리행사가 금지된다.

3) 장래의 구상권

① 원칙

장래의 채권자에게 변제하여 구상권을 행사할 수 있는 자는 변제 전이라도 그 전액에 관하여 회생채권자로서 참가할 수 있다.

② 참가의 제한

채권자가 채권 전액에 관하여 회생절차에 참가하고 있는 경우라면 참가가 제한된다. 주채권자와 구상권자가 동일한 채무에 대하여 이중의 권리행사를 방지하기 위해 채권자의 참가가 있는 경우 장래구상권자의 참가를 제한하는 것이다.

③ 구상권자의 권리행사

채권자의 채권 신고전이면 구상권자가 채권신고를 진행하고 채권자의 채권신고가 있고 인가결정 전인 경우라면 채권자 명의변경 절차를 진행한다. 자주 발생하는 경우는 아니지만 인가결정이 있은 후라면 채권자 명의변경 절차는 불가능하고 관리인 또는 채무자에게 권리이전을 증명하여 변제를 받아야 한다.

4) 판례

① 구상권자의 권리행사 요건(채권 전액 변제)

수인이 각각 전부의 이행을 할 의무를 지는 경우에 그 1인에 관하여 회사정리절차가 개시되고, 채권자가 채권의 전액에 관하여 정리채권자로서 권리를 행사한 때에는, 정리회사에 대하여 장래의 구상권을 가진 자는 정리채권자로서 권리를 행사할 수 없게 되지만, 장래의 구상권자가 훗날 채권 전액을 대위변제한 경우에는 회사정리법 제128조에서 정하는 신고명의의 변경을 함으로써 채권자의 권리를 대위 행사할 수 있다고 할 것이고, 다만 채권의 일부에 대하여 대위변제가 있는 때에는 채권자만이 정리절차 개시 당시 가진 채권의 전액에 관하여 정리채권자로서 권리를 행사할 수 있을 뿐, 채권의 일부에 대하여 대위변제를 한 구상권자가 자신이 변제한 가액에 비례하여 채권자와 함께 정리채권자로서 권리를 행사하게 되는 것이 아니라고 할 것이다.[대법원 2001. 6. 29. 선고 2001다24938]

② 구상권과 변제자대위권이 독립한 권리인지, 개별행사 가부

어느 연대채무자가 자기의 출재로 공동면책이 된 때에는 민법 제425조 제1항에 따라 다른 연대채무자의 부담 부분에 대하여 구상권을 가짐과 동시에 민법 제481조, 제482조 제1항에 따른 변제자대위에 의하여 당연히 채권자를 대위하여 채권자의 채권 및 그 담보에 관한 권리를 행사할 수 있는데, 구상권과 변제자대위권은 원본, 변제기, 이자, 지연손해금의 유무 등에서 내용이 다른 별개의 권리이다.

그리고 채무자에 대하여 회생절차가 개시된 경우에 회생채권자가 자신의 구상권을 회생채권으로 신고하지 아니하여 채무자가 채무자 회생 및 파산에 관한 법률 제251조 본문에 따라 구상권에 관하여 책임을 면한다 하더라도 회생채권자가 채무자에 대하여 이행을 강제할 수 없을 뿐 구상권 자체는 그대로 존속하므로, 회생채권자가 민법 제481조, 제482조 제1항의 규정에 의한 변제자대위에 의하여 채권자를 대위하여 채권자의 채권 및 그 담보에 관한 권리를 행사하는 데에는 영향이 없다.[대법원 2015. 11. 12., 선고, 2013다214970, 판결]

☞ 민법

제425조(출재채무자의 구상권) 어느 연대채무자가 변제 기타 자기의 출재로 공동면책이 된 때에는 다른 연대채무자의 부담부분에 대하여 구상권을 행사할 수 있다.

제481조(변제자의 법정대위) 변제할 정당한 이익이 있는 자는 변제로 당연히

채권자를 대위한다.

제482조(변제자대위의효과) 전2조의 규정에 의하여 채권자를 대위한 자는 자기의 권리에 의하여 구상할 수 있는 범위에서 채권 및 그 담보에 관한 권리를 행사할 수 있다.

③ 구상권자에 대한 정리채권확정

회사정리법 제110조 제1항, 제2항, 제118조 제2항, 제127조 제2항, 제4항 및 제128조 제1항 등의 규정내용과 회사정리제도의 목적 등을 종합하여 보면, 정리회사에 대하여 장래의 구상권을 가지는 자는 구상채권 전액에 관하여 정리절차에 참가하여 정리채권자로서의 권리를 행사할 수 있으나, 채권자가 정리절차개시 당시의 채권 전부에 관하여 정리채권으로 신고한 경우에는 장래의 구상권을 가지는 자는 정리채권자로서의 권리를 행사할 수 없게 되는 것이고, 그가 채권자의 정리채권 신고 이후에 채권자에 대하여 대위변제를 한 경우에는 채권자의 정리채권이 그 동일성을 유지하면서 구상권자에게 그 변제의 비율에 따라 이전될 뿐이며, 신고기간 경과 후에 대위변제를 함으로써 구상금 채권이 발생하였다고 하더라도 구상권자가 대위변제액과 채권자의 정리채권 신고액과의 차액에 대하여 회사정리법 제127조 제2항에 의한 추완 신고를 할 수 없으며, 같은 법조 제4항에 의하여 신고된 정리채권 중 이자를 원금으로 변경하는 신고도 허용되지 아니한다.

[대법원 2002. 1. 11., 선고, 2001다11659, 판결]

4. 회생채권 관련 판례 모음

1) 리스채권의 성질

본질적 기능은 리스이용자에게 리스물건의 취득자금에 대한 금융편의를 제공하는 데 있는 무명계약으로서, 도산절차에서 리스채권의 취급 문제에 관하여 쌍방미이행 쌍무계약설과 정리담보권설의 대립이 있기는 하나 우리 실무는 금융리스의 금융계약적 성격을 중시하는 정리담보권설의 입장에 있다. 리스이용자가 리스기간 중 회생절차개시결정을 받게 되자, 리스회사가 리스이용자와 리스계약을 해지하기로 합의하여 법원의 허가를 받은 후 리스물건을 회수하여 매각하고 매각대금으로 리스료 채권 일부의 변제에 충당한 다음, 나머지 리스료 채권을 채무자 회생 및 파산에 관한 법률 제121조 제2항의 공익채권이라 주장하며 지급을 구한 사안에서, 정리담보권설에 의하면 리스계약이 같은 법 제119조에 의하여 해제 또는 해지할 수 있는 쌍방미이행 쌍무계약에 해당하지 않으므로 리스료 채권을 같은 법 제121조 제2항의 공익채권이라고 볼 여지가 없고, 더욱이 리스계약이 당사자 사이의 합의로 해지되어 리스회사가 리스물건을 회수한 이상 설령 회수하지 못한 리스료 채권이 있더라도 이는 회생절차개시결정 전의 원인으로 생긴 재산상 채권으로 회생채권에 해당한다(리스물건이 존재하면서 리스채권이 있으면 회생채권이 아닌 회생담보권과 구별, 저자)고 볼 수 있을 뿐이며, [울산지법 2011. 6. 30., 선고, 2009가합3025, 판결 : 항소]

2) 인가결정과 신고되지 않은 조세채권의 효력

조세부과처분은 추상적으로 성립하여 있는 조세채권에 관하여 구체적인 세액을 정하고 체납처분 등의 자력집행권을 수반하는 구체적인 조세채권을 발생시키는 조세행정행위이므로, 비록 회사정리 개시결정 전에 조세채권이 추상적으로 성립하여 있었다고 하더라도 장차 부과처분에 의하여 구체적으로 정하여질 조세채권을 정리채권으로 신고하지 아니한 채 정리계획인가결정이 된 경우에는 구 회사정리법 제241조의 규정에 따라 과세관청이 더 이상 부과권을 행사할 수 없으며, 따라서 그 조세채권에 관하여 정리계획인가결정 후에 한 부과처분은 부과권이 소멸한 뒤에 한 위법한 과세처분으로서 그 하자가 중대하고도 명백하여 당연무효이다. [대법원 2007. 9. 6. 선고 2005다43883 판결]

3) 조세채권이 회생채권이 되기 위한 요건

정리회사에 대한 조세채권이 회사정리 개시결정 전에 법률에 의한 과세요건이 충족되어 있으면 그 부과처분이 정리절차 개시 후에 있는 경우라도 그 조세채권은 정리채권(회생채권)이 되고, 정리회사에 대한 조세채권은 회사정리법 제157조에 따라 지체없이, 즉 정리계획안 수립에 장애가 되지 않는 시기로서 늦어도 통상 정리계획안 심리기일 이전인 제2회 관계인 집회일 전까지 신고하지 아니하면 실권 소멸된다.(대법원 2002. 9. 4. 선고 2001두7268 판결)

4) 회생채권의 발생 시기

회사정리법 제102조의 정리채권이라 함은 의사표시 등 채권 발생의 원인이 정리절차개시 전의 원인에 기해 생긴 재산상의 청구권을 말하는 것으로, 채권 발생의 원인이 정리절차개시 전의 원인에 기한 것인 한 그 내용이 구체적으로 확정되지 아니하였거나 변제기가 회사정리절차개시 후에 도래하더라도 상관없다.

민법 제667조 제2항의 하자보수에 갈음한 손해배상청구권은 보수청구권과 병존하여 처음부터 도급인에게 존재하는 권리이고, 일반적으로 손해배상청구권은 사회통념에 비추어 객관적이고 합리적으로 판단하여 현실적으로 손해가 발생한 때에 성립하는 것이므로, 하자보수에 갈음한 손해배상청구권은 하자가 발생하여 보수가 필요하게 된 시점에서(회생채권으로) 성립된다고 봄이 상당하다.[대법원 2000. 3. 10. 선고 99다55632 판결]

5) 비금전채권이 회생채권이 될 수 있는지

회사정리법 제102조 소정의 정리채권은 채권자가 회사에 대하여 갖는 정리절차 개시전의 원인으로 생긴 재산상의 청구권을 의미하는 바, 정리채권에 있어서는 이른바, 금전화, 현재화의 원칙을 취하지 않고 있기 때문에 재산상의 청구권인 이상, 금전채권에 한정되지 아니하고, 계약상의 급여청구권과 같은 비금전채권도 그 대상이 된다 고 할 것이다. 논지가 지적하는 골프회원권에는 금전채권적인 측면 외에 골프장과 그 부대시설을 이용할 수 있는 비금전채권의 측면도 있으나 이는 위 정리채권의 대상이 될 수 있으므로 원심이 이 사건 골프회원권을 정리채권에 해당시킨 조치는 정당하고 이와 다른 견해를 내세우는 논지는 이유없다.[대법원 1989. 4. 11. 선고 89다카4113 판결]

6) 행정의무 위반행위에 대한 과징금 청구권의 성격

행정상의 의무위반행위에 대하여 과징금을 부과하는 경우에 과징금 청구권은 위 조항에서 정한 재산상의 청구권에 해당하므로, 과징금 청구권이 회생채권인지는 그 청구권이 회생절차개시 전의 원인으로 생긴 것인지에 따라 결정된다. 채무자에 대한 회생절차개시 전에 과징금 납부의무자의 의무위반행위 자체가 성립하고 있으면, 그 부과처분이 회생절차개시 후에 있는 경우라도 과징금 청구권은 회생채권이 된다.[대법원 2018. 6. 15., 선고, 2016두65688, 판결]

5. 회생담보권자(제141조)

1) 의의

회생채권이나 회생절차개시 전의 원인으로 생긴 채무자 외의 자에 대한 재산상의 청구권으로서 회생절차개시 당시 채무자의 재산상에 존재하는 유치권·질권·저당권·양도담보권·가등기담보권·「동산·채권 등의 담보에 관한 법률」에 따른 담보권·전세권 또는 우선특권으로 담보된 범위의 것을 회생담보권이라 한다.

2) 의무이행 주체에 따른 회생담보권의 유형

채무이행의 주체가 채무자이면서 담보물건의 소유자도 채무자인 경우와 채무이행의 주체는 채무자 아닌 제3자이면서 담보물건의 소유자가 채무자인 경우가 있을 수 있다.

유형	의무 주체	재산 소유자
의무자와 재산소유자 일치	회생채무자	회생채무자
의무자와 재산소유자 불일치	제3자	회생채무자

3) 회생담보권자의 일반 지위

① 회생담보권자는 그가 가진 회생담보권으로 회생절차에 참가할 수 있다.

② 회생담보권자는 그 채권액 중 담보권의 목적의 가액(선순위의 담보권이 있는 때에는 그 담보권으로 담보된 채권액을 담보권의 목적의 가액으로부터 공제한 금액을 말한다)을 초과하는 부분에 관하여는 회생채권자로서 회생절차에 참가할 수 있다.

③ 회생담보권자는 그 담보권의 목적의 가액에 비례하여 의결권을 가진다. 다만, 피담보채권액이 담보권의 목적의 가액보다 적은 때에는 그 피담보채권액에 비례하여 의결권을 가진다.

> ☞ 회생담보권과 별제권
> 파산(개인회생)절차에서 저당권 등 담보물권자에게 인정되는 별제권(제411조)은 회생절차에서는 인정되지 않고 회생담보권자는 회생계획안의 내용에 따라 그 권리를 행사하여야 한다. 즉 별제권으로 권리를 독립적으로 행사할 수 없다.

4) 판례

① 회생담보권에 기한 물상대위 인정 범위

주식의 약식질권자인 원고가 주식의 소각대금채권에 대하여 물상대위권을 행사하기 위하여는 민법 제342조, 제355조, 구 민사소송법(2002. 1. 26.

법률 제6626호로 전문 개정되기 전의 것) 제733조 제2항, 제3항에 의하여 질권설정자가 지급받을 금전 기타 물건의 지급 또는 인도 전에 압류하여야 하나, 한편 회사정리법 제67조 제1항은 '정리절차개시의 결정이 있은 때에는 파산, 화의개시 또는 정리절차개시의 신청과 정리채권 또는 정리담보권에 의한 회사재산에 대한 강제집행, 가압류, 가처분, 담보권실행 등을 위한 경매를 할 수 없으며 파산절차 및 정리채권 또는 정리담보권에 의하여 회사재산에 대하여 이미 행한 강제집행, 가압류, 가처분, 담보권실행 등을 위한 경매절차는 중지하고 화의절차는 그 효력을 잃는다.'고 규정하고 있고, 이와 같이 회사정리법 제67조 제1항에서 개별집행절차개시를 금지하는 규정을 둔 목적의 하나는 정리채권과 정리담보권 모두가 회사정리절차에 따라야 한다는 회사정리절차의 기본구조를 뒷받침하려는 데 있으므로 회사정리절차개시결정이 있은 후에는 물상대위권의 행사를 위한 압류의 허용 여부와는 별도로 추심명령은 그 효력을 발생할 수 없다. [대법원 2004. 4. 23., 선고, 2003다6781, 판결]

② 신탁에 따른 수탁자의 회생채권자에 대한 지위

신탁자가 자기 소유의 부동산에 대하여 수탁자와 부동산관리신탁계약을 체결하고 수탁자 앞으로 신탁을 원인으로 한 소유권이전등기를 경료해 주어 대내외적으로 신탁부동산에 관한 소유권을 수탁자에게 완전히 이전한 다음 수탁자로 하여금 신탁부동산에 관하여 다시 신탁자의 채권자의 채권을 위하여 근저당권설정등기를 경료하도록 하였다면, 수탁자는 결국 신탁자를 위한 물상보증인과 같은 지위를 갖게 되었다고 할 것이고 그 후 신탁자에 대한 회사정리절차가 개시된 경우 채권자가 신탁부동산에 대하여 갖는 근저당권 등 담보권은 회사정리법 제240조 제2항에서 말하는 '정리회사 이외의 자가 정리채권자 또는 정리담보권자를 위하여 제공한 담보'에 해당하여 정리계획이 여기에 영향을 미칠 수 없다고 할 것일 뿐만 아니라 채권자가 정리채권 신고기간 내에 신고를 하지 아니함으로써 정리계획에 변제의 대상으로 규정되지 않았다 하더라도, 이로써 실권되는 권리는 채권자가 신탁자에 대하여 가지는 정리채권 또는 정리담보권에 한하고, 수탁자에 대하여 가지는 신탁부동산에 관한 담보권과 그 피담보채권에는 아무런 영향이 없다. [대법원 2003. 5. 30. 선고 2003다18685 판결]

③ 어음할인대출의 정리담보권 인정여부

채무자가 제3자 발행의 어음을 이용하여 금융기관으로부터 할인하는 방식으로 대출을 받은 경우 채무자는 금융기관에 대하여 대출채무와 더불어 어음의 배서인으로서의 책임을 부담한다고 할 것이고, 배서의 방식에 의하여 양도된 제3자 발행의 어음은 채무자의 대출채무를 담보하기 위하여 어음상에 양도담보권을 설정한 것이라고 보아야 할 것이다. 또한 구 회사정리법 제123조 제1항 본문은 '정리채권 또는 정리절차개시 전의 원인으로 생긴 회사 이외의 자에 대한 재산상의 청구권으로서 정리절차개시 당시 회사재산상에 존재하는 유치권, 질권, 저당권, 양도담보권, 가등기담보권, 전세권 또는 우선특권으로 담보된 범위의 것은 정리담보권으로 한다'라고 규정하고 있는바, 어음의 양도담보권자에 대하여만 위 규정의 양도담보에서 배제할 이유를 찾아 볼 수 없고,[대법원 2009. 12. 10. 선고 2008다78279 판결]

④ 소유권유보 매매시 정리담보권 인정여부

동산의 매매계약을 체결하면서, 매도인이 대금을 모두 지급받기 전에 목적물을 매수인에게 인도하지만 대금이 모두 지급될 때까지는 목적물의 소유권은 매도인에게 유보되며 대금이 모두 지급된 때에 그 소유권이 매수인에게 이전된다는 내용의 소위 소유권유보의 특약을 한 경우, 목적물의 소유권을 이전한다는 당사자 사이의 물권적 합의는 매매계약을 체결하고 목적물을 인도한 때 이미 성립하지만 대금이 모두 지급되는 것을 정지조건으로 하므로, 목적물이 매수인에게 인도되었다고 하더라도 특별한 사정이 없는 한 매도인은 대금이 모두 지급될 때까지 매수인뿐만 아니라 제3자에 대하여도 유보된 목적물의 소유권을 주장할 수 있고(대금이 모두 지급 전까지 목적물은 담보역할의 지위에 있어 회생담보권으로 인정된다는 의미, 저자), 다만 대금이 모두 지급되었을 때에는 그 정지조건이 완성되어 별도의 의사표시 없이 목적물의 소유권이 매수인에게 이전된다.[대법원 1996. 6. 28. 선고 96다14807 판결]

6. 공익채권자(제179조 등)

1) 의의

회생절차에 필요한 비용 등 채무자회생법 제179조 또는 개별 조문에서 인정된 채무자에 대한 청구권으로서 절자 유지와 형평성을 고려해 법상 변제시기, 방법상 특수성이 인정되는 채권이다.

2) 공익채권의 종류

① 회생채권자, 회생담보권자와 주주·지분권자의 공동의 이익을 위하여 한 재판상 비용청구권

② 회생절차개시 후의 채무자의 업무 및 재산의 관리와 처분에 관한 비용청구권

③ 회생계획의 수행을 위한 비용청구권. 다만, 회생절차종료 후에 생긴 것을 제외한다.

④ 제30조 및 제31조의 규정에 의한 비용·보수·보상금 및 특별보상금 청구권

⑤ 채무자의 업무 및 재산에 관하여 관리인이 회생절차개시 후에 한 자금의 차입 그 밖의 행위로 인하여 생긴 청구권

⑥ 사무관리 또는 부당이득으로 인하여 회생절차개시 이후 채무자에 대하여 생긴 청구권

⑦ 제119조제1항의 규정에 의하여 관리인이 채무의 이행을 하는 때에 상대방이 갖는 청구권

⑧ 계속적 공급의무를 부담하는 쌍무계약의 상대방이 회생절차개시신청 후 회생절차개시 전까지 한 공급으로 생긴 청구권

⑨ 회생절차개시신청 전 20일 이내에 채무자가 계속적이고 정상적인 영업활동으로 공급받은 물건에 대한 대금청구권

⑩ 다음 각목의 조세로서 회생절차개시 당시 아직 납부기한이 도래하지 아니한 것

　가. 원천징수하는 조세. 다만, 「법인세법」 제67조(소득처분)의 규정에 의하여 대표자에게 귀속된 것으로 보는 상여에 대한 조세는 원천징수된 것에 한한다.

　나. 부가가치세 · 개별소비세 · 주세 및 교통 · 에너지 · 환경세

　다. 본세의 부과징수의 예에 따라 부과징수하는 교육세 및 농어촌특별세

　라. 특별징수의무자가 징수하여 납부하여야 하는 지방세

⑪ 채무자의 근로자의 임금 · 퇴직금 및 재해보상금

⑫ 회생절차개시 전의 원인으로 생긴 채무자의 근로자의 임치금 및 신원보증금의 반환청구권

⑬ 채무자 또는 보전관리인이 회생절차개시신청 후 그 개시 전에 법원의 허가를 받아 행한 자금의 차입, 자재의 구입 그 밖에 채무자의 사업을 계속하는 데에 불가결한 행위로 인하여 생긴 청구권 등

3) 공익채권의 지위

① 공익채권은 회생절차에 의하지 않고 수시로 변제받을 수 있다. 여기서 우선 변제라 함은 회사의 일반재산으로부터 변제를 받는 경우에 우선한다는 의미로 회생담보권이 설정된 물건의 매각 대금에서 우선한다는 의미는 아니다. 즉 일반재산에서 변제가 되는 경우는 공익채권이 회생채권, 회생담보권보다 우선하지만 담보물건이 경매 등 매각되어 변제할 경우는 특정 물건의 담보권자가 우선 충당한다.

② 채무자의 재산으로 공익채권을 모두 변제하기 어려운 경우 회생절차개시 후 차입한 자금을 우선변제하고 나머지 공익채권은 채권액에 비례하여 변제한다.

4) 판례

① 공익채권의 우선적 변제의 인정범위

회사정리절차에 있어서 공익채권은 정리채권과 정리담보권에 우선하여 변제한다는 규정(회사정리법 제209조 제2항)은 회사의 일반재산으로부터 변제를 받는 경우에 우선한다는 의미이지, 정리담보권이 설정된 특정재산의 경매매득금으로부터도 우선변제를 받는다는 의미는 아니며, 정리담보권이 설정된 재산 위에 공익담보권이 설정된 경우에는 정리담보권이 우선한다고 할 것이다. [대법원 1993. 4. 9. 선고 92다56216 판결]

② 변제계획이 공익채권의 지위에 영향을 미칠 수 있는지 여부

구 회사정리법상 공익채권은 정리절차에 의하지 아니하고 수시로 변제하도록 되어 있고(법 제209조-> 현 제180조 제1항 법), 정리계획에서 공익채권에 관하여 장래에 변제할 금액에 관한 합리적인 규정을 정하여야 한다(법 제211조, 제216조-> 현 제193조 제1항 제2호)고 하더라도 그 변제기의 유예 또는 채권의 감면 등 공익채권자의 권리에 영향을 미치는 규정을 정할 수는 없는 것이며, 설령 정리계획에서 그와 같은 규정을 두었다고 하더라도 그 공익채권자가 이에 대하여 동의하지 않는 한 그 권리변경의 효력은 공익채권자에게 미치지 않는다 [대법원 2010. 1. 28. 선고 2009다40349 판결

③ 공익채권을 회생채권으로 신고한 경우 그 지위

그리고 공익채권을 단순히 정리채권으로 신고하여 정리채권자표 등에 기재된다고 하더라도 공익채권의 성질이 정리채권으로 변경된다고 볼 수는 없고, 또한 공익채권자가 자신의 채권이 공익채권인지 정리채권인지 여부에 대하여 정확한 판단이 어려운 경우에 정리채권으로 신고를 하지 아니하였다가 나중에 공익채권으로 인정받지 못하게 되면 그 권리를 잃게 될 것을 우려하여 일단 정리채권으로 신고할 수도 있을 것인바, 이와 같이 공익채권자가 자신의 채권을 정리채권으로 신고한 것만 가지고 바로 공익

채권자가 자신의 채권을 정리채권으로 취급하는 것에 대하여 명시적으로 동의를 하였다거나 공익채권자의 지위를 포기한 것으로 볼 수는 없다[대법원 2007. 11. 30. 선고 2005다52900 판결]

④ 공사대금 중 기성고부분의 대금이 회생채권인지 공익채권인지 여부

공사도급계약에 있어서 기성고에 따라 대금을 지급받기로 하는 약정이 있다고 하더라도 수급인이 완성하여야 하는 공사는 원칙적으로 불가분이므로(대법원 2003. 2. 11. 선고 2002다65691 판결 참조) 도급계약에서 정한 공사가 일부 이루어졌고 그 기성공사부분에 대하여 수급인에게 대금청구권이 발생한 경우에도 전체 공사가 끝나지 않았다면 그 기성공사부분을 따로 떼어내 그 부분에 대한 수급인의 채무가 이행완료되었다고 할 수 없는 것인바, 기성공사부분에 대한 대금을 지급하지 못한 상태에서 도급인인 회사에 대하여 회사정리절차가 개시되고, 상대방이 정리회사의 관리인에 대하여 법 제103조 제2항에 따라 계약의 해제나 해지 또는 그 이행의 여부를 확답할 것을 최고했는데 그 관리인이 그 최고를 받은 후 30일 내에 확답을 하지 아니하여 해제권 또는 해지권을 포기하고 채무의 이행을 선택한 것으로 간주될 때에는 상대방의 기성공사부분에 대한 대금청구권은 법 제208조 제7호에서 규정한 '법 제103조 제1항의 규정에 의하여 관리인이 채무의 이행을 하는 경우에 상대방이 가진 청구권'에 해당하게 되어 공익채권으로 된다 할 것이다.[대법원 2004. 8. 20. 선고 2004다3512, 3529 판결]

9 회생채권자 목록 제출 등

1. 회생채권자 등 목록 제출(제158조)

1) 개념

회생절차 개시결정과 동시에 법원은 관리위원회와 채권자협의회의 의견을 듣고 관리인을 선임한다. 관리인은 회생채권자, 회생담보권자, 주주(지분)권자 목록을 작성해서 제출할 의무가 있기에 개시결정과 동시에 일정기간을 제출기간으로 정한다.

2) 제출대상과 제출기간

① 제출대상 목록

관리인인 제출할 목록은 법 제147조에 명시된 것은 회생채권자 목록, 회생담보권자 목록, 주주(지분)권자 목록이다. 공익채권자 목록은 제출대상에서 포함되지 않는다. 공익채권은 회생절차와 무관하게 수시 변제할 수 있고 우선변제도 할 수 있기 때문이다.

② 제출기간

법원은 개시결정과 동시에 2주~ 2월 이내 기간을 정한다.

3) 목록제출 효과

① 시효중단

관리인이 목록 제출을 하게되면 시효중단의 효과가 발생한다(제32조).

② 신고의제

관리인의 회생채권자 등의 목록 제출이 있으면 회생채권자 등이 신고한 것으로 간주효과가 발생한다(제151조). 이해관계자의 신고가 없는 경우 관리인의 기재한 금액대로 확정된다.

4) 회생채권자 등 목록 기재 사항

1. 회생채권자 목록	가. 회생채권자의 성명과 주소 나. 회생채권의 내용과 원인 다. 의결권의 액수 라. 일반의 우선권 있는 채권이 있는 때에는 그 뜻
2. 회생담보권자 목록	가. 회생담보권자의 성명 및 주소 나. 회생담보권의 내용 및 원인, 담보권의 목적 및 그 가액, 회생절차가 개시된 채무자 외의 자가 채무자인 때에는 그 성명 및 주소 다. 의결권의 액수
3. 주주(지분)권자 목록	가. 주주·지분권자의 성명 및 주소 나. 주식 또는 출자지분의 종류 및 수

2. 회생채권자 등의 신고(제148조 등)

1) 의의

관리인의 이해관계자 목록 제출과 별도로 회생절차에 참가하고자 하는 회생채권자 등은 채권의 내용과 원인, 채권자의 성명과 주소 등을 기재한 후 증거서류와 함께 제출하여 절차에 참가할 수 있는 것이 신고제도이다.

2) 신고기간

관리인의 목록제출 기간이 정해지면 그 말일부터 다시 1주 ~ 1월이 신고기간으로 정해진다.

☞ 회생절차상 관련 기간 내용 정리

구 분	관리인 목록제출	회생채권자 신고	채권 조사기간
회생절차 개시결정일	➡ 2~2월	1~1월	1주~1월

3) 판례

① 회사정리법상 정리채권의 신고방법

회사정리법 제125조에 의하여 정리채권을 신고하는 경우 채권의 내용 및 원인에 대하여는 <u>다른 채권과 식별하여 그 채권을 특정할 수 있을 정도로 기재하면 되는 것</u>이고, 이때 신고의 기재 내용뿐만 아니라 신고시에 제출하는 <u>증거서류 등에 의하여 특정될 수 있으면 족하다</u>.[대법원 2001. 6. 29. 선고 2000다70217 판결]

② 집행권원 있는 회생채권의 신고방법

회사정리법 제152조는 정리채권 중 종국판결이 있는 것에 관하여 이의자는 회사가 할 수 있는 소송절차에 의하여서만 그 이의를 주장할 수 있다고 규정하고 있어, 이 사건 약속어음금과 같이 확정판결이 있는 정리채권에 대한 이의주장은 원칙적으로 이의자인 원고에게 그 출소책임이 있다고 할 것이지만, 회사정리법 제147조와 제152조가 집행권원이나 종국판결이 있는 정리채권과 없는 정리채권에 대한 이의의 후속 절차에 본질적인 차이를 두고 있는 점을 고려하면, <u>집행권원이나 종국판결이 있는 정리채권으로 위 법 제152조의 적용을 받으려면 채권자는 정리채권의 신고시 그 취지를 명시하고 증거자료를 제출하든지 아니면 늦어도 정리채권의 조사기일까지 이를 추완하여야 한다</u> 할 것이고, <u>채권자가 이를 게을리 한 경우에는 집행권원이나 종국판결이 있는 정리채권으로 취급받을 수 없어 위 법 제147조에 따라 정리채권자가 정리채권 확정의 소를 제기하여야 한다.</u>[서울고등법원 2005. 9. 2. 선고 2004나81224 판결]

3. 추후보완 신고(제152조)

1) 개념

회생채권자 등이 책임질 수 없는 사유로 채권신고를 하지 못 한 경우 그 사유 종류일로부터 1월 이내에 채권신고를 할 수 있는데 이를 추후 보완 신고라 한다.

2) 요건

① 채권자에게 책임질 수 없는 사유 존재
② 사유 종료일로부터 1월(불변기간) 신고가 있을 것
③ 회생계획안심리를 위한 관계인집회가 종료되지 않거나 회생계획안을 서면결의에 부친다는 결정이 있기 전일 것

3) 추완 신고된 채권의 처리

신고기간 경과 후 채권은 채권 조사확정을 위해 특별조사기일 진행한다. 특별조사기일이 별도로 개최되기 때문에 이에 대한 비용은 추완 신고한 채권자가 부담한다.

4) 판례

① 추완 신고시 책임질 수 없는 사유의 정도

만약 위 일반조사기일에서 관리인 등이 추완신고된 정리채권을 조사하는 것에 대하여 이의를 한 경우에도 회사정리절차에서는 개별적인 송달 외에 공고 등으로써 송달을 갈음하고 있어 <u>이해관계인이 직접 결정문을 송달받지 못하는 경우가 적지 아니한 반면, 정리채권자가 신고를 해태하는 경우 채권이 실권되는 등 그 불이익이 큰 점 등을 고려하여 정리절차에 중대한 지장을 초래하지 않는 한 실권시키는 것이 가혹하다고 인정되는 경우에는 가급적 회사정리법 제127조 제1항 소정의 '책임질 수 없는 사유'를 넓게 해석하여 같은 법 제138조에 의하여 조사를 하기 위한 특별기일을 정하여야 한다.</u> [대법원 1999. 7. 26. 자 99마2081 결정]

② 관리인의 채권 목록 기재의무

회생채권자로 하여금 회생절차에 관하여 알지 못하여 자신의 채권을 신

고하지 못함으로써 회생계획 인가에 따른 실권의 불이익을 받는 것을 방지하기 위한 채무자 회생 및 파산에 관한 법률(이하 '법'이라고 한다) 제147조 소정의 회생채권자 목록 제도의 취지에 비추어 볼 때, 관리인은 비록 소송절차에서 다투는 등으로 회생절차에 관하여 주장되는 어떠한 회생채권의 존재를 인정하지 아니하는 경우에도, 그 회생채권의 부존재가 객관적으로 명백한 예외적인 경우가 아닌 한 이를 회생채권자 목록에 기재하여야 할 의무가 있다.[대법원 2012. 2. 13., 자, 2011그256, 결정]

③ 관계인집회 종료에도 불구하고 추완신고가 가능한 경우

그리고 회생절차에서 회생채권자가 회생절차의 개시사실 및 회생채권 등의 신고기간 등에 관하여 개별적인 통지를 받지 못하는 등으로 회생절차에 관하여 알지 못함으로써 회생계획안 심리를 위한 관계인집회가 끝날 때까지 채권신고를 하지 못하고, 관리인이 그 회생채권의 존재 또는 그러한 회생채권이 주장되는 사실을 알고 있거나 이를 쉽게 알 수 있었음에도 회생채권자 목록에 기재하지 아니한 경우, 법 제251조의 규정에 불구하고 회생계획이 인가되더라도 그 회생채권은 실권되지 아니하고, 이때 그 회생채권자는 법 제152조 제3항에 불구하고 회생계획안 심리를 위한 관계인집회가 끝난 후에도 회생절차에 관하여 알게 된 날로부터 1개월 이내에 회생채권의 신고를 보완할 수 있다고 해석하여야 한다. 이와 달리 위와 같은 경우 회생계획의 인가결정에 의하여 회생채권이 실권되고 회생채권의 신고를 보완할 수 없다고 해석하는 것은, 회생채권자로 하여금 회생절차에 참가하여 자신의 권리의 실권 여부에 관하여 대응할 수 있는 최소한의 절차적 기회를 박탈하는 것으로서 헌법상의 적법절차 원리 및 과잉금지 원칙에 반하여 재산권을 침해하는 것으로 허용될 수 없다.[대법원 2012. 2. 13., 자, 2011그256, 결정]

4. 부인권 행사로 신고기간 경과 후 발생한 채권 등 신고(제153조)

추완신고는 관계인 집회가 끝나기 전 또는 회생계획안의 서면결의에 부친다는 결정이 있기 전까지 제출해야 하는 시간적 한계가 존재한다. 그런데 부인권 행사가 관계인 집회가 종료되고 나서 인정될 경우 상대방은 회생채권자로서 추완신고를 할 수 없게 되는 상황이 된다. 이 경우를 대비하여 관계인 집회 또는 서면결의와 상관없이 채권발생일 1월 이내에 신고할 수 있는 길을 열어 놓았다.

5. 명의변경 신고(제154조)

목록에 기재된 채권이나 신고된 회생채권 또는 회생담보권을 취득한 경우 신고기간과 상관없이 명의를 변경할 수 있다. 명의 변경은 시간적으로 회생계획안 인가 전에 진행하며, 일반적으로 채권의 취득의 원인은 채권양도, 합병, 상속 등이 될 것이다. 회생계획안이 인가된 경우 보증기관이 대위변제를 한 경우는 채권양수인으로 대위변제자로 통지한 후 변제를 받는다.

6. 목록 미제출 또는 미신고 채권에 대한 효과

관리인이 목록에 기재하지 않거나 회생채권자 등도 신고를 하지 않아 회생계획에 반영되지 않으면 회생채권 또는 회생담보권은 모두 실권된다(제251조).

10　회생채권 등 조사, 확정

1. 회생채권 등 조사

1) 의의

관리인이 제출한 회생채권자 등의 목록 또는 회생채권자 등이 신고한 채권에 대하여 그 채권의 존재여부, 내용과 원인, 의결권 액수를 확정하기 위한 것을 의미한다.

2) 조사방법

① 조사기간 내 제출된 목록 또는 신고 채권(제161조)

관리인, 채무자, 회생채권자 등은 신고된 채권에 대하여 이의제기를 제기를 하는 방법으로 조사한다. 특별히 신고된 채권에 대해 관련인이 이의제기를 하지 않으면 채권으로 인정된다.

② 추완 신고 또는 추가 신고된 채권
- 특별조사기일

추완 신고된 채권 등은 신고기간 종료 후에 발생한 것으로 특별조사기일을 정한 후에 이해관계자들이 출석하여 이의제기를 할 수 있다.
- 관계인 출석 및 의견진술

특별조사기일의 조사는 관리인이 반드시 출석하여야 하고 채무자(법인 대표자)는 의견을 진술할 의무가 있다.
- 송달

특별조사기일을 결정할 경우 관리인, 채무자, 목록에 기재된 회생채권자 등에게 결정서를 송달해야 한다.

3) 채권 시·부인표 작성

채권신고기간이 경과하면 관리인은 제출 또는 신고된 회생채권 등에 대해 채권액 등에 대해여 시인하거나 부인하여 그 시부인 총괄표, 명세서를 작성한다. 시부인 할 경우 그 사유를 명시하되 특히 부인할 경우 이해관계인이 이해하기 쉽게 그 내용을 기재할 필요가 있다.

2. 회생채권의 확정 및 회생채권자표 기재

1) 의의(제166조 등)

조사기간 내에서 이해관계자들의 이의가 없으면 회생채권 등은 그대로 확정되고 확정이 있은 후 법원 사무관은 조사결과를 회생채권자표에 기재하게 된다.

2) 기재의 효과(제168조)

회생채권자표에 기재가 되면 이해관계자 전원에 대하여 확정판결과 동일한 효력이 발생한다.

3) 판례

회사정리법 제145조가 확정된 정리채권과 정리담보권에 관한 정리채권자표와 정리담보권자표의 기재는 정리채권자, 정리담보권자와 주주 전원에 대하여 확정판결과 동일한 효력이 있다고 규정한 취지는, 정리채권자표와 정리담보권자표에 기재된 정리채권과 정리담보권의 금액은 정리계획안의 작성과 인가에 이르기까지의 정리절차의 진행과정에 있어서 <u>이해관계인의 권리행사의 기준이 되고 관계인집회에 있어서 의결권 행사의 기준으로 된다는 의미를 가지는 것으로서, 위 법조에서 말하는 확정판결과 동일한 효력이라 함은 기판력이 아닌 확인적 효력을 가지고 정리절차 내부에 있어 불가쟁의 효력이 있다는 의미에 지나지 않고, 이미 소멸된 채권이 이의 없이 확정되어 정리채권자표에 기재되어 있더라도 이로 인하여 채권이 있는 것으로 확정되는 것이 아니므로 이것이 명백한 오류인 경우에는 정리법원의 경정결정에 의하여 이를 바로잡을 수 있으며, 그렇지 아니한 경</u>

우에는 무효확인의 판결을 얻어 이를 바로잡을 수 있다.

　채권조사기일 당시 유효하게 존재하였던 채권에 대하여 <u>관리인 등으로부터의 이의가 없는 채로 정리채권자표가 확정되어 그에 대하여 불가쟁의 효력이 발생한 경우에는 관리인으로서는 더 이상 부인권을 행사하여 그 채권의 존재를 다툴 수 없게 되었다</u>고 할 것이고, 나아가 관리인이 사후에 한 그러한 부인권 행사의 적법성을 용인하는 전제에서 정리채권으로 이미 확정된 정리채권자표 기재의 효력을 다투어 그 무효확인을 구하는 것 역시 허용될 수 없다.[대법원 2003. 5. 30., 선고, 2003다18685, 판결]

3. 조사확정의 재판(제170조)

1) 의의

　채권 조사기간 내 관리인 또는 회생채권자가 목록에 기재된 다른 회생채권에 대해 이의를 제기할 수 있다. 이 경우 이의를 당한 회생채권자는 이의를 제기한 자를 상대로 채권의 존부나 내용을 확정하기 위해 신청하는 재판을 의미한다. 통상의 민사소송 절차가 아닌 회생절차에서 간이, 신속하게 진행하기 위해 마련된 제도이다.

2) 신청인과 상대방

　채권에 대한 조사확정의 재판은 이의채권 보유자가 신청인이 되고 이의를 제기한자가 상대방이 된다. 관리인이 이의를 제기했다면 관리인이 상대방이 되고 회생채권자 수인이 이의를 제기한 경우 모두가 상대방이 된다.

3) 절차

　이의채권을 보유한 회생채권자는 조사기간 말일 또는 특별조시기일부터 1월 이내에 재판 신청을 하고 법원은 이의자를 필요적으로 심문하여 결정한다. 그 결정서는 당사자에게 송달하여야 한다.

4) 심판대상

재판의 심리 대상은 목록에 기재되거나 신고된 회생채권으로 한정되며 그 구체적 범위는 이의채권의 존부와 금액 또는 그 내용(비금전채권일 경우)만을 심판대상으로 한다. 그 결과 회생채권자표의 기재사항 중 의결권 액수는 심판대상에 포함되지 않는다.

4. 조사확정재판에 대한 이의의 소(제171조)

1) 의의

조사확정재판 결과에 불복하는 당사자가 다시 한 번 그 결정에 대해 다투기 위해 제기하는 소를 말한다.

2) 당사자 및 소제기 기간

이의채권 보유자가 소를 제기하는 경우 이의자 전원(필요적 공동소송)을 대상으로 하여야 하고, 이의자가 제기한 경우 이의채권 보유자를 피고로 소제기 해야 한다. 소제기 시기는 결정서 송달일로부터 1월 이내에 하여야 한다.

3) 이의의 소 특징

소의 변론은 결정서 송달일로부터 1월을 경과한 후에만 개시할 수 있고, 동일한 채권에 대하여 여러 개의 소가 계속되어 있는 경우 법원은 변론을 병합하여야 한다. 이는 동일한 내용의 소송이 여러 사람에 의해 제기될 경우 그 판결의 통일성을 제고할 필요성이 있기 때문이다. 즉 민사소송의 합일확정이 필요한 경우로 법 제171조에서 특별히 규정하고 있다.

5. 집행력 있는 집행권원이 있는 채권에 대한 이의(제174조)

이의채권 중 집행력 있는 집행권원 또는 종국판결이 있는 채권에 대하여 이의를 제기하려면 채무자가 할 수 있는 소송절차에 의해서만 이의를 주장할 수 있도록 제한하고 있다.

　채무자가 할 수 있는 절차란 소가 확정되기 전이라면 상소절차이며, 소가 확정된 경우라면 재심의 소이다. 재심은 민소법 제451조에서 규정한 사유가 있어야 가능하기 때문에 집행권원 있는 채권은 일반의 회생채권보다 이의제기가 더 어렵고 우월적 지위에 있다.

6. 판례

1) 조사절차 종결 후 추완 요건 불비에 대한 주장 가부

　채무자 회생 및 파산에 관한 법률(이하 '채무자회생법'이라고 한다) 제153조에 따라 신고기간 경과 후에 생긴 회생채권이 신고된 경우, 회생법원은 위 제153조 제1항과, 제153조 제2항이 준용하고 있는 제152조 제2항, 제3항의 요건을 심사하여 신고의 적법 여부에 따라 각하결정을 하거나 회생채권으로서 조사절차를 거쳐야 한다. 그런데 <u>일단 회생법원이 추완신고가 적법하다고 판단하여 특별조사기일을 열어 추완신고된 채권에 대한 조사절차까지 마친 경우에는, 채무자회생법에서 정한 신고의 추후 보완 요건을 구비하지 않았다는 것을 사유로 하는 이의는 허용되지 않는다고 봄이 타당하다.</u> 이는 채무자회생법 제170조에 따른 채권조사확정재판에서도 마찬가지라고 보아야 하므로, 회생법원이 추완신고가 적법하다고 판단하여 특별조사기일에서 추완신고된 채권에 대한 조사절차까지 마쳤다면, 채권조사확정재판에서도 신고의 추후 보완 요건을 구비하지 않았다는 사유를 주장할 수 없다.

2) 회생절차 참가를 기대할 수 없는 사유와 추완신고

　채무자 회생 및 파산에 관한 법률(이하 '채무자회생법'이라고 한다) 제152조 제3항, 제153조 제2항은 회생계획안심리를 위한 관계인집회가 끝난 후 또는 회생계획안을 서면결의에 부친다는 결정이 있은 후에는 제152조 제1항 또는 제153조 제1항에 의한 추완신고도 허용되지 않는다고 규정하고 있다. 그러나 회생채권자가 회생법원이 정한 신고기간 내에 회생채권을 신고하는 등으로 회생절차에 참가할 것을 기대할 수 없는 사유가 있는 경우에는 제152조 제3항에도 불구하고 회생채권의 신고를 보완하는 것이 허용되어야 한다. 그리고 이 경우에도 회생법원이 추완신고가 적법하다고 판단하여 특별조사기일에서 추완신고된 채권에 대한 조사절차까지 마쳤다면, 채권조사확정재판에서 신고의 추후 보완 요건을 구비하지 않았다는 사유를 주장할 수 없다.[대법원 2018. 7. 24., 선고, 2015다56789, 판결]

11 회생계획안 제출

1. 회생계획안 제출권자

법원은 회생절차의 개시결정과 동시에 제출기간을 정하고 관리인은 그 기간 내에 회생계획안을 제출해야 한다(의무사항, 제220조). 또한 채무자 또는 목록에 기재되어 있는 회생채권자, 회생담보권자 등도 회생계획안을 제출할 수 있다(임의사항, 제221조).

☞ 제출 기간(법원 직권 또는 신청에 따라 변경 가능)

구분	제출기간
법인 채무자	채권 조사기간 말일 4월 이내
회생개시결정 전 사전 제출한 경우	개시결정일로부터 4월 이내
개인 채무자	채권 조사기간 말일 2월 이내

2. 회생계획안의 사전 제출(제223조)

1) 의의

채무자 부채의 1/2 이상의 채권자 또는 그 채권자의 동의를 받은 채무자는 회생절차의 개시신청과 동시에 회생계획안을 작성 제출할 수 있는 있고 그 결과 신속한 절차 진행이 이루어질 수 있다.

2) 효과

사전 제출이 있어 사전계획안에 동의한 경우 관계인집회에서 그 회생계획안에 관하여 가결을 동의한 것으로 간주되고 관리인은 법원의 허가를 받아 회생계획안을 제출할 필요가 없고 기 제출된 계획안을 철회할 수 있다.

3. 회생계획에 포함할 내용

1) 법 제193조 제1항의 사항

① 회생채권자·회생담보권자·주주(지분권)의 권리의 전부 또는 일부의 변경
② 공익채권의 변제
③ 채무의 변제자금의 조달방법
④ 회생계획에서 예상된 액을 넘는 수익금의 용도
⑤ 알고 있는 개시 후 기타채권이 있는 때에는 그 내용

2) 법 제193조 제 2항의 사항

① 영업이나 재산의 양도, 출자나 임대, 경영의 위임
② 정관의 변경
③ 이사·대표이사의 변경
④ 자본의 감소
⑤ 신주나 사채의 발행

⑥ 주식의 포괄적 교환 및 이전, 합병, 분할, 분할합병
⑦ 해산
⑧ 신회사의 설립
⑨ 그 밖에 회생을 위하여 필요한 사항

3) 기타 개별규정에서 정한 사항

이의있는 회생채권 등 미확정 회생채권 등이 존재할 경우 그에 관한 처리사항(제197조), 관리인이 법원의 허가를 받아 변제한 경우 그 내용(제131조), 중소기업자의 소액채권에 대한 변제한 경우 그 내용(제132조) 등을 회생계획에 반영하여야 한다.

4. 회생계획의 해석방법

1) 법률행위의 해석 방법에 따른 해석

회생계획 문언의 객관적 의미를 합리적으로 해석하되, 그 문언의 객관적인 의미가 명확하지 않은 경우에는 문언의 형식과 내용, 회생계획안 작성 경위, 회생절차 이해관계인들의 진정한 의사 등을 종합적으로 고려하여 사회정의와 형평의 이념에 맞도록 논리와 경험의 법칙, 사회일반의 상식과 거래의 통념에 따라 합리적으로 해석하여야 한다.[대법원 2018. 5. 30., 선고, 2018다203722, 203739, 판결]

2) 위 판례의 사실관계

甲 주식회사에 대한 회생계획에는 甲 회사의 이사였다가 해임된 乙 등이 소송을 제기하여 지급을 구하는 미지급 급여 및 퇴직금 상당의 채권이 '미확정 회생채권'이라는 내용과 '미확정 회생채권이 확정될 경우 그 권리의 성질 및 내용을 고려하여 가장 유사한 회생채권의 권리변경 및 변제방법에 따라 변제한다'는 내용이 기재되어 있고, 회생계획의 '용어의 정의'란에는 乙 등이 다른 특수관계인 개인들과 함께 특수관계인 개인으로 기재되

어 있으며, '회생채권의 권리변경과 변제방법'란에는 위 '용어의 정의'란에 기재된 특수관계인 개인들 중 乙 등을 제외한 나머지 특수관계인 개인들의 회생채권에 대해 '전액을 면제한다'는 내용이 기재되어 있는데, 위 소송에 관한 판결이 확정된 후 甲 회사가 소송에서 확정된 乙 등의 채권은 회생계획상 채권 전액이 면제되는 특수관계인 개인들의 회생채권과 성질 및 내용이 가장 유사하므로 乙 등의 채권이 전액 면제되었다고 주장한 사안에서, 회생계획에 乙 등이 '특수관계인'이라고 명시적으로 기재되어 있고, 乙 등이 채무자 회생 및 파산에 관한 법률 제218조 제2항, 같은 법 시행령 제4조 제2호 (가)목에서 정한 '특수관계에 있는 자'에 해당하지 않더라도 그들에게 구 채무자 회생 및 파산에 관한 법률(2016. 5. 29. 법률 제14177호로 개정되기 전의 것) 제218조 제1항 제3호의 사유가 있다면 회생계획에서 위 '특수관계에 있는 자'와 마찬가지로 그들을 특수관계인으로 분류하여 다른 회생채권자보다 불이익한 조건을 정하는 것이 가능한데도, 乙 등이 위 '특수관계에 있는 자'에 해당하지 않는다는 점과 乙 등이 甲 회사의 재정적 파탄에 원인을 제공하였다고 볼 뚜렷한 사정이 발견되지 않는다는 점만을 근거로 乙 등의 회생채권이 다른 특수관계인 개인들의 회생채권과 성질 및 내용이 유사하지 않다고 보아 甲 회사의 주장을 배척한 원심판단에 회생계획의 해석에 관한 법리오해의 잘못이 있다.

> 제218조(평등의 원칙) ① 회생계획의 조건은 같은 성질의 권리를 가진 자 간에는 평등하여야 한다. 다만, 다음 각호의 어느 하나에 해당하는 때에는 그러하지 아니하다. 〈개정 2016. 5. 29.〉
> 1. 불이익을 받는 자의 동의가 있는 때
> 2. 채권이 소액인 회생채권자, 회생담보권자 및 제118조제2호 내지 제4호의 청구권을 가지는 자에 대하여 다르게 정하거나 차등을 두어도 형평을 해하지 아니하는 때
> 3. 채무자의 거래상대방인 중소기업자의 회생채권에 대하여 그 사업의

계속에 현저한 지장을 초래할 우려가 있어 다른 회생채권보다 우대하여 변제하는 때
4. 그 밖에 동일한 종류의 권리를 가진 자 사이에 차등을 두어도 형평을 해하지 아니하는 때
② 회생계획에서는 다음 각호의 청구권을 다른 회생채권과 다르게 정하거나 차등을 두어도 형평을 해하지 아니한다고 인정되는 경우에는 다른 회생채권보다 불이익하게 취급할 수 있다.
1. 회생절차개시 전에 채무자와 대통령령이 정하는 범위의 특수관계에 있는 자의 채무자에 대한 금전소비대차로 인한 청구권

제4조(특수관계인) 법 제101조제1항, 법 제218조제2항 각 호 및 법 제392조제1항에서 "대통령령이 정하는 범위의 특수관계에 있는 자"라 함은 다음 각 호의 어느 하나에 해당하는 자를 말한다.
1. 본인이 개인인 경우에는 다음 각 목의 어느 하나에 해당하는 자
  가. 배우자(사실상의 혼인관계에 있는 자를 포함한다. 이하 같다)
  나. 8촌 이내의 혈족이거나 4촌 이내의 인척
  다. 본인의 금전 그 밖의 재산에 의하여 생계를 유지하는 자이거나 본인과 생계를 함께 하는 자 (이하 생략)
2. 본인이 법인 그 밖의 단체인 경우에는 다음 각 목의 어느 하나에 해당하는 자
  가. 임원
  나. 계열회사(「독점규제 및 공정거래에 관한 법률」제2조제3호에 따른 계열회사를 말한다) 및 그 임원 (이하생략)

제218조 (평등의 원칙) ①회생계획의 조건은 같은 성질의 권리를 가진 자 간에는 평등하여야 한다. 다만, 다음 각호의 어느 하나에 해당하는 때에는 그러하지 아니하다.〈개정전〉
1. 불이익을 받는 자의 동의가 있는 때
2. 채권이 소액인 회생채권자, 회생담보권자 및 제118조제2호 내지 제4호의 청구권을 가지는 자에 대하여 다르게 정하거나 차등을 두어도 형평을 해하지 아니하는 때

> 3. 그 밖에 동일한 종류의 권리를 가진 자 사이에 차등을 두어도 형평을 해하지 아니하는 때

4. 회생계획안의 작성 원칙

1) 공정하고 형평에 맞는 차등(제217조)

회생계획에는 회생채권자 등의 권리의 전부 또는 일부에 대한 변경의 내용이 필수적으로 기재되는 바, 그 결과 권리의 순위를 고려하여 공정하고 형평에 맞는 차등을 두어야 한다. 다만 선순위 권리자가 100% 만족시킨 다음 후순위 권리자에 대하여 변제를 해야 하는 것은 아니고 각 조별로 권리변경이나 변제비율 등이 합리적인 차등이 있으면 된다.

> ☞ 권리의 순위
> 1. 회생담보권
> 2. 일반의 우선권 있는 회생채권
> 3. 제2호에 규정된 것 외의 회생채권
> 4. 잔여재산의 분배에 관하여 우선적 내용이 있는 종류의 주주·지분권자의 권리
> 5. 제4호에 규정된 것 외의 주주·지분권자의 권리

2) 평등 원칙(제218조)

① 의의

회생계획 조건은 같은 성질의 권리를 가지는 채권자 간에는 평등하게 대우하여야 한다. 회생채권자 사이 또는 회생담보권자 사이에서는 감면 비율이나 변제비율 등이 동일해야 하고 합리적 이유 없이 차등을 두어서는 안 되는 원칙을 의미한다. 다만 당사자의 동의, 특수관계인 지위에 있는 채권자에 대해서 평등 원칙의 예외를 인정하고 있다.

② 평등원칙의 예외 적용

㉮ 불이익을 받는 자의 동의가 있는 때

㉯ 채권이 소액인 회생채권자, 회생담보권자 및 제118조제2호 내지 제4호의 청구권을 가지는 자에 대하여 다르게 정하거나 차등을 두어도 형평을 해하지 아니하는 때

㉰ 채무자의 거래상대방인 중소기업자의 회생채권에 대하여 그 사업의 계속에 현저한 지장을 초래할 우려가 있어 다른 회생채권보다 우대하여 변제하는 때

㉱ 그 밖에 동일한 종류의 권리를 가진 자 사이에 차등을 두어도 형평을 해하지 아니하는 때

3) 판례

① 공정·형평의 의미

  구 회사정리법 제233조 제1항에서 말하는 공정·형평성이란 구체적으로는 정리계획에 같은 법 제228조 제1항이 정하는 권리의 순위를 고려하여 <u>이종(異種)의 권리자들 사이에는 계획의 조건에 공정·형평한 차등을 두어야 하고</u>, 같은 법 제229조가 정하는 바에 따라 <u>동종(同種)의 권리자들 사이에는 조건을 평등하게 하여야 한다는 것</u>을 의미하고, 같은 법 제229조에서 말하는 평등은 형식적 의미의 평등이 아니라 공정·형평의 관념에 반하지 않는 실질적인 평등을 가리키는 것이므로(대법원 1999. 11. 24.자 99그66 결정 등 참조), 정리회사의 부실경영에 책임이 있어 실질적으로는 정리회사에 대하여 손해배상을 부담하여야 하고 감소된 자본을 보충하여야 할 지위에 있는 <u>부실경영 주주에 대하여 그가 정리회사에 대하여 가지고 있는 정리채권 및 구상권을 면제시키고 장차 대위변제에 따라 취득할 구상권을 면제시킴으로써 부실경영 주주의 정리회사에 대한 정리채권 등의 행사나 정리채권 등의 출자전환에 의한 지배를 원천적으로 배제하는 내용의 정리계획이 구 회사정리법 제233조 제1항이나 제229조에서 규정한 실</u>

질적 평등에 반한다고 볼 수 없다.[대법원 2004. 6. 18., 자, 2001그132, 결정]

② 특수관계인 등에 대한 권리변경 고려할 사항

구 회사정리법(2005. 3. 31. 법률 제7428호로 폐지되기 전의 것) 제229조는 "정리계획의 조건은 같은 성질의 권리를 가진 자 사이에서는 평등하여야 한다."라고 규정하고 있는바, 여기에서의 평등이라는 의미는 형식적인 평등을 말하는 것이 아니라 공정·형평의 관념에 반하지 않는 실질적인 평등을 말하는 것으로서, 정리계획에서 정리채권이나 정리담보권의 성질의 차이 등을 고려하여 차등을 두더라도 형평의 관념에 반하지 아니하는 경우에는 그와 같이 할 수 있는 것이고 (대법원 2004. 12. 10.자 2002그121 결정, 2000. 1. 5.자 99그35 결정 등 참조), 정리회사의 지배주주 및 이와 특수관계에 있는 사람 또는 계열회사의 정리회사에 대한 채권은 지배주주·특수관계인·계열회사 등이 정리회사에 파탄의 원인을 제공한 정도, 채권의 종류 및 금액, 채권의 발생시기·발생경위, 다른 정리채권자들에 대한 권리변경의 정도와의 비교, 다른 계열회사에 대한 유사한 도산절차에서 정리회사에 대하여 규정하고 있는 권리변경의 정도 등을 종합적으로 고려하여 합리적인 범위 내에서 권리변경의 정도를 달리할 수 있다.[대법원 2006. 10. 27., 자, 2005그65, 결정]

③ 공정·형평의 원칙 등

회사정리법 제228조 제1항은 "정리계획에서는 정리담보권, 정리채권, 주주의 권리의 순위를 고려하여 계획의 조건에 공정·형평한 차등을 두어야 한다."고 규정하고 있는데, 이 공정·형평의 원칙은 선순위 권리자에 대하여 수익과 청산시의 재산분배에 관하여 우선권을 보장하거나 후순위 권리자를 선순위 권리자보다 우대하지 않아야 됨을 의미한다고 할 것이어서, 예컨대 정리채권자의 권리를 감축하면서 주주의 권리를 감축하지 않는 것은 허용되지 아니하고, (중략) 회사정리법 제229조는 "정리계획의 조건은 같은 성질의 권리를 가진 자 사이에서는 평등하여야 한다."고 규정하고 있는데, 여기에서의 평등이라는 의미는 형식적인 평등을 말하는 것이 아니라 공정·형평의 관념에 반하지 않는 실질적인 평등을 말하는 것으로서, 정리계획에 있어서 모든 권리를 반드시 같은 법 제228조 제1항 제1호 내지 제6호가 규정하는 6종류의 권리로 나누어 각 종류의 권리를 획일적으로 평등하게 취급하여야만 하는 것은 아니고, 6종류의 권리 내부에 있어서도 정리채권이나 정리담보권의 성질의 차이 등을 고려하여 이를 더 세분하여 차등을 두더라도 형평의 관념에 반하지 아니하는 경우에는 그와 같이 할 수 있다.[대법원 2004. 12. 10., 자, 2002그121, 결정]

12 권리변경과 변제방법의 내용

1. 권리변경과 변제방법의 총칙 내용

1) 용어의 정의

회생절차에는 다수의 이해관계자가 채무자의 재기를 위한 과정에 참여한다. 개별 채권자의 입장에서 본다면 자신의 채권이 다른 채권자보다 불리하지 않고 더 우월한 조건으로 변제계획이 이루어지기를 기대할 수 밖에 없다. 그 결과 회생계획에서는 이해관계자의 다툼을 미리 방지할 필요가 있어 회생계획 내용에서 가장 중요하다고 볼 수 있는"권리변경과 변제방법"편 첫머리에"용어의 정의"개념부터 시작한다.

2) 주요 용어의 정의 예시

① 회생계획기간

"준비연도와 그 다음 연도인 2018년부터 10년간의 기간을 말하며, 2017년12월 31일에 종료하는 것으로 한다".

② 준비연도

회생절차개시결정일 2017.8.11.부터 2017년12월 31일까지를 말한다.

③ 제1차 년도

준비연도의 다음 연도인 2018.1.1.부터 12.31.까지를 말하며, 제2차 연도 이후 각 연도는 순차적으로 그 다음해 1.1.부터 12.31.까지로 합니다.

④ 개시전 이자

회생절차 개시결정일(2017.8.11.)전날까지 회생담보권 및 회생채권에 대하여 발생한 이자 및 지연손해금을 말한다.

⑤ 개시후 이자

회생절차 개시결정일(2017.8.11.)부터 회생담보권 미 회생채권에 대하여 발생하는 이자 및 지연손해금을 말한다.

⑥ 연체이자

회생계획에 따른 채무의 변제를 변제기일에 이행하지 못할 경우 그 미변제 금액에 대하여 발생하는 지연손해금을 말한다.

⑦ 금융기관

은행법, 기타 법률에 의하여 금융업무를 행하는 기관을 말한다.

⑧ 보증기관

관계법령에 따라 채무의 보증을 업으로 하는 기관으로서 채무자 회사를 위하여 보증한 기관을 말한다.

⑨ 대여금채권

채무자 회상에 대한 금전의 대여(어음할인, 그 밖에 이와 비슷한 방법을 통하여 교부한 금전을 포함)에 따른 채권을 말하여, 금융기관이 제3자와의 거래를 통하여 채무자 회사가 발행, 배서, 인수나 보증한 어음(수표 포함)을 취득함으로써 채무자 회사에 대하여 가지는 채권을 말한다.

⑩ 상거래채권

채무자 회사의 영업으로 인하여 채권자가 채무자회사에 대하여 가지는 채권으로서 대여금채권이 아닌 것을 말한다

⑪ 소액상거래채권

동일한 채권자가 채무자 회사에 대하여 가지는 상거래채권의 합산액이 400만원 이하의 채권을 말한다.

⑫ 구상채권

채무자 회사의 다른 채권자에 대한 채무를 변제 기타 자기의 출재로 소멸하게 한 채권자가 그로 인하여 채무자 회사에 대하여 가지는 채권을 말한다.

⑬ 미발생구상채권

보증기관 등이 회생계획인가일 이후 채무자 회사의 다른 채권자에 대한 채무를 변제 기타 자기의 출재로 소멸하게 함으로써 채무자 회사에 대하여 가지게 될 구상채권을 말한다.

⑭ 특수관계인

채무자회생법 시행령 제4조에 규정된 법인, 그 밖의 단체, 개인 및 그 밖에 이에 준하는 자를 말한다.

⑮ 조세 등채권

국세징수법 또는 지방세법에 의하여 징수할 수 있는 채권(국세징수의 예에 의하여 징수할 수 있는 채권으로서, 그 징수 우선순위가 일반 회생채권보다 우선하는 것을 포함)을 말한다.

> ☞ • 회생계획에서 총 변제기간을 10년으로 정하고 있더라도 우선권 있는 채권의 존재로 개별 채권자의 변제시작 시기는 제3차 연도로 정해질 수 있다.

> • 채권양도 등 권리자가 변경되는 경우 양수인이 금융기관이 아닐지라도 최초 채권의 성격이 금융기관 채권일 경우 그 성격이 그대로 유지되어 금융기관 채권으로 분류될 수 있다. 상거래채권 등도 마찬가지의 논리가 적용 될 수 있다.

3) 변제기일 기재 예시

이 회생계획에 의하여 매년 변제하는 원금 및 이자는 해당 연도의 12.30.에 변제하며, 위 변제기일 전이라도 관리인은 법원의 허가를 받아 회생채권 등 전부 또는 일부를 수시로 변제할 수 있고, 이때 관리인은 이 회생계획에 의한 할인율을 적용하여 계산한 조기변제기일에 있어서 현재가치 상당액을 변제하기로 한다.

4) 변제 충당 순서 기재 예시

이 회생계획 인가일 이후의 회생담보권 등 변제충당 순서는 원금, 개시 전 이자, 개시 후 이자, 연체이자 순으로 한다. 변제재원 부족으로 당해 연도 변제할 채권액을 전액 변제할 수 없는 경우에는 회생담보권의 원금, 회생채권의 원금의 순으로 당해 연도 변제예정 금액에 비례하여 변제하며, 나머지가 있는 경우 회생담보권의 개신 전 이자, 회생채권의 개시 전 이자 등으로 변제한다.

5) 채권양도의 특례 기재 예시

회생채권자 등에 관하여 회생절차개시결정일 이후 채권양도 등의 원인으로 채권자가 변경되었다 하더라도 채권의 승계취득자에 대하여 회생절차개시 결정일 당시의 채권자 및 채권액을 기준으로 하여 이 회생계획의 권리변경과 변제방법을 적용합니다.

6) 변제 미이행 시의 처리 기재 예시

채무의 변제를 변제기일에 이행하지 못할 경우에는 미변제 금액에 대하여 변제기일 다음날부터 실제 변제일 까지 연 10%를 적용하여 계산한 연체이자를 가산하여 변제합니다.

7) 기한의 이익 상실

회생절차가 폐지되는 경우에는 회생담보권 등에 관하여 이 회생계획에서 정한 변제기일에도 불구하고 그 변제기가 도래하는 것으로 합니다.

2. 회생채권에 대한 권리변경과 변제방법

1) 채권의 내역 기재 방법

신고번호	목록번호	채권자	시인된 금액			
			원금	개시 전 이자	개시 후 이자	합계
3		○○은행				
이하 생략						

2) 권리변경과 변제방법의 세부 내용

① 원금의 20% 면제하고 45% 출자전환하며, 나머지 원금 35%는 제 4차 연도까지 거치 후 제 5차 연도(2020년)부터 최종연도(2025년)균등 분할 변제한다.
② 개시전 이자는 전액 면제한다.
③ 개시 후 이자는 연 2% 이율을 적용하여 변제하고, 출자전환 대상 원금에 대한 개시 후 이자는 면제한다.

3) 회생채권 종류별 세부 검토

① 상거래채권(제218조)

상거래채권도 일반 회생채권자이지만 금융기관의 회생채권처럼 장기간 변제할 경우 영세한 중소기업자일 경우 경영위기에 직면할 가능성이 있고 회생채무자도 계속 거래할 필요성이 있다는 점에서 일반채권자도보다 우대하여 변제안을 작성할 수 있다.

② 특수관계인의 회생채권

지배주주, 특수관계인의 회생채권은 일반 회생채권보다 불리한 변제조건으로 권리의 변경 가능하다. 현금 변제가 수반되지 않는 면제, 출자전환의 방법으로 권리변경이 된다면 회생채무자의 현금흐름에 도움이 될 것이다.

③ 조세채권 등

국세징수법 또는 지방세기본법에 의해 징수할 수 있는 청구권(건강보험료, 국민연금료, 산업재해보험료 포함) 등 조세채권은 다른 권리보다 우월한 지위를 가진다.

④ 장래의 구상권

장래의 구상권자도 회생채권자이기 때문에 권리변경과 변제방법에 대한 규정해야 한다. 변제계획안에 기재가 되어 있지 않으면 변제계획안에 대한 인가결정시에 면책되기 때문이다.

> ☞ 장래 구상권에 대한 기재 예시
> - 회생절차 개시결정 이후 채무자를 위한 보증인, 물상보증인, 기타 제3자의 출재로 인하여 회생채권자에게 변제한 경우 채무자에 대하여 구상권을 취득한다.
> - 다만, 구상권자는 채권자의 권리변경 전의 채권이 회생절차에 의하여 또

> 는 회생절차에 의하지 아니하고 모두 소멸된 경우에 한하여 자기의 구상권을 행사 할 수 있으며, 채무자는 이 회생계획안에 의하여 변제하여야 할 회생채권 및 회생담보권의 잔액 범위 내에서 구상권자들의 구상권 비율에 따라 변제한다.
> - 회생절차 개시 당시 채무자의 대주주 및 특수관계인은 개시결정 이후 대위변제 등으로 채무자에 대하여 취득하는 구상권은 전액 면제한다.

3. 회생담보권에 대한 권리변경과 변제방법

1) 다른 절차와 구별

회생절차는 파산절차 또는 개인회생절차와 달리 담보권자로서 별제권이 인정되지 않고 회생계획으로 그 권리의 변경을 정할 수 있다(제251조).

> 회생담보권의 담보권은 본 회생계획안에 의하여 권리변경된 회생담보권을 피담보채권으로 하는 담보권으로 종전의 순위에 따라 존속한다. 그러나 회생담보권으로 인정되지 아니한 담보권과 담보 목적의 지상권 등은 소멸한다.

2) 청산가치보장 준수(제243조)

회생계획인가시 청산가치 보장의 원칙이 준수되어야 한다. 그 결과 회생담보권자에 대한 처리에 있어 채무자가 사업을 청산할 때 채권자에게 변제하는 것보다 불리하지 않아야 되기 때문에 담보권을 실행하였을 때보다 그 이상의 금액을 변제하는 방법으로 정해야 한다.

3) 변제 방법

일반적으로 담보물을 존속시키면서 분할변제를 할 수도 있고 담보물을 처분하여 처분금액을 변재 재원으로 사용할 수 있다. 다만, 처분금액으로 변제할 경우 회생담보권에 우선 사용하도록 하여야 한다. 그렇지 않고 처분금액 중 일부만 변제하고 나머지 담보채권에 대해서 출자전환한다면 회생담보권자의 권리를 박탈하거나 실질적 가치를 훼손한 것이 된다.

4) 담보목적물의 존속기간 내 변제

채무의 기한을 정할 때 담보물이 있는 경우 그 담보물의 존속기간 이상으로 정할 수 없다. 동산에 대한 담보, 리스회사의 담보권은 그 목적물이 존속기간을 확인하여 변제기간을 규정할 필요가 있다.

4. 주주, 지분권자에 대한 권리변경 등

1) 내용

주주 등에 대해서는 주주 등 권리제한(제260조), 자본감소에 관한 규정(제205조), 신주발행에 대한 규정(제55조)이 적용된다.

2) 판례

구 회사정리법 제129조 및 제270조의 해석상 변경계획안의 의결에 관하여 주주에게 의결권이 인정되는지 여부는 변경계획안 제출 시점에 정리회사의 자산이 부채를 초과하는지 여부에 의하여 결정되는 것이므로, 가사 정리절차 개시 당시 자산이 부채를 초과하여 주주에게 의결권이 부여되었는데 그 후 실적의 악화나 기타 예상치 못한 사정으로 부채가 자산을 초과하게 되었을 뿐이라고 하더라도, 변경계획안 제출 시점에 정리회사의 부채가 자산을 초과하는 이상 주주에게 의결권을 인정할 수 없다.[대법원 2007. 11. 29., 자, 2004그74, 결정]

5. 회생채권에 대한 출자전환(제206조)

1) 의의

회생채권자 등이 가지고 있는 채권을 채무자의 주식으로 전환하는 것을 의미하는데 채권자들은 기존 채권으로 교환하기에 별도의 현물출자를 할 필요가 없다. 채무자 입장에서는 실제 현금이 지출되지 않고 채권자 입장에서는 면제보다 유리한 점, 의결 주식의 보유로 회사 경영에 참여할 수 있는 장점이 있다.

2) 출자전환에 따른 채권소멸과 보증인에 미치는 효력

① 견해 대립

㉮ 교부받은 주식의 매도, 배당금 수령을 통해 현실적으로 금원을 수령할 때 채권이 소멸하고 그 한도에서 보증인의 채무도 소멸한다고 보는 견해

㉯ 출자전환이 현물출자에 해당함으로 채권만족이 달성된 결과 채권자 지위가 상실되고 동시에 보증채무도 이행청구 할 수 없다는 견해

㉰ 회생인가시 또는 출자전환 효력발생일시 주식의 시가 상당액에 해당하는 평가액 만큼 채권이 소멸하고 그 만큼 보증채무도 소멸한다는 견해 (시가평가액 소멸설)

② 판례

신주를 발행하는 방식의 출자전환으로 회생채권(정리채권) 또는 회생담보권(정리담보권)의 전부나 일부에 변제에 갈음하기로 한 경우 신주발행이 효력발생일 당시를 기준으로 하여 채권자가 인수한 신주의 시가를 평가하여 그 평가액에 상응하는 만큼 주채무가 실질적으로 만족을 얻은 것으로 볼수 있어 보증채무도 그 만큼 소멸하는 것으로 보고 있어 시가평가액 소멸설의 입장을 취하고 있다.

3) 출자전환과 지배 주주 변경

채무자의 부채가 많을 경우 회생채권 등에 대하여 출자전환 비율이 높으면 채무자 등 기존 대주주의 주식수보다 채권자들의 주식비율이 높아져 대주주의 지위가 변경 될 수 있고 그 결과 경영 감시, 제3자에게 인수합병시 긍정적일 수 있다. 이 경우 대주주 입장에서 경영 지배권이 상실될 수

있어 높은비율의 출자전환에 부정적일 수 있다. 다만 이 경우에도 공정, 형평에 맞는 회생인가 조건이 적용되기 때문에 회생채권자의 권리감축 내용이 대주주보다 유리할 필요가 있다.

4) 출자전환으로 인한 금융기관 주식보유비율 미적용(제206조 제4항)

은행법 등 투자회사의 지배를 막기 위한 금융기관의 의결권 있는 주식 보유(15%) 제한 규정은 채무자회생법에 의한 출자전환으로 인한 취득일 경우는 그 적용이 배제된다.

5) 판례

① 구 회사정리법(2005. 3. 31. 법률 제7428호 채무자 회생 및 파산에 관한 법률 부칙 제2조로 폐지) 제240조 제2항은, 정리계획은 정리채권자 또는 정리담보권자가 회사의 보증인 기타 회사와 함께 채무를 부담하는 자에 대하여 가진 권리와 회사 이외의 자가 정리채권자 또는 정리담보권자를 위하여 제공한 담보에 영향을 미치지 아니한다고 규정하고 있지만, 주채무자인 정리회사의 정리계획에서 정리채권의 변제에 갈음하여 출자전환을 하기로 정한 경우 정리회사의 보증인의 보증채무는 출자전환에 의한 신주발행의 효력발생일 당시를 기준으로 정리채권자가 인수한 신주의 시가를 평가하여 출자전환으로 변제에 갈음하기로 한 정리채권의 액수를 한도로 그 평가액에 상당하는 채무액이 변제된 것으로 보아야 한다.

② 정리채권자가 주채무자인 정리회사의 원 정리계획에 의하여 출자전환받은 사안에서, 출자전환 무렵 출자전환주식의 주당 가치가 발행가액을 넘고 있었다 하더라도, 정리회사의 보증인의 보증채무는 위 주식의 발행가액에다가 출자전환 받은 주식수를 곱하여 산출한 액수를 한도로 소멸할 뿐 이를 넘은 부분까지 소멸한다고 볼 수 없다.

③ 주채무자인 정리회사가 구 회사정리법에 따라 실시한 출자전환으로 정리채권자가 실질적으로 만족을 얻은 금액을 산정함으로써 정리회사의 보증인의 보증채무의 소멸 범위를 확정하기 위하여 출자전환주식의 가치

를 평가하는 경우, 정리회사의 기업가치나 그 출자전환주식의 주당 가치에 관한 주장·증명책임은 그 출자전환에 의하여 보증채무가 소멸하였음을 주장하는 당사자에게 있다.[대법원 2010. 3. 25., 선고, 2009다85830, 판결]

13 관계인집회와 회생계획안의 심리와 결의

1. 의의

회생계획안의 제출이 있는 경우 법원은 그 회생계획안을 심리(제224조) 또는 의결(제232조)하기 위하여 기일을 지정하고 관계인 집회를 소집한다. 회생계획안의 심리를 위한 것이 제2회 관계인집회이고 의결을 위한 것이 제3회 관계인집회이다. 회생계획안에 대하여 서면결의를 하는 경우 제2회 관계인집회를 개최하지 않는다.

> ☞ 제1회 관계인 집회(제98조)
> 회생절차의 개시결정이 있은 후 법원은 필요하다고 인정할 경우 채무자가 회생절차의 개시에 이르게 된 사정, 채무자의 재산 및 업무에 관한 사항, 보전처분 또는 조사확정재판이 필요한 사항, 채무자 회생에 관한 필요한 사항을 보고하기 위해서 하는 관계인집회(회생계획안 심리, 의결을 위한 것이 아님)

2. 관계인집회 기일과 특별조사기일의 병합(제186조)

법원은 상당하다고 인정하는 경우 직권 또는 관리인의 신청으로 관계인집회 기일과 특별조사기일을 병합할 수 있다. 일반적으로 제2회 관계인집회시 회생계획안의 내용에 대한 이해관계자들의 다툼이 없는 경우 제2회,

3회 관계인집회와 조사기간이 경과 후 신고된 채권(추완신고 채권)의 특별 조사기일을 병합하여 절차의 신속과 편의성을 도모하고 있다.

3. 제3회 관계인 집회와 회생계획안의 의결

1) 의의

회생계획안에 대해서 수정명령이 없는 경우 그 계획안에 관하여 결의를 하기 위한 관계인집회를 의미하고 시기적으로 조사기간 종료 전에는 결의에 부치지 못한다.

2) 회생계획안의 결의 방법과 회생채권자 등 분류

① 결의 방법

관계인집회를 통한 이해관계자가 참석하여 결의하는 방법과 서면으로 결의 하는 방법이 있다.

② 조의 분류

일반적으로 회생담보권자, 회생채권자, 주주·지분권자로 구분되나 법 제236조에서는 다음과 같이 구분하고 있다.

> 1. 회생담보권자
> 2. 일반의 우선권 있는 채권을 가진 회생채권자
> 3. 제2호에 규정된 회생채권자 외의 회생채권자
> 4. 잔여재산의 분배에 관하여 우선적 내용을 갖는 종류의 주식 또는 출자지분을 가진 주주·지분권자
> 5. 제4호에 규정된 주주·지분권자 외의 주주·지분권자

3) 회생계획안에 대한 이해관계자의 이의제기

① 의결권에 대한 이의(제187조)

관리인, 회생채권자 등은 타인의 의결권에 대해서 이의를 제기할 수 있

다. 다만 조사절차에서 확정된 회생채권자 등에 대해서는 이의를 제기할 수 없다.

② 법원의 결정

이의가 제기되면 법원은 의결권 행사하게 할 것인지 여부와 행사할 금액이나 수를 결정한다. 법원의 결정에 대해서는 즉시항고 절차가 규정되지 않아서 불복할 수 없다.

③ 의결권을 행사할 수 없는 경우

가. 채무자의 부채총액이 자산총액을 초과하는 경우 주주 등(제146조)

나. 재산상 이득 등 부당한 이익을 얻을 목적으로 회생채권 등을 취득한 경우

다. 법 제191조에 해당하는 경우

1. 회생계획으로 그 권리에 영향을 받지 아니하는 자
2. 제140조제1항 및 제2항의 청구권을 가지는 자(벌금, 과료 등)
3. 제118조제2호 내지 제4호의 청구권을 가지는 자(조세채권 등)
4. 제188조 및 제190조의 규정에 의하여 의결권을 행사할 수 없는 자
   (개시 후 이자, 개시 후 손해배상, 위약금 등)
5. 제244조제2항의 규정에 의하여 보호되는 자

4) 회생계획안의 가결의 요건

구 분	내 용
회생채권자의 조	의결권 총액의 2/3 이상 동의
회생담보권자의 조	의결권 총액의 3/4 (청산 회생계획안 4/5)이상 동의
주주지분권자의 조	의결권 총수의 1/2 이상 동의

4. 회생계획안의 부결과 속행기일 지정

1) 의의

　관계인집회에서 회생계획안의 부결이 있으면 법원의 회생절차를 폐지(제286조)하여야 하나 이해관계인 사이에 회생계획의 내용에 협의를 통한 조정의 여지가 있는 경우 회생채권자 등의 동의가 있으면 다시 속행기일을 지정하여 절차의 계속성을 확보할 수 있다.

2) 속행기일을 위한 동의 요건(각 조 모두 동의 필요함)

구 분	내 용
회생채권자의 조	의결권 총액의 1/3 이상 동의
회생담보권자의 조	의결권 총액의 1/2 동의
주주지분권자의 조	의결권 총수의 1/3 이상 동의

14 회생계획안의 서면결의

1. 의의

　회생계획안의 심리와 의결을 위해 관계인집회를 개최하지 아니하고 회생채권자 등에게 서면으로 그 가결에 대한 동의여부로 회생계획안을 의결하는 것을 의미한다. 이해관계자가 많거나 시간과 비용을 고려할 때 관계인집회 개최가 크게 필요하지 않는 경우에 사용되는 결의 방법이다.

2. 서면결의의 특징

　1) 법원이 상당하다고 인정하면 직권으로 결정하고 공고를 한다(제240조).
　2) 서면결의가 부결되어 속행기일 지정하여 재 결의하는 경우 다시 서면결의로 진행할 수 없다(제240조).

3) 심리를 위한 관계인집회를 개최하지 않고(제224조) 관계인집회가 종료(제240조)된 것을 본다.

4) 회생채권 등에 대한 추완신고를 할 수 없다(제152조). 다만, 부인권 행사로 발생한 회생채권은 1월 이내 추완신고가 가능하다.

5) 제189조가 준용되어 의결권 불통일 행사가 가능하다.

3. 서면결의의 부결시 효과

서면결의가 부결(속행기일 부결)된 경우 관계인집회를 통한 부결과 마찬가지로 회생절차는 폐지된다.

15 회생계획안의 인가

1. 의의

관계인집회 또는 서면결의를 통해 회생계획을 가결한 경우 법원은 그 기일 또는 지체없이 회생계획안에 관하여 인가여부를 결정한다. 일반적으로 인가결정이 날 수 있도록 법원의 감독과 관여하에 회생절차가 진행되어 회생계획의 가결이 있으면 특별한 하자가 없는 한 법원의 인가결정이 난다고 볼 수 있다(제242조).

2. 회생계획의 인가요건(제243조)

1) 회생절차 또는 회생계획이 법률의 규정에 적합할 것

결의방법 위반 , 회생채권자 등 조분류 위법, 가결요건 위반

2) 회생계획이 공정하고 형평에 맞아야 하며 수행이 가능할 것

> (공정, 형평) 선순위 권리자에 대하여 권리우대, 후순위 권리자에 대해 선순위 권리와 동일 또는 우대 금지, 회생담보권자 우대, 주주의 권리를 더 크게 감축
> (수행가능성) 변제재원인 영업이익 과장, 사업계획과 수주목표 검토

3) 회생계획에 대한 결의를 성실·공정한 방법으로 하였을 것

> 의결권자에 대해 사기, 강박하거나 의결권 행사에 따른 특별이익 제공 약속

4) 회생계획에 의한 변제방법이 채무자의 사업을 청산할 때 각 채권자에게 변제하는 것보다 불리하지 아니하게 변제하는 내용일 것. 다만, 채권자가 동의한 경우에는 그러하지 아니하다(청산가치보장 원칙).

> ① 회생계획에 따른 총 변제금이 파산에 따른 청산금액 이상일 것
> ② 모든 채권자와 각 채권자에 대해서 청산가치보장 원칙 준수
> ③ (예외) 채권자의 동의가 있거나 특수관계인의 회생채권은 동 원칙 적용 배제 가능

5) 기타

> ① 합병 또는 분할합병을 내용으로 한 회생계획에 관하여는 다른 회사의 주주총회 또는 사원총회의 합병계약서 또는 분할합병계약서의 승인결의가 있었을 것. 다만, 그 회사가 주주총회 또는 사원총회의 승인결의를 요하지 아니하는 경우를 제외한다.
> ② 회생계획에서 행정청의 허가·인가·면허 그 밖의 처분을 요하는 사항이 제226조제2항의 규정에 의한 행정청의 의견과 중요한 점에서 차이

> 가 없을 것
> ③ 주식의 포괄적 교환을 내용으로 하는 회생계획에 관하여는 다른 회사의 주주총회의 주식의 포괄적 교환계약서의 승인결의가 있을 것. 다만, 그 회사가 「상법」 제360조의9(간이주식교환) 및 제360조의10(소규모 주식교환)의 규정에 의하여 주식의 포괄적 교환을 하는 경우를 제외한다.

3. 판례

1) 공정 형평한 차등

법원이 회생계획의 인가를 하기 위하여는 구 채무자 회생 및 파산에 관한 법률 제243조 제1항 제2호 전단에 따라 회생계획이 공정하고 형평에 맞아야 하는바, 여기서 말하는 공정·형평이란 구체적으로는 채무자회생법 제217조 제1항이 정하는 권리의 순위를 고려하여 이종(異種)의 권리자들 사이에는 회생계획의 조건에 공정하고 형평에 맞는 차등을 두어야 하고, 채무자회생법 제218조 제1항이 정하는 바에 따라 동종(同種)의 권리자들 사이에는 회생계획의 조건을 평등하게 하여야 한다는 것을 의미한다(대법원 1998. 8. 28.자 98그11 결정 등 참조).

2) 채권자들 사이에 합의가 있는 경우 변제계획

한편 채무자회생법 제193조 제3항 전문은 "제1회 관계인집회의 기일 전날까지 전부 또는 일부의 채권자들 사이에 그들이 가진 채권의 변제순위에 관한 합의가 되어 있는 때에는 회생계획안 중 다른 채권자를 해하지 아니하는 범위 안에서 변제순위에 관한 합의가 되어 있는 채권에 관한 한 그에 반하는 규정을 정하여서는 아니 된다."고 규정하여, 같은 종류의 채권을 가진 채권자들 사이에 채권의 변제순위에 관한 합의가 있는 경우 이를 반영한 회생계획안이 작성되어야 한다고 명시하고 있다. 다만 같은 항 후문은 "이 경우 채권자들은 합의를 증명하는 자료를 제1회 관계인집회의 기일 전날까지 법원에 제출하여야 한다."고 규정하고 있다. 따라서 채권자들 사이에 채권의 변제순위에 관한 합의가 되어 있다고 하더라도, 제1회 관계인집회의 기일 전날까지 법원에 그 증명자료가 제출되지 않았다면, 특별한 사정이 없는 한, 법원이 회생계획의 인가 여부에 관한 결정을 함에 있어 채권자들 사이의 채권의 변제순위에 관한 합의를 반드시 고려하여야 하는 것은 아니다. [대법원 2015. 12. 29., 자, 2014마1157, 결정]

3) 인가요건의 판단 시기 등

① 인가요건의 판단 시기와 직권조사 가부

회생계획 인가의 요건은 법원이 직권으로 조사하여야 하고 판단은 인가 여부의 결정 시를 기준으로 할 것이므로, 인가결정에 대하여 즉시항고가 제기된 경우에는 항고심 결정 시까지 제출된 모든 자료에 의하여 인가요건의 흠결 여부를 직권으로 판단하여야 한다. 따라서 회생계획 인가결정에 대하여 항고한 재항고인이 항고심에서 주장한 바 없이 재항고심에 이르러 새로이 하는 주장이라 할지라도 그 내용이 회생계획 인가의 요건에 관한 것이라면, 이는 재항고심의 판단대상이다.

② 조사위원 보고서의 증명력

채무자 회생 및 파산에 관한 법률 제87조에 따라 제1심법원이 선임한 조사위원은, 채무자회생법 제90조 내지 제92조 및 회생사건의 처리에 관한 예규(재민2006-5) 제7조에서 정한 사항을 조사할 의무가 있고, 조사 사항에는 채무자가 회생절차 개시에 이르게 된 사정, 회생절차 개시 당시 채무자의 부채와 자산의 액수도 포함된다. 위와 같은 의무가 있는 조사위원이 작성한 조사보고서에 기재된 채무자가 회생절차 개시에 이르게 된 사정에 관한 보고는 그 기재가 진실에 반한다는 등의 특별한 사정이 없는 한 그 내용의 증명력을 쉽게 배척할 수 없다.

③ 회생채권자 등 조분류에 대한 법원의 재량권

채무자 회생 및 파산에 관한 법률(이하 '채무자회생법'이라고 한다)은 회생채권자·회생담보권자·주주·지분권자를 각각 다른 조로 분류하여야 하는 것 외에는 법원이 채무자회생법 제236조 제2항 각호의 자가 가진 권리의 성질과 이해관계를 고려하여 2개 이상의 호의 자를 하나의 조로 분류하거나 하나의 호에 해당하는 자를 2개 이상의 조로 분류할 수 있다고 규정하여(채무자회생법 제236조 제3항), 조의 통합과 세분에 관하여 법원의 재량을 인정하고 있다. 따라서 법원의 조 분류 결정에 재량의 범위를 일탈하였다고 볼 수 있는 특별한 사정이 없는 한, 법원이 채무자회생법 제236조 제2항 각호에 해당하는 동일한 종류의 권리자를 2개 이상의 조로 세분하지 않았다고 하여 이를 위법하다고 볼 수 없다.

④ 동일한 조를 세분하여 차등을 둘수 있는지

여기서 평등은 형식적 의미의 평등이 아니라 공정·형평의 관념에 반하지 아니하는 실질적인 평등을 가리킨다. 따라서 회생계획에서 모든 권리를 반드시 채무자회생법 제217조 제1항 제1호 내지 제5호가 규정하는 5종류의 권리로 나누어 각 종류의 권리를 획일적으로 평등하게 취급하여야만 하는 것은 아니다. 5종류의 권리 내부에서도 회생채권이나 회생담보권의 성질의 차이, 채무자의 회생을 포함한 회생계획의 수행가능성 등 제반 사정에 따른 합리적인 이유를 고려하여 이를 더 세분하여 차등을 두더라도 공정·형평의 관념에 반하지 아니하는 경우에는 합리적인 범위 내에서 차등을 둘 수 있다. 다만 같은 성질의 회생채권이나 회생담보권에 대하여 합리적인 이유 없이 권리에 대한 감면 비율이나 변제기를 달리하는 것과 같은 차별은 허용되지 아니한다.

⑤ 수행가능성과 행정청의 인허가 불비

법원이 회생계획의 인가를 하기 위해서는 채무자 회생 및 파산에 관한 법률 (이하'채무자회생법'이라고 한다) 제243조 제1항 제2호 후단에 따라 회생계획의 수행이 가능하여야 한다. 여기서 말하는 '수행가능성'이란 채무자가 회생계획에 정해진 채무변제계획을 모두 이행하고 다시 회생절차에 들어오지 않을 수 있는 건전한 재무 상태를 구비하게 될 가능성을 의미한다. 채무자회생법 제243조 제1항 제6호는 회생계획 인가의 요건으로 '회생계획에서 행정청의 허가·인가·면허 그 밖의 처분을 요하는 사항이 제226조 제2항의 규정에 의한 행정청의 의견과 중요한 점에서 차이가 없을 것'을 규정하고 있다. 이는 회생계획안이 행정청의 허가 등을 전제로 하는 경우에 그러한 처분이 내려지지 않으면 회생계획의 수행가능성에 문제가 발생할 수 있으므로 회생계획 인가의 요건으로 규정한 것이다. 한편 채무자회생법 제226조 제2항은 "행정청의 허가·인가·면허 그 밖의 처분을 요하는 사항을 정하는 회생계획안에 관하여는 법원은 그 사항에 관하여 그 행정청의 의견을 들어야 한다."라고 규정하고 있다. 법원이 채무자회생법 제226조 제2항에서 정한 의견조회를 누락한 경우, 이는 회생계획 인가의 요건 중 채무자회생법 제243조 제1항 제1호의 '회생절차가 법률의 규정에 적합할 것'이라는 요건을 흠결한 것이지 회생계획의 수행가능성과 관련한 채무자회생법 제243조 제1항 제6호의 요건을 흠결한 것으로 볼 수 없다.[대법원 2018. 5. 18., 자, 2016마5352, 결정]

3. 권리보호 조항 부여 후 인가(제244조)

1) 의의

 법원의 인가결정은 원칙적으로 회생계획안에 대한 채권자들의 각 조에서 의결요건이 충족되고 나서 진행되지만 각 채권자 조 일부에서 부결이 된 경우 법원이 부결된 조의 채권자들에게 일정 권리를 보호하는 내용을 정하고 회생계획을 인정할 수 있는 제도를 말한다. 이는 그 동안의 노력을 고려하는 동시에 채무자의 효율적인 회생을 진행하고자 함이다.

2) 권리보호조항 요건

 ① 채권자조 중에서 1개 이상의 조에서 동의가 있어야 한다. 즉 회생채권자, 회생담보권자, 주주(지분권자) 중 한 개의 조의 동의는 있어야 하며 전체 조에서 부결된 경우는 동조에 따른 인가를 할 수 없다.
 ② 권리보호조항은 법원이 그 내용을 직권으로 정하되 그 적용범위는

부동의한 조 전체를 대상으로 하여야한다. 즉 부동의한 채권자만을 대상으로 정할 수는 없다. 다만, 인가여부는 법원의 재량사항으로 인가 없이 폐지 결정되더라도 위법은 아니다.
 ③ 권리보호의 정도는 청산가치보장 원칙이 준수되어야 한다.
 ④ 변경된 내용은 채무자가 수행가능한 범위 내에서 이루어져야 한다.
 ⑤ 회생계획안 작성시 사전에 권리보조조항을 넣는 경우 신청인과 부동의한 조의 채권자중 1인에게 의견을 들어야 한다.

3) 권리보호조항을 정하는 방법

 ① 회생담보권자에 관하여 그 담보권의 목적인 재산을 그 권리가 존속되도록 하면서 신회사에 이전하거나 타인에게 양도하거나 채무자에게 유보하는 방법

 ② 회생담보권자에 관하여는 그 권리의 목적인 재산을, 회생채권자에 관하여는 그 채권의 변제에 충당될 채무자의 재산을, 주주·지분권자에 관하여는 잔여재산의 분배에 충당될 채무자의 재산을 법원이 정하는 공정한 거래가격(담보권의 목적인 재산에 관하여는 그 권리로 인한 부담이 없는 것으로 평가한다) 이상의 가액으로 매각하고 그 매각대금에서 매각비용을 공제한 잔금으로 변제하거나 분배하거나 공탁하는 방법

 ③ 법원이 정하는 그 권리의 공정한 거래가액을 권리자에게 지급하는 방법

 ④ 그 밖에 제1호 내지 제3호의 방법에 준하여 공정하고 형평에 맞게 권리자를 보호하는 방법

4) 판례

 ① 정리계획안에 부동의한 조가 있는 경우에 법원이 정할 수 있는 정리채권자에 대한 권리보호조항은 정리회사가 계속기업으로서 존속함을 전제로 한 정리계획안에 <u>정리채권자조가 부동의한 경우에도 최소한 청산을 전제로 하였을 때 정리채권자조가 배당받을 수 있는 금액 상당을 변제받을</u>

수 있도록 배려하는 한편, 그 요건이 충족된 경우에는 법원이 여러 사정을 참작하여 정리채권자조의 부동의에도 불구하고 정리계획안을 인가할 수 있도록 한 데에 그 취지가 있는 것이고, 따라서 여기서 회사재산의 평가는 기업재산을 해체·청산함이 없이 이를 기초로 하여 기업활동을 계속할 경우의 가치(계속기업가치)에 의할 것이 아니라 원칙적으로 도산기업이 파산적 청산을 통하여 해체·소멸되는 경우에 기업을 구성하는 개별 재산을 분리하여 처분할 때의 가액을 합산한 금액(청산가치)에 의하여야 한다.[대법원 2004. 12. 10., 자, 2002그121, 결정]

② 법원이 채무자 회생 및 파산에 관한 법률(이하 '채무자회생법'이라고 한다) 제244조 제1항에 따라 인가결정을 할 경우에는 위 조항 각호의 어느 하나에 해당하는 방법 또는 그에 준하는 방법에 의하여 공정하고 형평에 맞게, 권리가 본질에서 침해되지 않고 피해를 최소화할 수 있도록 권리의 실질적 가치를 부여함으로써 권리자를 보호하는 방법으로, 동의하지 않은 조의 권리자 전원에 대하여 권리보호조항을 정하여야 한다.[대법원 2018. 5. 18., 자, 2016마5352, 결정]

4. 인가결정 후 법원의 조치 내용(제245조)

인가결정이 있으면 법원은 그 사실과 내용을 공고한다. 관계인집회를 통한 결의 후 인가시에는 이해관계자에게 송달을 생략할 수 있으나 서면결의에 따른 인가결정이 있는 경우는 주문, 이유, 요지 등을 송달하여야 한다.

16 회생계획 인가결정의 효력

1. 회생계획의 효력발생시기와 확정시기

1) 효력발생시기(제246조)

회생계획은 인가의 결정이 있는 때부터 효력이 생긴다고 규정하고 있다. 일반적으로 회생절차가 법원의 감독 하에서 절차마다 의견수렴과 법적 절차 준수 여부가 점검되고 있고 그 결과 인가 결정이 취소되는 경우가 그리 많지 않아서 확정 전에 효력을 부여하고 있는 것으로 판단된다.

2) 확정시기

인부결정의 확정은 효력발생 시기와 달리 이해관계자가 다툴 수 있는 시기가 경과되어야 확정된다. 즉 공고 후 즉시항고 기간(14일) 경과되거나 즉시항고에 따른 법원의 결정이 나와야 확정된다.

2. 면책과 권리소멸(제251조)

1) 의의

회생계획이나 본 법에 의해 규정된 권리를 제외하고 채무자는 모든 회생채권과 회생담보권에 과한여 그 책임을 면한다. 또한 주주,지분권자의 권리와 채무자의 재산상에 있는 모든 담보권은 소멸한다.

2) 내용

① 회생채권, 회생담보권, 주주지분권자의 권리로 목록에 기재가 없거나 회생계획에서 변제를 인정하지 않는 채권은 모두 그 대상에 포함되어 면책되거나 소멸된다.

② 공익채권, 벌금/과료/형사소송비용(제251조,제140조) 등은 면책, 소멸 대상 권리에 해당하지 않는다.

③ 신고되지 않은 담보권, 신고되었더라도 회생계획에서 존속규정을 두지 않았다면 담보권 또한 소멸된다.

> ☞ ① 개인회생절차에서 신고되지 않은 회생채권은 절차 효력이 미치지 않고 그 결과 채권자로서 그 권리행사를 할 수 있는 것과 차이가 있다.
> ② 담보권은 별제권으로 인정되지 않는다.
> ③ "책임을 면한다" 의미는 책임소멸(채무소멸×)을 뜻한다. 자연채무로 존속하되 강제집행 할 수 없다

④ 판례

회생채권에 해당하는 과징금 청구권도 위 규정에 따라 면책될 수 있음은 물론이다. 한편 채무자회생법 제140조 제1항, 제251조 단서는 회생절차개시 전의 벌금·과료·형사소송비용·추징금 및 과태료의 청구권은 회생계획인가의 결정이 있더라도 면책되지 않는다고 정하고 있다. 이는 회생계획인가의 결정에 따른 회생채권 등의 면책에 대한 예외를 정한 것으로서 그에 해당하는 청구권을 한정적으로 열거한 것으로 보아야 한다. 위 규정에 열거되어 있지 않은 과징금 청구권은 회생계획에서 인정된 경우를 제외하고는 회생계획인가의 결정이 있으면 면책된다고 보아야 한다. 그러므로 과징금 부과권자가 회생계획인가결정 후에 그에 대하여 한 부과처분은 위법하다.[대법원 2018. 6. 15., 선고, 2016두65688, 판결]

3. 권리의 변경과 그 의미(제252조)

1) 회생계획의 인가결정이 있으면 그 계획대로 권리가 변경된다. 여기서 권리가 변경된다는 의미는 실체법적으로 그 내용이 변경된다는 것으로 제251조의 책임이 면제 된다는 것과는 다른 개념이다. 가령 회생채권 1억에 대해서 회생계획에서 30%출자전환, 20%면제, 50% 분할상환을 내용으로 하고 있다면 인가결정에 따라 3천만원은 출자전환으로 채무소멸(시가 상당액 인정을 가정), 2천만원은 면제로서 채무소멸, 5천만원은 장래 분할상환

할 채권으로 변경된다는 의미이다.

> ☞ 제252조의 따른 권리변경은 개인회생절차에서는 없는 조문이다. 즉 회생절차에서는 이 조문에 따라 권리의 실체적 변경이 수반되기 때문에 별도의 면책결정절차가 존재하지 않는다. 달리 표현하면 개인회생절차에서 인가결정 된 회생채권은 변제기간을 마치고 면책결정을 받아야 면책의 효력이 발생한다.

2) 판례

① 회생계획인가결정이 있는 때에는 회생계획이나 채무자 회생 및 파산에 관한 법률(이하 '채무자회생법'이라고 한다)에 의해 인정된 권리를 제외하고는 채무자는 모든 회생채권과 회생담보권에 관해 그 책임을 면하고(채무자회생법 제251조), 회생채권자·회생담보권자의 권리는 회생계획에 따라 변경된다(채무자회생법 제252조 제1항). 여기서 말하는 <u>면책이란 채무 자체는 존속하지만 채무자에 대하여 이행을 강제할 수 없다는 의미이고, 권리변경이란 채무와 구별되는 책임만이 변경되는 것이 아니라 회생계획의 내용대로 권리가 실체적으로 변경된다는 의미이다.</u>

② <u>강제집행에 의한 채권의 만족은 변제자의 의사에 기하지 아니하고 행하여지는 것으로서 비채변제가 성립되지 아니한다.</u>[대법원 2018. 11. 29., 선고, 2017다286577, 판결]

③ 구 회사정리법 제242조 제1항(현 제252조 제1항)은 정리계획인가결정이 있은 때에는 정리채권자, 정리담보권자와 주주의 권리는 계획의 규정에 따라 변경된다고 규정하고 있는데, 이는 정리계획인가결정에 의하여 정리채권자 등의 권리가 그 <u>정리계획의 내용대로 실체적으로 변경되는 효력이 있음을 규정한 것이므로, 정리채권에 대한 변제충당의 방법이나 순서 역시 그 정리계획의 내용에 따라 정해진다.</u>

정리계획의 보증채무 조항에 '정리회사가 타인을 위하여 제공한 연대보증채무는 우선 주채무자로부터 변제받거나 주채무자로부터 제공받은 담보물건을 처분하여 변제받도록 한다'라고 규정된 사안에서, 위 규정의 의미는 정리절차에서 주채무와 보증채무의 변제조건을 차등 취급하는 실무 관행에 따라 <u>보증채무인 정리채권에 대하여는 주채무자로부터 우선 변제받도록 한 후 주채무자에 대한 정리절차 또는 파산절차 등에 의하여 변제를 받지 못하는 것이 확정되어야 정리회사가 보증채무자로서 변제하도록 정한 것이지, 정리계획상 제3자로부터의 변제나 제3자로부터 제공받은 담보물건으로부터의 변제를 배제하는 규정은 아니고,</u> [대법원 2011. 2. 24., 선고, 2010다82103, 판결]

4. 효력의 인적 범위(제250조)

1) 적용 대상
① 채무자
② 회생채권자 · 회생담보권자 · 주주 · 지분권자
③ 회생을 위하여 채무를 부담하거나 담보를 제공하는 자
④ 신회사(합병 또는 분할합병으로 설립되는 신회사를 제외한다)

2) 미적용 대상
① 회생채권자 또는 회생담보권자가 회생절차가 개시된 채무자의 보증인 그 밖에 회생절차가 개시된 채무자와 함께 채무를 부담하는 자에 대하여 가지는 권리
② 채무자 외의 자가 회생채권자 또는 회생담보권자를 위하여 제공한 담보

☞ 회생채권 등이 면책 또는 변경되더라도 보증인, 물상보증인에 대해서 회생절차의 효력이 미치지 않기 때문에 일반 채권자로서 권리를 행사할 수 있다. 다만 출자전환은 시가상당액 만큼 채무가 소멸된 것으로 간주

> 되어 그 결과 보증인에 대해서도 그 만큼 보증채무가 소멸, 채권을 행사할 수 없다.

3) 판례

① 신탁과 회생인가 결정

신탁자에 대한 회생절차가 개시된 경우 채권자가 신탁부동산에 대하여 갖는 저당권은 채무자 회생 및 파산에 관한 법률 제250조 제2항 제2호의 '채무자 외의 자가 회생채권자 또는 회생담보권자를 위하여 제공한 담보'에 해당하여 회생계획이 여기에 영향을 미치지 않는다. 또한 회생절차에서 채권자의 권리가 실권되거나 변경되더라도 이로써 실권되거나 변경되는 권리는 채권자가 신탁자에 대하여 가지는 회생채권 또는 회생담보권에 한하고, 수탁자에 대하여 가지는 신탁부동산에 관한 담보권과 그 피담보채권에는 영향이 없다.[대법원 2017. 11. 23., 선고, 2015다47327, 판결]

② 실권된 채권과 보증인에게 미치는 효력

리스이용자에게 회사정리법상의 회사정리절차가 개시된 경우에 리스업자인 채권자가 그 리스계약상의 채권을 정리법원에 신고하지 아니함으로 말미암아 실권되었다 하더라도, 회사정리법 제240조 제2항의(현 제250조 제2항) 규정에 비추어 보면 리스업자가 보증인에 대하여 가지는 권리에는 영향을 미치지 않는 것으로 보아야 한다.[대법원 2001. 6. 12. 선고 99다1949 판결]

> **제240조(정리계획의 효력범위)**
> ① 정리계획은 회사, 모든 정리채권자, 정리담보권자와 주주, 정리를 위하여 채무를 부담하거나 담보를 제공하는 자와 신회사(합병 또는 분할합병으로 설립되는 신회사를 제외한다)를 위하여 또 이들에 대하여 효력이 있다. 〈개정 1999.12.31〉
> ② 계획은 정리채권자 또는 정리담보권자가 회사의 보증인 기타 회사와 함께 채무를 부담하는 자에 대하여 가진 권리와 회사 이외의 자가 정리채권자 또는 정리담보권자를 위하여 제공한 담보에 영향을 미치지 아니한다.

5. 중지중인 절차의 실효(제256조)

1) 내용

회생계획인가의 결정이 있은 때에는 제58조제2항의 규정에 의하여 중지한 파산절차, 강제집행, 가압류, 가처분, 담보권실행 등을 위한 경매절차는 그 효력을 잃는다. 다만, 같은 조 제5항의 규정에 의하여 속행된 절차 또는 처분은 그러하지 아니한다.

2) 판례

회생절차개시결정이 있는 때에는 회생채권 또는 회생담보권에 기한 강제집행 등은 할 수 없고, 채무자의 재산에 대하여 이미 행한 회생채권 또는 회생담보권에 기한 강제집행은 중지되며(채무자회생법 제58조), 회생계획의 인가결정이 되면 중지된 강제집행은 효력을 잃는다(채무자회생법 제256조 제1항). 따라서 <u>회생채권에 관하여 회생절차개시 이전부터 회생채권 또는 회생담보권에 관하여 집행권원이 있었다 하더라도, 회생계획인가결정이 있은 후에는 채무자회생법 제252조에 의하여 모든 권리가 변경·확정되고 종전의 회생채권 또는 회생담보권에 관한 집행권원에 의하여 강제집행 등은 할 수 없으며, 회생채권자표와 회생담보권자표의 기재만이 집행권</u>

원이 된다.[대법원 2017. 5. 23., 자, 2016마1256, 결정]

6. 회생채권자표의 기재(제255조)

1) 의의

회생채권(또는 회생담보권)에 기하여 회생계획에 의하여 권리가 인정되면 법원은 회생채권자표에 그 내용을 기재하고, 그 결정이 확정된 때에 확정판결과 동일한 효력을 부여하고 있다.

2) 기재의 효력 : 확정판결과 같은 효력

동조에서 "확정판결과 같은 효력"의미에 대해서 기판력이 인정되는지 여부에 대해서 견해의 대립이 있으나 대법원은 회생절차 내부의 불가쟁력으로 보아 기판력은 부정하는 입장이다.

3) 인적범위

① 채무자
② 회생채권자 · 회생담보권자 · 주주 · 지분권자
③ 회생을 위하여 채무를 부담하거나 또는 담보를 제공하는 자
④ 신회사(합병 또는 분할합병으로 설립되는 신회사를 제외한다)

7. 회생채권자표와 강제집행 절차

1) 의의

변제계획의 인가결정에 따라 채권자표가 만들어지면 그것을 기초로 하여 강제집행을 할 수 있다. 즉 별도의 소를 제기하여 집행권원을 확보할 필요없이 회생채권자표를 집행권원으로 사용할 수 있다.

2) 강제집행 가능 채권과 그 시기

강제집행은 금전의 지급 등의 이행의 청구를 가진 채권자만이 가능하고

시기적으로 회생절차가 종결 한 후에만 신청가능하다.

3) 집행문과 청구이의 소 관할

채권자가 강제집행을 하려면 채권자표와 별도로 추가적으로 집행문을 제출하여야 한다. 이 때 회생법원이 집행문 발급 법원이 되고 집행문부여의 소, 청구에 관한 이의 소는 회생법원의 전속관할이다.

> **제255조**
> ② 제1항의 규정에 의한 권리로서 금전의 지급 그 밖의 이행의 청구를 내용으로 하는 권리를 가진 자는 회생절차종결 후 채무자와 회생을 위하여 채무를 부담한 자에 대하여 <u>회생채권자표 또는 회생담보권자표에 의하여 강제집행을 할 수 있다.</u> 이 경우 보증인은 「민법」 제437조(보증인의 최고, 검색의 항변)의 규정에 의한 항변을 할 수 있다.
> ③ 「민사집행법」 제2조(집행실시자) 내지 제18조(집행비용의 예납 등), 제20조(공공기관의 원조), 제28조(집행력 있는 정본) 내지 제55조(외국에서 할 집행)의 규정은 제2항의 경우에 관하여 준용한다. 다만, 「민사집행법」 제33조(집행문부여의 소), 제44조(청구에 관한 이의의 소) 및 제45조(집행문부여에 대한 이의의 소)의 규정에 의한 소는 <u>회생계속법원의 관할에 전속한다.</u> 〈개정 2016. 12. 27.〉

4) 판례

① 회생인가결정과 청구이의 사유

채권자취소권에 의하여 책임재산을 보전할 필요성이 없어지면 채권자취소권은 소멸한다. 따라서 채권자취소소송에서 피보전채권의 존재가 인정되어 <u>사해행위 취소 및 원상회복을 명하는 판결이 확정되었다고 하더라도, 그에 기하여 재산이나 가액의 회복을 마치기 전에 피보전채권이 소멸하여 채권자가 더 이상 채무자의 책임재산에 대하여 강제집행을 할 수 없게 되었다면, 이는 위 판결의 집행력을 배제하는 적법한 청구이의 이유가 된다.</u>

신용보증기금이 甲에 대한 구상금채권을 피보전채권으로 하여 甲이 체결한 부동산 증여계약의 수익자인 乙 등을 상대로 채권자취소소송을 제기하여 가액배상금을 지급하기로 하는 내용의 화해권고결정이 확정되었는데,(신보는 강제집행을 하지 않고 있는 상태에서, 저자) 그 후 甲에 대하여 개시된 회생절차에서 신용보증기금의 구상금채권에 관한 회생채권 중 일부는 면제하고, 나머지는 현금으로 변제하는 내용의 회생계획 인가결정이 이루어졌으며, 이에 따라 甲이 회생계획에서 정한 변제의무를 완료한 후에 乙 등이 화해권고결정에 기한 강제집행의 불허를 구한 사안에서, 회생계획 인가결정이 이루어짐에 따라 구상금채권에 관한 회생채권이 회생계획에 따라 실체적으로 변경되어, 구상금채권에 관한 회생채권 중 회생계획에서 면제하기로 한 부분은 회생계획 인가결정 시점에, 현금으로 변제하기로 한 나머지 부분은 그 이후의 변제에 의하여 각 확정적으로 소멸하였으므로, 사해행위 취소로 인한 가액배상금 지급에 관한 화해권고결정의 전제가 된 신용보증기금의 피보전채권 역시 소멸하였는데도, 화해권고결정의 집행력 배제를 구할 청구이의 사유가 존재하지 않는다고 본 원심판단에 법리오해 등의 위법이 있다.[대법원 2017. 10. 26., 선고, 2015다224469, 판결]

② 회생절차와 강제집행

• 부동산 경매절차에서 채무자 소유 부동산이 매각되고 매수인이 매각대금을 다 납부하여 매각 부동산 위의 저당권이 소멸하였더라도 배당절차에 이르기 전에 채무자에 대해 회생절차개시결정이 있었다면, 저당권자는 회생절차 개시 당시 저당권으로 담보되는 채권 또는 청구권을 가진 채무자 회생 및 파산에 관한 법률 제141조에 따른 회생담보권자라고 봄이 타당하다.

• 개개의 강제집행절차가 종료된 후에는 그 절차가 중지될 수 없는데, 부동산에 대한 금전집행은 매각대금이 채권자에게 교부 또는 배당된 때에 비로소 종료한다. 따라서 채무자 소유 부동산에 관하여 경매절차가 진행되어 부동산이 매각되고 매각대금이 납부되었으나 배당기일이 열리기 전에

채무자에 대하여 회생절차가 개시되었다면, 집행절차는 중지되고, 만약 이에 반하여 집행이 이루어졌다면 이는 무효이다. 이후 채무자에 대한 회생계획인가결정이 있은 때에 중지된 집행절차는 효력을 잃게 된다.

- 甲 주식회사의 소유 부동산에 관하여 근저당권자인 乙 주식회사의 신청에 따라 담보권실행을 위한 경매절차가 개시되어 진행되었고, 부동산이 매각되어 매각대금이 모두 납부되었으나, 배당기일이 열리기 전에 甲 회사가 회생절차개시신청을 하여 <u>회생법원이 포괄적 금지명령을 한 후 회생절차개시결정</u>을 하였고, 乙 회사는 회생절차에서 근저당권으로 담보되는 회생담보권을 신고하지 아니하였는데, 甲 회사에 대한 회생절차개시결정 후에 이루어진 경매절차의 배당절차에서 근저당권자인 乙 회사 명의로 배당금이 공탁되었고, <u>乙 회사가 회생계획이 인가된 후 공탁금을 수령한</u> 사안에서, 이는 법률상 원인 없이 이득을 얻은 것에 해당하고, 乙 회사의 회생담보권과 같이 신고되지 않은 권리에 대하여는 甲 회사가 책임을 면하게 되었으므로, 乙 회사의 배당금 수령으로 인해 손해를 입은 자는 다른 회생채권자나 회생담보권자가 아닌 부동산 소유자인 甲 회사이고, 乙 회사가 법률상 원인 없이 배당금을 수령함으로 인해 부동산 소유자인 甲 회사는 자신이 수령해야 할 배당금 상당액의 손해를 입었고, 이에 乙 회사는 甲 회사에 수령한 배당금 상당액을 부당이득으로 반환할 의무가 있다.[대법원 2018. 11. 29., 선고, 2017다286577, 판결]

17 인가결정 후 관련 내용

1. 인가결정의 불복

회생인가결정에 대한 불복은 즉시항고를 통해서 할 수 있다. 다만 즉시항고가 있더라도 회생계획의 수행에 영향이 없다고 규정되어 집행정지효가 발생하지는 않는다. 즉시항고는 목록에 기재되지 않거나 신고되지 아니한 회생채권자 등은 할 수 없다.

2. 회생인가결정과 소멸시효

1) 분할변제 내용과 그 소멸시효

그러나 원심이 적법하게 채택한 증거에 의하면, 오히려 원심이 화의인가 확정일로 인정한 1998. 7. 16.은 화의인가결정일에 불과할 뿐 그 확정일은 1998. 7. 31.임이 분명하고, 한편 <u>하나의 채권을 분할하여 변제하기로 한 경우 그 채권의 소멸시효는 분할하여 변제하기로 한 각 부분의 변제기가 도래할 때로부터 순차로 진행되며</u>(대법원 1997. 8. 29. 선고 97다12990 판결 참조), 그 분할변제가 화의인가결정을 통하여 결정되었다고 하여 달라지는 것은 아니므로, 이 사건 채권의 변제기는 위 화의조건에 따라 화의인가결정의 확정일 다음날인 1998. 8. 1.부터 거치기간 6개월이 경과한 달의 말일인 1999. 2. 말일부터 2000. 7. 말일까지 균분하여 순차로 도래한다고 할 것이고, 이에 따라 <u>그 소멸시효도 위 각 변제기 다음날부터 3년이 경과함으로써 순차 완성된다고 할 것이다.</u>[대법원 2008. 3. 27., 선고, 2007다77989, 판결]

2) 회생계획 인가결정에 따른 소멸시효 기산점과 판결에 따른 시효연장

회사정리절차 참가로 인한 회사정리법 제5조의 시효중단의 효력은 정리절차 참가라는 권리행사가 지속되는 한 그대로 유지되는데, 후에 정리계획에 의하여 <u>채무의 전부 또는 일부가 면제되거나 이율이 경감된 경우에 그 면제 또는 경감된 부분의 채무는 정리계획의 인가결정이 확정된 때 소멸하게 됨에 따라 그 시점에서 채권자의 정리절차에서의 권리행사가 종료되므로 그 부분에 대응하는 물상보증인에 대한 권리의 소멸시효는 위 인가결정 확정 시부터 다시 진행한다.</u> 그러나 정리계획에 의해서도 채무가 잔존하고 있는 경우에는 정리절차 참가에 의한 시효중단의 효력이 그대로 유지되므로 그 정리절차의 폐지결정 또는 종결결정이 확정되어 정리절차에서 한 권리행사가 종료되면 그 시점부터 중단되어 있던 소멸시효가 다시 진행한다(대법원 2007. 5. 31. 선고 2007다11231 판결 참조).

한편 회사정리법 제245조 제1항에 의하면, 정리계획인가의 결정이 확정된 때 정리채권 또는 정리담보권에 기하여 정리계획의 규정에 의하여 인정된 권리에 관하여는, 그 정리채권자표 또는 정리담보권자표의 기재가 회사, 신회사, 정리채권자, 정리담보권자, 회사의 주주와 정리를 위하여 채무를 부담하거나 또는 담보를 제공하는 자에 대하여 확정판결과 동일한 효력이 있으므로, '정리계획의 규정에 의하여 인정된 권리'에 대하여는 민법 제165조가 적용되어 그 소멸시효기간이 10년으로 연장된다(민법 제165조 제1항, 제2항). 그러나 정리계획에 의하여 정리채권 또는 정리담보권의 전부 또는 일부가 면제되거나 감경된 경우에 면제 또는 감경된 부분에 대한 권리는 '정리계획의 규정에 의하여 인정된 권리'라고 할 수 없으므로, 그 소멸시효기간은 민법 제165조에 의하여 10년으로 연장된다고 할 수 없다. [대법원 2017. 8. 30., 자, 2017마600, 결정]

3) 보증인이 실권된 회생채권의 기한 소멸시효 주장 가부

주채무인 회생채권이 소멸시효기간 경과 전에 채무자 회생 및 파산에 관한 법률 제251조에 따라 실권되었다면 더 이상 주채무의 소멸시효 진행이나 중단이 문제 될 여지가 없으므로, 이러한 경우 보증인은 보증채무 자체의 소멸시효 완성만을 주장할 수 있을 뿐 주채무의 소멸시효 완성을 원용할 수 없다.[대법원 2016. 11. 9., 선고, 2015다218785, 판결]

3. 회생계획의 변경

1) 의의

회생계획인가 결정이 있고 그 이후 부득이한 사유가 발생하여 회생계획상의 내용대로 수행이 불가능 할 경우 관리인, 회생채권자 등 이해관계인의 신청으로 회생계획이의 내용을 변경하는 것을 말한다.

2) 변경요건 및 절차

① 신청에 따른 변경만 가능

관리인 채무자 등 이해관계인의 신청이 있어야 하며 법원이 직권으로 변경할 수 없다. 변경신청은 새로운 회생계획안을 작성하여 제출하면서 신청하여야 한다.

② 변경신청 기한

회생계획 인가결정이 있고 회생절차 종결전에만 변경 신청이 가능하다.

③ 부득이한 사유 존재

구 회사정리법의 회사정리절차에서 인가된 정리계획을 변경할 부득이한 사유나 필요가 있는지 여부는, 정리법원이 정리계획과 대비하여 정리회사의 재무구조와 영업상황, 자금수지 상황, 정리채무의 원활한 변제가능성 등을 검토하고, 정리회사의 자금조달과 신규투자의 필요성 및 국내외 경제사정의 현황과 전망 등을 고려함과 아울러 정리계획변경으로 인하여 영향을 받는 이해관계인의 의사 및 불이익의 정도 등을 종합·참작하여 정리회사의 유지·재건으로 인한 사회·경제적 이익과 이해관계인에 미치는 불이익의 정도 등을 비교형량한 후 판단하는 것이다.[대법원 2008. 1. 24., 자, 2007그18, 결정]

3) 기타

회생계획안 제출이 있는 경우에 준해서 절차가 진행된다.

18 회생계획과 관련된 참고 판례

1. 면책 채무자의 채무부존재 확인의 소 가부

확인의 소에는 권리보호요건으로서 확인의 이익이 있어야 하고, 확인의 이익은 확인판결을 받는 것이 원고의 권리 또는 법률상의 지위에 현존하는 불안·위험을 제거하는 가장 유효적절한 수단일 때에 인정된다.(생략) 따라서 면책된 회생채권은 통상의 채권이 가지는 소 제기 권능을 상실하게 된다. 채무자가 채무자회생법 제251조에 따라 회생채권에 관하여 책임을 면한 경우에는, 면책된 회생채권의 존부나 효력이 다투어지고 그것이 채무자의 해당 회생채권자에 대한 법률상 지위에 영향을 미칠 수 있는 특별한 사정이 없는 한, 채무자의 회생채권자에 대한 법률상 지위에 현존하는 불안·위험이 있다고 할 수 없어 회생채권자를 상대로 면책된 채무 자체의 부존재확인을 구할 확인의 이익을 인정할 수 없다(다만 채무자의 다른 법률상 지위와 관련하여 면책된 채무의 부존재확인을 구할 확인의 이익이 있는지는 별도로 살펴보아야 한다).[대법원 2019. 3. 14., 선고, 2018다281159, 판결]

2. 확정된 회생채권의 누락의 효과와 그에 대한 구제방법

① 확정된 권리가 관리인의 과실로 누락

구 회사정리법에 의한 회사정리절차에서 정리채권·정리담보권 조사절차나 정리채권·정리담보권 확정소송을 통하여 확정된 권리가 정리회사의 관리인의 잘못 등으로 정리계획(또는 정리계획변경계획)의 권리변경 및 변제대상에서 아예 누락되거나 혹은 이미 소멸된 것으로 잘못 기재되어 권리변경 및 변제대상에서 제외되기에 이른 경우 등에는, 특별한 사정이 없는 한 인가된 정리계획의 규정 또는 구 회사정리법의 규정에 의하여 인정된 권리를 제외하고는 회사가 면책된다는 취지를 규정한 구 회사정리법 제241조는 그 적용이 없고, 나아가 위와 같은 경위로 확정된 권리가 권리변경 및 변제대상에서 누락되거나 제외된 정리계획을 가리켜 구 회사정리법 제242조 제1항에 따라 확정된 권리를 변제 없이 소멸시키는 권리변경을 규정한 것이라고 볼 수도 없다.

② 누락된 권리의 구제방법

구 회사정리법에 의한 회사정리절차에서 자신의 확정된 권리가 정리계획(또는 정리계획변경계획)의 권리변경 및 변제대상에서 누락되거나 제외된 정리채권자·정리담보권자로서는 그 확정된 권리의 존부 및 범위 자체에 관한 당부를 다투어 정리계획 인가결정에 대한 불복사유로 삼을 수는 없고, 정리회사에 대하여 아직 회사정리절차가 진행중인 때에는 정리계획의 경정 등을 통하여, 회사정리절차가 종결된 때에는 종결 후의 회사를 상대로 이행의 소를 제기하는 등으로 그 권리를 구제받을 수 있다.

③ 권리변경의 방법

확정된 권리가 정리회사의 관리인의 잘못 등으로 정리계획의 권리변경 및 변제대상에서 아예 누락되거나 혹은 이미 소멸한 것으로 잘못 기재되어 권리변경 및 변제대상에서 제외되기에 이른 경우에는 그 권리의 성질 및 내용에 비추어 가장 유사한 정리채권·정리담보권에 대한 정리계획의 권리변경 및 변제방법이 적용될 수 있고, [대법원 2008. 6. 26., 선고, 2006다77197, 판결]

3. 회생인가결정으로 실효된 강제집행의 효과

① 비채변제 성립 여부

강제집행에 의한 채권의 만족은 변제자의 의사에 기하지 아니하고 행하여지는 것으로서 비채변제가 성립되지 아니한다.

② 회생채무자에 대한 부당이득성립

배당기일이 열리기 전에 甲 회사에 대한 회생절차가 개시되었으므로 근저당권자였던 乙 회사는 (중략)

포괄적 금지명령과 회생절차개시결정으로 중지되고 회생계획인가결정으로 실효된 경매절차에서 이루어진 배당절차에 따라 배당금을 수령하였으므로, 이는 법률상 원인 없이 이득을 얻은 것에 해당하고, 乙 회사의 배당금 수령으로 인해 손해를 입은 자는 다른 회생채권자나 회생담보권자가 아닌 부동산 소유자인 甲 회사이고, 또한 乙 회사가 회생절차개시결정 이후에 이루어진 배당절차에서 공탁된 배당금을 수령한 것을 甲 회사가 임의로 채무를 이행한 것과 같이 볼 수도 없으므로, 乙 회사가 법률상 원인 없이 배당금을 수령함으로 인해 부동산 소유자인 甲 회사는 자신이 수령해야 할 배당금 상당액의 손해를 입었고, 이에 乙 회사는 甲 회사에 수령한 배당금 상당액을 부당이득으로 반환할 의무가 있다.

19 회생절차의 폐지

1. 의의

회생절차의 폐지는 회생절차가 개시되었으나 절차나 내용에서 그 목적을 달성하지 못하여 그 절차 자체를 종료하는 것을 의미한다. 폐지는 목적 달성을 하지 못 했다는 점에서 회생절차의 목적을 달성한 종결과 차이가 있다. 법은 폐지의 유형을 ①인가 전의 폐지 ②신청에 의한 폐지 ③인가 후의 폐지로 구분하고 있다.

구 분	종 류	내 용
회생절차의 종료	폐 지	절차의 목적 달성 미완료
	종 결	절차의 목적 달성 완료

2. 회생계획인가 전의 폐지(제286조)

1) 법원의 직권 폐지 사유

① 법원이 정한 기간 또는 연장한 기간 안에 회생계획안의 제출이 없거나 그 기간안에 제출된 모든 회생계획안이 관계인집회의 심리 또는 결의에 부칠 만한 것이 못되는 때

② 회생계획안이 부결되거나 결의를 위한 관계인집회의 제1기일부터 2월 이내 또는 연장한 기간 안에 가결되지 아니하는 때

③ 회생계획안이 제239조제3항의 규정에 의한 기간 안에 가결되지 아니한 때

④ 제240조제1항의 규정에 의한 서면결의에 부치는 결정이 있은 때에 그 서면결의에 의하여 회생계획안이 가결되지 아니한 때. 다만, 서면결의에서 가결되지 아니한 회생계획안에 대하여 제238조의 규정에 의한 속행기일이 지정된 때에는 그 속행기일에서 가결되지 아니한 때를 말한다.

2) 청산가치보장 원칙의 위배가 명백한 경우

회생계획안의 제출 전 또는 그 후에 채무자의 사업을 청산할 때의 가치가 채무자의 사업을 계속할 때의 가치보다 크다는 것이 명백하게 밝혀진 때에는 법원은 회생계획인가결정 전까지 관리인의 신청에 의하거나 직권으로 회생절차폐지의 결정을 할 수 있다. 다만, 법원이 제222조에 따라 청산 등을 내용으로 하는 회생계획안의 작성을 허가하는 경우에는 그러하지 아니하다.

3. 신청에 의한 폐지(제287조)

1) 의의 및 사유

채무자가 목록에 기재되어 있거나 신고한 회생채권자와 회생담보권자에 대한 채무를 완제할 수 있음이 명백하게 된 때에 신청에 따라 폐지하는 것을 말하며, 채무를 완제할 수 없음이 명백하게 된 것이 그 사유가 된다.

2) 절차

　이해관계자의 폐지 신청이 있고 그 원인사실을 소명하여야 한다. 관리인, 채무자, 목록에 기재 또는 신고된 회생채권자, 회생담보권자가 신청권을 가진다.

4. 회생계획인가 후의 폐지(제288조)

1) 의의 및 사유

　회생계획의 인가결정이 있은 후 회생계획을 수행할 수 없는 것이 명백한 된 때에 법원은 신청이나 직권으로 폐지 결정을 할 수 있다. 절차의 폐지 사유가 채무자의 수행가능성이 없음을 주된 사유로 하고 있어 변제기가 도래되었으나 변제를 하지 못하거나 영업환경 악화, 제출된 사업계획의 이행 가능성 등 종합적으로 판단이 필요하다.

2) 절차

　법원은 이해관계자의 신청이나 직권으로 폐지 결정 할 수 있고 그 결정 전에 관리위원회, 채권자협의회 등 관계자의 의견진술을 들을 수 있다.

5. 폐지 결정과 공고

　법원이 회생절차의 폐지 결정이 있으면 그 주문과 이유의 요지를 공고하여야 하고 송달은 생략할 수 있다.

20 회생절차의 종결

1. 의의(제283조)

회생계획이 수행되고 있는 중에 앞으로도 회생계획의 내용대로 수행이 정상적으로 가능할 것으로 예견되고 회생절차의 목적을 달성할 수 있다고 판단되는 경우 법원이 회생절차를 종료시키는 것을 의미한다.

2. 종결 요건

1) 회생계획의 변제가 시작 될 것

2) 회생계획의 수행에 지장이 없을 것

회생계획의 수행에 지장이 없다는 판단은 사업계획의 진행 여부, 재무상태표 또는 손익계산서의 실현 가능성, 영업실적, 변제 수행결과 등으로 종합적으로 판단할 영역에 속한다.

3) 신청

법원은 관리인, 회생채권자 등의 신청 또는 직권으로 종결 결정을 한다.

3. 종결의 효과

1) 관리인의 권한 소멸과 채무자의 권리 회복된다.
2) 채무자는 법원의 감독으로부터 벗어난다.
3) 채권자의 개별적 권리행사 가능하다.

☞ ① 회생종결 후 변제계획에 따른 각 분할상환금의 이행기가 도래한다. 그 이행기에 분할상환금이 연체되면 채권자는 통상의 채권자로서 권리를 행사할 수 있다(신규 채권으로 이해하실 것).
② 변제금이 미납될 겨우 개인회생절차의 경우처럼 폐지신청 ×

21 간이회생절차

1. 의의

총 채무액이 50억원 이하인 채무자의 신청에 대하여 간이·신속한 절차 진행과 효율성을 도모하기 위해 2014년에 도입된 제도로서 소액영업소득자의 신청이 있는 경우 법원은 간이회생절차를 결정하여 진행할 수 있다.

> 1. "영업소득자"란 부동산임대소득·사업소득·농업소득·임업소득, 그 밖에 이와 유사한 수입을 장래에 계속적으로 또는 반복하여 얻을 가능성이 있는 채무자를 말한다.
> 2. "소액영업소득자"란 회생절차개시의 신청 당시 회생채권 및 회생담보권의 총액이 50억원 이하의 범위에서 대통령령으로 정하는 금액(시행령 30억원) 이하인 채무를 부담하는 영업소득자를 말한다.
> 3. "간이회생절차"란 이 장의 규정에 따라 소액영업소득자에게 적용되는 회생절차를 말한다.

2. 신청의 제한

개인인 소액영업소득자가 신청일 전 5년 이내에 개인회생절차 또는 파산절차에 의한 면책을 받은 사실이 있는 경우에는 간이회생절차를 신청할 수 없다.

3. 간이회생절차의 특칙

1) 관리인 불선임

① 간이회생절차에서는 관리인을 선임하지 아니한다. 다만, 제74조제2항 각 호의 어느 하나에 해당한다고 인정하는 경우에는 관리인을 선임할 수 있다.

② 제1항 본문의 경우에는 채무자(개인이 아닌 경우에는 그 대표자를 말한다)는 이 편에 따른 관리인으로 본다.

2) 회생가결 요건 특례 적용

간이회생절차의 관계인집회에서는 제237조제1호에도 불구하고 다음 각 호의 요건 중 어느 하나를 충족하는 경우에는 회생계획안에 관하여 회생채권자의 조에서 가결된 것으로 본다.

① 의결권을 행사할 수 있는 회생채권자의 의결권의 총액의 3분의 2 이상에 해당하는 의결권을 가진 자의 동의가 있을 것

② 의결권을 행사할 수 있는 회생채권자의 의결권의 총액의 2분의 1을 초과하는 의결권을 가진 자의 동의 및 의결권자의 과반수의 동의가 있을 것

4. 판례

1) 간이회생절차의 총채무 한도가 초과된 경우

채무자 회생 및 파산에 관한 법률(이하 '채무자회생법'이라고 한다) 제293조의5 제3항 제1호는 "법원은 간이회생절차개시의 결정이 있은 후 회생계획인가결정의 확정 전에 '채무자가 소액영업소득자에 해당되지 아니함이 밝혀진 경우'에는 이해관계인의 신청에 의하거나 직권으로 간이회생절차폐지의 결정을 하여야 한다."라고 규정하고 있다. 여기서 '소액영업소득자'란 회생절차개시의 신청 당시 회생채권 및 회생담보권의 총액이 30억 원(이하 '한도액'이라고 한다) 이하인 채무를 부담하는 영업소득자를 말한다(채무자회생법 제293조의2 제2호, 같은 법 시행령 제15조의3). 위 채무자회생법 제293조의5 제3항 제1호는 간이회생절차의 필요적 폐지사유를 규정한 것이다. 따라서 <u>간이회생절차개시의 결정이 있은 후에 간이회생절차개시의 신청 당시를 기준으로 한 회생채권 및 회생담보권의 총액이 한도액을 초과함이 밝혀졌음에도 법원이 이를 간과하고 간이회생절차폐지의 결정을 하</u>

지 않았다면, 이는 '회생절차 또는 회생계획이 법률의 규정에 적합할 것'이라는 채무자회생법 제243조 제1항 제1호에서 정한 회생계획 인가요건을 충족하지 못하였다고 보아야 한다.

2) 간이회생절차폐지와 회생절차로 속행

간이회생절차에는 채무자 회생 및 파산에 관한 법률(이하 '채무자회생법'이라고 한다) 제2편 제9장에서 달리 정한 것을 제외하고는 회생절차에 관한 규정을 적용하고(채무자회생법 제293조의3 제1항), 법원이 채무자회생법 제293조의5 제3항에 따라 간이회생절차폐지의 결정을 하더라도 채권자 일반의 이익 및 채무자의 회생 가능성을 고려하여 회생절차를 속행할 수 있으며, 이 경우 간이회생절차에서 행하여진 법원, 간이조사위원, 채권자 등의 처분·행위 등은 그 성질에 반하는 경우가 아니면 회생절차에서도 유효한 것으로 보도록 규정되어 있다(채무자회생법 제293조의5 제4항). 이러한 관련 규정의 내용과 간이회생절차의 입법 취지 등에 비추어 보면, 채무자회생법 제293조의5 제3항 제1호에서 정한 폐지사유가 존재하더라도, 채권자 일반의 이익·채무자의 회생 가능성 및 이를 고려한 회생절차 속행 가능성, 채무자회생법 제237조 제1호의 가결요건 충족 여부, 한도액의 초과 정도, 채무자의 현황, 그 밖의 모든 사정을 고려하여 회생계획을 인가하지 아니하는 것이 부적당하다고 인정되는 때에는 채무자회생법 제293조의3 제1항, 제243조 제2항에 따라 회생계획인가의 결정을 할 수 있다고 보는 것이 타당하다.

22 확인 문제(O, X)

■ 회생절차 o, x 문제

1. 채무자회생법은 민사소송법이 준용되어 채무자의 보통재판적 소재지 법원이 회생절차를 관할한다.
2. 회생절차의 재판에 대하여 이해관계자는 근거규정이 없더라도 즉시항고 할 수 있고 즉시항고가 있으면 원칙적으로 집행정지 효과가 발생한다.
3. 회생절차의 개시결정은 이해관계자에게 송달하여야 하고 송달 받은 이해관계자가 즉시항고로 이의제기를 하면 확정시까지 집행이 정지된다.
4. 변제계획 인가결정은 권리변경 효력이 발생하기 때문에 반드시 회생채권자에게 송달하여야 한다.
5. 법인채무자에 대하여 회생절차의 개시결정이 있으면 법인의 등기사항증명서에 그 내용이 등기된다.
6. 회생절차의 개시신청은 당사자인 채무자가 신청할 수 있고 채권자는 신청할 수 없다.
7. 최근 3월 이내에 채무가 50%이상 증가한 경우 개시기각 사유에 해당한다.
8. 중지명령이 있으면 채권자의 강제집행은 실효된다.
9. 포괄적 금지명령이 있으면 장래의 모든 회생채권자의 강제집행은 금지되나 소급효가 없어 때문에 기존에 진행되던 절차는 중지명령으로 정지시켜야 한다.

정답 1. X 2. X 3. X 4. X 5. O 6. X 7. X 8. X 9. X

10. 개시결정은 신청일로부터 1월 내에 법원이 개시여부를 결정하며, 확정시부터 효력이 발생한다.

11. 법원은 개시결정을 할 때 채권신고기간, 채권조사기간, 관계인집회기일을 동시에 정하여 선고한다.

12. 회생절차가 폐지되면 법원은 직권으로 파산선고를 결정함으로써 절차에 참여한 회생채권자를 보호하여야 한다.

13. 개시결정이 있으면 강제경매는 중지되지만 저당권에 기한 경매는 중지되지 않고 계속 진행된다.

14. 개시결정으로 관리처분권은 관리인에게 이전되나 재산에 관한 소송은 채무자가 당사자 지위를 가진다.

15. 개시결정 후 제3자가 회생채무자에게 부담하는 채무를 변제하는 경우 그 효력을 주장할 수 없다.

16. 개시결정 전 등기원인이 있으면 개시 결정 후에 등기를 하더라도 회생절차에서 그 효력을 주장할 수 있다.

17. 쌍무계약에서 회생절차의 개시결정이 있으면 관리인은 당사자의 이행여부와 상관없이 계약의 해지를 할 수 있다.

18. 쌍무계약에서 관리인의 계약해지로 손해가 발생한 경우 그 상대방은 공익채권으로 회생절차에 참가할 수 있다.

19. 임대인이 회생절차를 진행할 경우 대항력을 갖춘 임차인은 그 차임 전부에 대하여 효력을 주장할 수 있다.

20. 회생절차에서 관리인은 관리처분권이 부여되고 절차의 중립적 역할을 수행할 필요가 있어 채무자와 무관한 제3자를 원칙적으로 선임한다.

정답 10. X 11. X 12. X 13. X 14. X 15. X 16. X 17. X 18. X 19. X 20. X

21. 회생절차에서 부인권이 인정되려면 반드시 사해의사가 필요하다.

22. 부인권 행사의 대상인 채무자의 행위는 매매 등 법률행위에 한정된다.

23. 취소소송과 마찬가지로 채권자는 소를 통해서 부인권을 행사한다.

24. 부인권이 인정되어 상대방의 이익이 현존하는 경우 회생채권자로 참가한다.

25. 부인권 행사로 상대방 채권이 회복되더라도 채권신고기간이 경과하면 채권신고를 할 수 없다.

26. 회생절차가 개시된 이후에 제3자는 채무자가 사용중인 자신의 재산을 반환받을 수 없다.

27. 회생채권자는 채무자에 대해 부담하는 채무가 있는 경우 언제든지 상계권을 행사할 있다.

28. 채권자는 회생절차 개시 후에 채무를 부담하는 경우는 상계권을 행사할 수 없다.

29. 유치권, 질권, 저당권, 가등기담보권은 회생담보권으로 인정되나 양도담보권은 회생담보권으로 인정되지 않는다.

30. 채무이행의 주체와 재산 소유자가 다른 경우 회생담보권으로 인정될 수 없다.

31. 근저당권자 등 회생담보권자는 회생절차와 상관없이 별제권으로 변제받을 수 있다.

| 정답 | 21. X 22. X 23. X 24. X 25. X 26. X 27. X 28. O 29. X 31. X 31. X |

32. 공익채권은 일반 회생채권보다 먼저 변제 받을 수 있지만 담보권자 보다 우선할 수 없다.

33. 회생채권자는 본인에게 책임질 수 없는 사유로 신고를 하지 못 한 경우 그 사유 소멸일로부터 2주 이내에 추후 보완신고를 할 수 있다.

34. 부인권 행사로 발생한 상대방의 채권은 채권조사기일이 경과되더라도 회생채권으로 신고할 수 있지만 관계인집회가 종료하면 할 수 신고할 수 없다.

35. 채권조사재판은 조사기간(특별조사기간) 말일부터 민사소송의 항소기간인 2주 이내에 제기하여야 한다.

36. 집행권원 있는 채권에 대한 이의제기도 보통의 회생채권과 동일한 방법으로 채권조사확정을 한다.

37. 회생계획안 작성시 중소기업자의 채권을 우대하는 경우 평등원칙에 위반된다.

38. 회생계획기간은 최대 7년 이내로 정해야 한다.

39. 회생채권에 대하여 출자전환으로 변제방법을 정할 수 없다.

40. 저당권자인 회생담보권자에 대한 변제금액은 파산절차에서 배당받을 수 있는 금액 미만으로 정할 수 있다.

41. 회생채무자의 보증인에 대해서는 회생절차의 효력이 미치지 않기 때문에 출자전환이 된 경우 채무소멸을 주장할 수 없다.

42. 관계인집회 기일은 병합할 수 있으나 특별조사기일과는 병합하여 개최할 수 없다.

정답 32. X 33. X 34. X 35. X 36. X 37. X 38. X 39. X 40. X 41. X 42. X

43. 회생계획안 의결을 위한 관계인집회의 결의는 반드시 이해관계자의 참석으로 진행하여야 한다.

44. 채권자는 회생채권자, 회생담보권자, 주주로 조 분류할 수 있고 회생계획안 의결요건은 각조별로 2/3 찬성해야 한다.

45. 회생계획안의 서면결의가 부결되어 속행기일을 진행하는 경우 절차의 신속을 위해 다시 서면결의로 의결할 수 있다.

46. 주주의 권리를 회생채권자보다 더 많이 감축한 경우 공정하고 형평에 맞는 인가요건에 위반된다.

47. 총 채권을 기준으로 청산가치보장 원칙이 준수되면 소수의 채권자에게 일부 청산가치보장 원칙이 미준수되더라도 회생인가 요건은 충족된다.

48. 채권자의 일부조에서 회생계획의 부결이 있는 경우 법원은 권리보호조항을 설정하고 인가결정을 할 수 있고 권리보호조항은 부동의 한 채권자에 한해 설정한다.

49. 권리보호조항을 설정하고 회생인가결정을 하는 경우에는 청산가치보장원칙이 준수되지 않아도 된다.

50. 회생계획안의 인가결정은 확정되어야 효력이 발생한다.

51. 신고되지 않은 담보권은 회생절차의 효력이 미치지 않고 보통의 채권으로 권리행사를 주장할 수 있다.

52. 회생계획에 규정되지 않은 모든 권리는 별도의 면책결정을 받은 후에 책임이 면제된다.

53. 인가결정은 채무자, 회생채권자, 회생담보권자, 채무자의 보증인에게 효력이 미친다.

> 정답 43. X 44. X 45. X 46. X 47. X 48. X 49. X 50. X 51. X 52. X 53. X

54. 인가결정으로 중지되었던 강제집행은 다시 속행한다.

55. 회생채권자표는 강제집행 신청시 집행권원이 될 수 없다.

56. 회생채권에 대한 청구이의의 소는 집행법원이 관할한다.

57. 회생절차가 그 목적을 달성한 경우 법원은 직권으로 회생절차를 폐지한다.

58. 회생계획안에 대하여 채권자조에서 부결한 경우 법원은 회생절차를 폐지할 수 없고 속행기일을 지정하여 재 결의를 진행한다.

59. 회생계획의 인가결정이 있으면 절차를 폐지할 수 없다.

60. 회생계획의 변제가 시작되고 회생계획의 수행에 장애가 없으면 법원은 회생절차를 종결한다. 이 경우에도 관리인은 채무자의 재산에 대해 변제가 완료될 때까지 회생채무자를 감독한다.

61. 현재 간이회생은 시행령 상 회생채권, 회생담보권 총액이 50억원 이하인 채무자에 대해서 적용된다.

정답 54. X 55. X 56. X 57. X 58. X 59. X 60. X 61. X

현장에서 通하는 채무자회생법 실무

제5편

채무자회생
사례 문제

제5편 채무자회생 사례문제

제5편 채무자회생 사례 문제

사례 1 (개인)회생인가결정 등에 대한 효력

(사례1)

개인사업자 甲은 회생법원에 개인회생을 신청하여 2017.5.17. 개인회생인가결정이 났다. 개인회생 변제금을 수회차 납부하던 중 2018.8.8. 변제금 납부중단으로 개인회생절차가 회생법원을 통해 폐지되었다. 변제계획인가 당시 조건은 아래와 같다

(인가조건 및 확정된 사실)
- 원본채권 30백만원 중 변제율이 50% 적용, 변제예정액 15백만원
- 폐지될 때가지 총 변제금은 4백만원임

(사례2)

법인사업자 乙은 회생법원에 회생을 신청하여 2015.4.17. 회생인가결정이 났다. 2017.3.15.회생절차가 정상적으로 종결되었다. 그 후 거래처의 부도로 乙 또한 경영악화가 심해져서 2017.12.30. 납부할 변제금을 납부하지 못하고 있다. 변제계획인가안의 내용과 확인 사실은 아래와 같다.

(인가조건 및 확정된 사실)
- 총 채권액 30백만원 중 50% 면제하고 2016년도부터 매년 12월 30일에 5백만원을 상환한다.
- 2016.12.30. 을은 1회차 변제금 5백만원만 납부완료

> [문 제]
> 甲과 乙의 구생채권자 A는 채권추심을 위해 법적절차 고지서를 발송하였다. 갑과 을은 회생법원의 결정으로 각각 甲의 채무는 11백만원(감면 후 금 15백만원에서 변제로 상환한 금액 4백만원 차감), 乙의 채무는 10백만원(면제 후 금15백만원에서 변제로 상환한 5백만원 차감)이라고 주장한다. 갑과 을의 주장의 타당성을 검토하세요.

1. 문제 검토

甲과 乙은 모두 구상채무자로서 회생법원의 회생절차를 진행하였다. 다만, 甲은 개인회생절차를, 乙은 회생절차를 진행하여 회생인가결정을 받았다. 회생절차 종결의 내용을 살펴보고 회생절차의 종류에 따른 인가결정의 효력을 확인하여 甲과 乙 주장의 타당성을 검토할 필요가 있다.

2. 회생절차의 종결

1) 개념

회생절차 종결은 회생절차의 목적을 성공적으로 달성하여 회생절차로부터 벗어남을 의미한다. 이와 달리 회생절차의 폐지는 회생절차개시 후에 당해 회생절차가 그 목적을 달성하지 않고 법원이 그 절차를 중도에 종료시키는 것을 의미한다.

2) 회생절차종결

가. 관련 법규

채무자회생법 제283조 제1항에 따라 일반적으로 변제가 시작되면 회생절차의 종결을 할 수 있도록 명시하고 있다.

나. 요건

① 회생계획에 따른 변제를 시작할 것 ②회생계획의 수행에 지장이 없

을 것을 주요 내용으로 한다. 종결은 변제시작 후에 진행되는 절차로서 폐지와 달리 인가 전 종결이 논리적으로 성립할 수 없다.

다. 절차

관리인, 회생채권자 등의 신청이나 법원은 직권으로 종결결정을 할 수 있다. 그리고 그 주문 및 이유의 요지를 공고한다(제283조 제2항).

> 제283조(회생절차의 종결) ① 회생계획에 따른 변제가 시작되면 법원은 다음 각 호의 어느 하나에 해당하는 자의 신청에 의하거나 직권으로 회생절차종결의 결정을 한다. 다만, 회생계획의 수행에 지장이 있다고 인정되는 때에는 그러하지 아니하다.
> 1. 관리인
> 2. 목록에 기재되어 있거나 신고한 회생채권자 또는 회생담보권자
> ② 법원이 제1항의 규정에 의한 결정을 한 때에는 그 주문 및 이유의 요지를 공고하여야 한다. 이 경우 송달은 하지 아니할 수 있다.
> ③ 제40조제1항의 규정은 제1항의 규정에 의한 결정이 있은 경우에 관하여 준용한다.

라. 효과

① 회생절차에서 이미 실권된 채권은 회생절차의 종결 후 채무자가 회생계획안대로 변제를 진행하지 않더라도 회복되지 않는다. 변제계획인가 내용대로 실체법적 효과가 발생한다.

② 회생절차종결 결정으로 관리인의 권한은 소멸하고 업무수행과 재산관리, 처분권한은 채무자에게로 회복된다.

③ 법원의 감독으로부터도 벗어난다.

3. 변제계획인가결정의 효력

1) 회생인가결정

가. 면책

회생계획 등에서 인정된 권리를 제외하고 모든 회생채권과 회생담보권에 관하여 책임을 면하며, 채무자의 재산상에 있던 모든 담보권은 소멸한다(채무자회생법 제251조).

나. 권리변경

회생채권자, 회생담보권자 등의 권리는 회생계획에 따라 변경된다(채무자회생법 제252조).

다. 중지중인 절차의 실효

중지한 강제집행, 가압류, 가처분, 담보권 실행의 경매절차는 효력을 잃는다(채무자회생법 제256조).

> 제251조(회생채권 등의 면책 등) 회생계획인가의 결정이 있는 때에는 회생계획이나 이 법의 규정에 의하여 인정된 권리를 제외하고는 채무자는 모든 회생채권과 회생담보권에 관하여 그 책임을 면하며, 주주·지분권자의 권리와 채무자의 재산상에 있던 모든 담보권은 소멸한다. 다만, 제140조제1항의 청구권은 그러하지 아니하다.
>
> 제252조(권리의 변경) ① 회생계획인가의 결정이 있는 때에는 회생채권자·회생담보권자·주주·지분권자의 권리는 회생계획에 따라 변경된다.
> ② 「상법」 제339조(질권의 물상대위) 및 제340조(주식의 등록질)제3항은 주주·지분권자가 제1항의 규정에 의한 권리의 변경으로 받을 금전 그 밖의 물건, 주식 또는 출자지분, 채권 그 밖의 권리와 주권에 관하여 준용한다.
>
> 256조(중지 중의 절차의 실효) ① 회생계획인가의 결정이 있은 때에는 제58조제2항의 규정에 의하여 중지한 파산절차, 강제집행, 가압류, 가처분, 담보권실행 등을 위한 경매절차는 그 효력을 잃는다. 다만, 같은 조 제5

> 항의 규정에 의하여 속행된 절차 또는 처분은 그러하지 아니한다.
> ② 제1항의 규정에 의하여 효력을 잃은 파산절차에서의 재단채권(제473조 제2호 및 제9호에 해당하는 것을 제외한다)은 공익채권으로 한다.

2) 개인회생인가결정

가. 면책

면책결정은 확정된 후가 아니면 효력이 발생하지 않는다. 개시결정은 결정시에 그 효력이 발생하지만 면책은 즉시항고 기간 경과 등 확정되어야 효력이 있다(채무자회생법 제625조).

나. 권리변경

변제계획에 의한 권리 변경은 면책결정이 확정되기까지는 생기지 않는다(채무자회생법제615조 제1항).

다. 중지중인 절차의 실효

인가결정이 있으면 개시결정으로 중지한 강제집행, 가압류, 가처분, 담보권 실행의 경매절차는 효력을 잃는다(채무자회생법 제615조 제3항).

> 제615조(변제계획인가의 효력) ① 변제계획은 인가의 결정이 있은 때부터 효력이 생긴다. 다만, 변제계획에 의한 권리의 변경은 면책결정이 확정되기까지는 생기지 아니한다.
> ② 변제계획인가결정이 있는 때에는 개인회생재단에 속하는 모든 재산은 채무자에게 귀속된다. 다만, 변제계획 또는 변제계획인가결정에서 다르게 정한 때에는 그러하지 아니하다.
> ③ 변제계획인가결정이 있는 때에는 제600조의 규정에 의하여 중지한 회생절차 및 파산절차와 개인회생채권에 기한 강제집행·가압류 또는 가처분은 그 효력을 잃는다. 다만, 변제계획 또는 변제계획인가결정에서 다르게 정한 때에는 그러하지 아니하다.
> 제625조(면책결정의 효력) ①면책의 결정은 확정된 후가 아니면 그 효력이 생

> 기지 아니한다.
> ② 면책을 받은 채무자는 변제계획에 따라 변제한 것을 제외하고 개인회생채권자에 대한 채무에 관하여 그 책임이 면제된다. 다만, 다음 각호의 청구권에 관하여는 책임이 면제되지 아니한다.
>   1. 개인회생채권자목록에 기재되지 아니한 청구권
>   ~중략~
>   8. 채무자가 양육자 또는 부양의무자로서 부담하여야 할 비용
> ③ 면책은 개인회생채권자가 채무자의 보증인 그 밖에 채무자와 더불어 채무를 부담하는 자에 대하여 가지는 권리와 개인회생채권자를 위하여 제공한 담보에 영향을 미치지 아니한다.

4. 사안의 적용

1) 갑의 주장은 타당하지 않다.

갑은 개인회생채무자이다. 변제계획인가결정이 되었지만 면책결정이 되기전 절차 폐지가 되었다. 채무자회생법 제615조 제1항에 의거 권리변경이 되지 않아 면책하기로 한 채권이 회복된다. 그 결과 원래채무에서 변제한 4백만원을 차감하면 26백만원의 채무를 부담한다.

2) 을은 주장은 타당하다.

법인 사업자로서 회생절차를 진행하여 변제계획인가 결정이 되었다. 개인회생절차와 다르게 채무자회생법 제251조 내지 제252조에 따라 인가시에 면책과 권리변경(채무의 실질적 소멸)의 효력이 발생한다. 인가결정 후 종결이 되더라도 그 효력이 유지 때문에 을은 10백만원을 부담하면 된다.

사례 2 (개인)회생, 파산절차에서 미포함된 채권과 강제집행

1. 갑은 개인회생절차 진행 후 면책이 확정되었다.
2. 을은 간이회생절차에서 변제계획인가결정이 되고 총 10 회차 중 1회차 변제금이 납부된 후 회생절차가 종결 되었다.
3. 병은 파산선고 후 면책이 확정되었다.
   갑, 을, 병은 위 본인들의 회생·파산절차에서 착오로 채권자 A에 대한 채권신고를 누락하였다.

[문제]
채권자인 A는 갑, 을, 병의 위 회생 및 파산절차 이후 각자 상속, 매매, 증여를 원인으로 하여 아파트, 임야, 다세대 주택을 취득한 사실을 확인하였다. 이 경우 A는 채무자들의 재산에 강제집행이 가능한지를 검토하세요.

1. 문제 검토

개인회생절차, 간이회생절차, 파산절차에서 채무자는 자신이 알고 있는 채권을 신고해야 한다. 그러나 고의, 착오 등의 원인으로 채권신고가 누락되는 경우가 있는데 이 경우 채권자가 개별적으로 강제집행이 가능한지가 문제된다.

2. 개인회생절차 면책의 효력

1) 원칙

면책은 확정된 후에 효력이 발생하고 변제계획에 따라 변제한 것을 제외하고 나머지 채권에 대해서 책임이 원칙적으로 면제된다.

2) 예외 : 면책되지 않는 청구권(채무자회생법 제625조 제2항)

> 1. 개인회생채권자목록에 기재되지 아니한 청구권
> 2. 제583조제1항제2호의 규정에 의한 조세 등의 청구권
> 3. 벌금·과료·형사소송비용·추징금 및 과태료
> 4. 채무자가 고의로 가한 불법행위로 인한 손해배상
> 5. 채무자가 중대한 과실로 타인의 생명 또는 신체를 침해한 불법행위로 인하여 발생한 손해배상
> 6. 채무자의 근로자의 임금·퇴직금 및 재해보상금
> 7. 채무자의 근로자의 임치금 및 신원보증금
> 8. 채무자가 양육자 또는 부양의무자로서 부담하여야 할 비용

3) 소결

채무자회생법 제625조 제2항에 의해서 개인회생채권자 목록에서 누락된 청구권은 면책이 되지 않는다. 따라서 甲에 대한 채권도 면책에서 제외된다.

3. 간이회생절차에서 면책의 효력

1) 회생채권 등의 면책

회생계획 등에서 인정된 권리를 제외하고 모든 회생채권과 회생담보권에 관하여 책임을 면하며, 채무자의 재산상에 있던 모든 담보권은 소멸한다(채무자회생법 제251조).

2) 소결

(간이)회생절차에서 누락된 채권은 회생계획에서 인정된 권리가 아니다. 제251조에 따라서 회생계획에서 인정되지 않은 권리는 모두 면책된다. 乙의 경우 회생계획에 반영된 권리가 아니기에 면책된 채권이다. 이 점이 개인회생절차와 차이점이다.

4. 파산면책의 효력

1) 원칙

면책을 받은 채무자는 파산절차에 의한 배당을 제외하고는 파산채권자에 대한 채무의 전부에 관하여 그 책임이 면제된다.

2) 예외(채무자회생법 제566조)

   가. 조세
   나. 벌금·과료·형사소송비용·추징금 및 과태료
   다. 채무자가 고의로 가한 불법행위로 인한 손해배상
   라. 채무자가 중대한 과실로 타인의 생명 또는 신체를 침해한 불법행위로 인하여 발생한 손해배상
   마. 채무자의 근로자의 임금·퇴직금 및 재해보상금
   바. 채무자의 근로자의 임치금 및 신원보증금
   사. 채무자가 악의로 채권자목록에 기재하지 아니한 청구권. 다만, 채권자가 파산선고가 있음을 안 때에는 그러하지 아니하다.
   아. 채무자가 양육자 또는 부양의무자로서 부담하여야 하는 비용
   자. 「취업 후 학자금 상환 특별법」에 따른 취업 후 상환 학자금대출 원리금

3) 소결

파산면책의 경우 채권신고 여부와 무관하게 면책의 효력이 일반적으로 인정된다. 다만, 채무자가 악의로 누락한 경우라면 예외적으로 부정된다. 파산절차의 취지상 채무자가 악의로 채권을 누락하는 경우는 흔한 경우라고 볼 수는 없을 것이다. 丙의 채권은 면책효력이 미친다.

5. 사안의 적용

1) 甲에 대한 강제집행

A의 채권은 고의, 과실여부와 상관없이 개인회생절차에서 미포함 채권은 면책의 효력이 미치지 않는다. 그 결과 강제집행이 가능하다.

2) 乙에 대한 강제집행

A의 채권은 변제계획안에서 인정되지 않은 권리이다. 제251조에 따라 계획안에 반영되지 않은 권리는 모두 면책되기 때문에 을에 대한 채권도 면책의 효력이 미친다. 그 결과 강제집행이 불가능하다.

3) 丙에 대한 강제집행

A의 채권은 악의가 아닌 착오로 누락되었다. 그 결과 면책결정의 효력이 미친다. 따라서 병에 대한 강제집행은 불가능하다.

사례 3   법인회생절차에서 출자전환과 채무변제의 효력

> 법인 甲은 서울회생법원에 회생절차를 신청하여 변제계획 인가결정(2016.12.15.)을 받았다. 甲은 A보증기관의 구상채무 금3억원을 회생채권으로 신고하였다. 회생채권은 대표이사 乙이 전액 연대보증한 채권이다. 2017.9.15. A는 연대보증한 乙에게 3억원의 소송을 제기하였다.
>
>   - 변제계획안의 내용 -
>
> 1. 서울재단의 회생채권 중 50%에 해당하는 금원은 2017년도 말부터 매년 3천만원을 상환하고 나머지 채권액 50%해당하는 금액 150백만원은 출자전환한다.
> 2. 출자전환 1주당 가격은 액면가(1만원)을 적용한다. 실제 출자전환 주식의 재평가액은 세법 등 관련 법령에 따라 평가한 결과 50백만원으로 인정된다.

[문제]
乙은 법인이 회생절차 계획으로 채무를 상환할 예정이기 때문에 본인은 상환의무가 없다라고 주장한다. 상환의무를 인정하더라도 출자전환 된 금 150백만원을 제외하고 남은 금액이라고 주장할 경우 乙의 주장을 검토하세요.

1. 문제 검토

법인이 회생절차에서 인가결정이 된 경우 그 인가결정과 관련하여 채무변제의 효력이 문제되는 경우이다. 우선 법인이 변제계획에 따라서 상환이 될 경우 연대보증인 乙에게 청구가 가능한지, 변제계획에서 현금변제가 아닌 출자전환 내용이 있는 경우 변제의 효력이 인정되는지와 연대보증인에게 미치는 경우에도 그 효력의 범위가 문제될 수 있다.

2. 변제계획의 효력 범위 : 乙에게 효력이 미치는지 여부

1) 법규정

채무자회생법 제250조는 회생계획은 보증인 또는 회생채무자가 아닌 자가 회생채권자를 위하여 제공한 담보에는 영향이 없음을 규정하고 있다.

> 제250조(회생계획의 효력범위) ① 회생계획은 다음 각 호의 자에 대하여 효력이 있다.
> 1. 채무자
> 2. 회생채권자 · 회생담보권자 · 주주 · 지분권자
> 3. 회생을 위하여 채무를 부담하거나 담보를 제공하는 자
> ② 회생계획은 다음 각호의 권리 또는 담보에 영향을 미치지 아니한다.
> 1. 회생채권자 또는 회생담보권자가 회생절차가 개시된 채무자의 보증인 그 밖에 회생절차가 개시된 채무자와 함께 채무를 부담하는 자에 대하여 가지는 권리
> 2. 채무자 외의 자가 회생채권자 또는 회생담보권자를 위하여 제공한 담보

2) 소결: 보증인 乙에 대한 효과

乙은 회생채무자 甲의 연대보증인에 해당한다. 제250조에 따라 원칙적으로 회생계획의 영향을 받지 않는다. 그 결과 회생절차에 따른 甲의 채무조정과 별개로 채권자는 채무에 대한 권리를 그대로 연대보증인에게 행사할 수 있다. 출자전환에 따른 변제효과와 연대보증인에 미치는 영향은 다음 항목에서 설명한다.

3. 출자전환에 따른 변제의 효력

1) 주채무 변제의 효과발생 여부

채무자회생법은 출자전환에 따른 변제의 효력에 대한 명시적 규정이 없

다. 판례는 신주를 발생하는 방식의 출자전환으로 변제에 갈음할 경우 변제 효력이 있다고 보고 있다.

다만, 그 변제금액은 출자한 액면가가 아니라 채권자가 인수한 시가로 평가한 재조정된 금액으로 한다(발행 보통주 1주가 5,000원이더라도 자산, 부채 등을 바탕으로 재평가시 실제 가치가 3,000원 일 경우 변제금액은 3,000원으로 인정)

2) 보증인에 대한 효과발생 여부

주채무자에 대한 실체법적 채무소멸(민법상 변제, 대물변제, 상계, 경개 등)이 있는 것으로 볼 경우 보증인에 대한 채무도 그 만큼 소멸하는 것으로 판례는 본다. 주채무에 대한 보증채무의 부종성에 따른 일반원리가 적용된다.

3) 판례

채무자 회생 및 파산에 관한 법률 제250조 제2항 제1호는, 회생계획은 회생채권자 또는 회생담보권자가 회생절차가 개시된 채무자(이하 '회생채무자'라고 한다)의 보증인 그 밖에 회생채무자와 함께 채무를 부담하는 자에 대하여 가진 권리에 영향을 미치지 아니한다고 규정하고 있다. 그러나 주채무자인 회생채무자의 회생계획에서 회생채권이나 회생담보권의 전부 또는 일부의 변제에 갈음하여 출자전환을 하기로 정한 경우 회생채무자의 보증인의 보증채무는 출자전환에 의한 신주발행의 효력발생일 당시를 기준으로 회생채권자 등이 인수한 신주의 시가를 평가하여 출자전환으로 변제에 갈음하기로 한 회생채권 등의 액수를 한도로 그 평가액에 상당하는 채무액이 변제된 것으로 보아야 한다. 이러한 법리는 연대보증인이나 연대채무자 등 회생채무자와 함께 채무를 부담하는 자의 채무에 대하여도 마찬가지로 적용된다.【대법원 2017. 9. 21. 선고 2014다25054 판결】

4. 사안의 적용

1) 乙의 상환의무 없음에 대한 주장

보증인 乙은 회생계획의 당사자가 아닌 관계로 채무자회생법 제250조 의해 원칙적으로 회생절차의 효력이 미치지 않는다. 그 결과 주채무의 변제가 없는 한 A는 본인의 채권을 위해 소송을 제기할 수 있다. 여기서 乙이 변제를 하게 되면 A의 회생채권의 인수인이 되어 회생절차에서 A가 받을 금액을 수령할 수 있을 것이다.

2) 출자전환된 채권의 변제인정 주장에 대한 판단

판례에 따르면 출자전환된 채권은 채무소멸의 효과가 있다. 다만, 그 범위는 시가평가액에 해당하는 금액만큼 채무소멸의 효과가 발생한다. 설문에서 출잔전환된 채권액 150백만원이 그대로 인정되는 것이 아니라 재평가된 금50백만원으로 변제효과가 있다고 판단된다. A는 소송에서 변제액을 반영한다면 금250백만원으로 청구금액을 변경할 필요성이 있다.

사례 4   금지명령문과 채무자 부동산에 대한 가압류

甲은 A정책금융기관의 채무자이다. 甲은 채무감면과 본인 소유아파트에 대한 강제집행을 면하기 위해서 서울회생법원에 개인회생신청을 하였고 법원은 아래의 내용으로 금지명령문을 A에게 송달하였다. A기관의 채권관리 담당자는 개인회생절차가 폐지될 수도 있다고 생각하여 甲 소유아파아트에 가압류를 신청하여 등기가 완료되었다.

> 서울회생법원
> 결   정
>
> 사건 2018개회 5648 개인회생
> 채무자 홍 길 동
>
> 주   문
>
> 채무자에 대한 이 법원 2018개회 5648 사건에 관하여 개인회생절차의 개시신청에 대한 결정이 있을 때까지 다음의 각 절차 또는 행위를 금지한다.
> 1. 개인회생채권에 기하여 채무자 소유의 유체동산(임차보증금반환채권, 영업을 통하여 얻은 채권, 예금채권 등 포함)에 대하여 하는 강제집행, 가압류 또는 가처분
> 2. 개인회생채권을 변제받거나 변제를 요구하는 일체의 행위. 다만, 소송행위를 제외한다.

[문제]
채무자 甲은 채권컨설팅기관을 방문하여 개인회생신청과 금지명령이 있는 상태에서 채권자 A의 가압류가 부당한 것은 아닌지와 개인회생절차가 종료될 때까지 가압류를 해제할 수 없는지 상담할 경우 적정한 답변을 검토하세요.

1. 문제 검토

채무자 甲은 개인회생절차에서 금지명령이 있으면 본인 소유아파트에 대해 가압류가 집행되지 않을 것이라고 판단하였다. 이 경우 금지명령의 효력범위와 관련해서 부동산에 대한 가압류가 금지행위에 포함되는지가 문제이다. 또한 개인회생으로 변제하는 기간이 다소 차이가 있지만 3년 정도로 장기간이다. 이 기간 동안 가압류의 부담을 안고 있어야 하는지를 검토해 본다.

2. 금지명령의 내용(부동산 가압류가 금지행위에 해당하는지)

1) 주관적 범위

금지명령문의 의무주체는 금지결정문을 수령한 개인회생채권자이다. 채권자 A는 개인회생채권자에 해당하고 금지명령문을 수령하여 의무주체에 해당한다.

2) 금지행위의 내용

금지결정문에 개별적으로 명시된 행위에 한해서 금지된다. 즉 ①채무자의 유체동산 등에 대한 강제집행, 보전처분, 가처분과 ②변제를 받거나 변제를 요구하는 일체의 행위이다. 반대해석으로 금지결정문에 개별적으로 언급되지 않은 행위는 채권자로서 권리행사가 가능하다.

3) 소결

A는 개인회생채권자로서 금지의무의 주체이지만 부동산 가압류는 금지행위 유형에 포함되지 않는다. 그 결과 개인회생신청과 금지명령이 있더라도 갑 소유부동산에 대한 가압류는 가능할 것으로 판단된다.

3. 가압류 존속기간 검토

1) 변제계획인가결정과 가압류 효력

채무자회생법 제615조에 의하면 변제계획의 권리변경은 면책결정이 확정될 때 효력이 발생하지만 가압류 등 보전처분 변제계획인가결정이 있는 때 효력을 잃는 것으로 규정하고 있다. 따라서 채무자가 변제수행기간 동안 가압류의 부담을 계속 지고 갈 필요는 없다.

> 제615조(변제계획인가의 효력) ① 변제계획은 인가의 결정이 있은 때부터 효력이 생긴다. 다만, 변제계획에 의한 권리의 변경은 면책결정이 확정되기까지는 생기지 아니한다.
> ② 변제계획인가결정이 있는 때에는 개인회생재단에 속하는 모든 재산은 채무자에게 귀속된다. 다만, 변제계획 또는 변제계획인가결정에서 다르게 정한 때에는 그러하지 아니하다.
> ③ <u>변제계획인가결정이 있는 때에는 제600조의 규정에 의하여 중지한 회생절차 및 파산절차와 개인회생채권에 기한 강제집행·가압류 또는 가처분은 그 효력을 잃는다</u>. 다만, 변제계획 또는 변제계획인가결정에서 다르게 정한 때에는 그러하지 아니하다.

2) 가압류 해제절차

채무자는 변제계획인가결정이 있는 경우 회생법원에 그 결정문을 신청할 수 있다. 그 결정문을 해제원인으로 하여 가압류 집행법원에 해제신청을 하면된다.

4. 사안의 적용

개인회생신청과 금지명령문이 있더라도 부동산에 대해서 가압류는 금지행위가 아님으로 가능하다고 답변을 하여야한다. 다만, 가압류는 변제기간이 완료되는 동안 계속되는 것이 아니라 변제계획인가결정이 있으면 그 결정문을 원인서류로 하여 집행법원에 가압류해제 신청을 하여 말소할 수 있다고 조언할 수 있다.

사례 5   개인회생절차를 이용한 집행정본 취득

> 채무자 甲은 개인회생을 신청하여 2016.5.17. 회생인가결정이 났다. 변제금을 수회차 납부하던 중 2018.1.8. 장기간 변제금 납부중단으로 개인회생절차가 회생법원을 통해 폐지되었다. 변제금 납부 중 갑은 경북 안동 소재의 임야를 상속 받았다. 채권자 을은 개인회생 절차를 사유로 갑에 대하여 구상금소송을 유보하고 있었다.

[문제]
甲은 임야에 대한 강제집행을 실시하고자 한다. 회생절차를 통한 집행정본 취득이 가능한지 설명하세요.

1. 문제 검토

민집법상 강제집행은 집행문이 있는 판결정본이 있어야 가능하다. 설문에서 채권자 乙은 구상금소송을 진행하지 않아서 소송에 의한 집행정본이 없는 상태이다. 소송절차를 통하지 않고 회생절차과정에서 인정된 채권액을 집행정본으로 사용할 수 있는지가 문제된다. 채무자회생법 등 관련규정에서 근거를 확인하고자 한다.

2. 강제집행을 위한 관련 법규

① 민집법 제28조

동조 제①항은 "강제집행은 집행문 있는 판결정본이 있어야 할 수 있다."라고 규정되어 있고 제②항은 "집행문은 제1심 법원의 법원서기관 등이 내어 준다."라고 규정되어 있다. 강제집행을 위해서는 집행정본이 필수적으로 필요하다.

> 제28조(집행력 있는 정본) ① 강제집행은 집행문이 있는 판결정본(이하 "집행력 있는 정본"이라 한다)이 있어야 할 수 있다.
> ② 집행문은 신청에 따라 제1심 법원의 법원서기관·법원사무관·법원주사 또는 법원주사보(이하 "법원사무관등"이라 한다)가 내어 주며, 소송기록이 상급심에 있는 때에는 그 법원의 법원사무관등이 내어 준다.
> ③ 집행문을 내어 달라는 신청은 말로 할 수 있다

② **채무자회생법 제603조**

제28조 제③항은 "확정된 개인회생채권을 채권자표에 기재한 경우 확정판결과동일한 효력이 있다"와 제④항은 "개인회생채권자는 회생절차폐지가 확정된 때에는 채권자표에 의해 강제집행을 할 수 있다"라고 규정되어 있다.

> 제603조(개인회생채권의 확정) ① 다음 각호의 어느 하나에 해당하는 경우에는 개인회생채권자목록의 기재대로 채권이 확정된다.
> 1. 개인회생채권자목록에 기재된 채권자가 제596조제2항제1호의 규정에 의한 이의기간 안에 개인회생채권조사확정재판을 신청하지 아니한 경우
> 2. 개인회생채권조사확정재판신청이 각하된 경우
> ② 법원사무관등은 제1항의 규정에 의하여 채권이 확정된 때에는 다음 각호의 사항을 기재한 개인회생채권자표를 작성하여야 한다.
> 1. 채권자의 성명 및 주소
> 2. 채권의 내용 및 원인
> ③ 확정된 개인회생채권을 개인회생채권자표에 기재한 경우 그 기재는 개인회생채권자 전원에 대하여 확정판결과 동일한 효력이 있다.
> ④ 개인회생채권자는 개인회생절차폐지결정이 확정된 때에는 채무자에 대하여 개인회생채권자표에 기하여 강제집행을 할 수 있다.
> ⑤ 제255조제3항의 규정은 제4항의 경우에 준용한다.

③ 채무자회생법 제255조

"민집법 제28조(집행력있는정본) 내지 제55조(외국에서집행)규정은 회생채권자표 등에 의한 강제집행시 준용한다"와 "민집법 제33조, 제44조 및 제45조 규정에 의한 소는 회생법원의 전속관할에 전속한다"라고 규정되어 있다.

> 제255조(회생채권자표 등의 기재의 효력) ① 회생채권 또는 회생담보권에 기하여 회생계획에 의하여 인정된 권리에 관한 회생채권자표 또는 회생담보권자표의 기재는 회생계획인가의 결정이 확정된 때에 다음 각호의 자에 대하여 확정판결과 동일한 효력이 있다.
> 1. 채무자
> 2. 회생채권자·회생담보권자·주주·지분권자
> 3. 회생을 위하여 채무를 부담하거나 또는 담보를 제공하는 자
> 4. 신회사(합병 또는 분할합병으로 설립되는 신회사를 제외한다)
> ② 제1항의 규정에 의한 권리로서 금전의 지급 그 밖의 이행의 청구를 내용으로 하는 권리를 가진 자는 회생절차종결 후 채무자와 회생을 위하여 채무를 부담한 자에 대하여 회생채권자표 또는 회생담보권자표에 의하여 강제집행을 할 수 있다. 이 경우 보증인은 「민법」 제437조(보증인의 최고, 검색의 항변)의 규정에 의한 항변을 할 수 있다.
> ③ 「민사집행법」 제2조(집행실시자) 내지 제18조(집행비용의 예납 등), 제20조(공공기관의 원조), 제28조(집행력 있는 정본) 내지 제55조(외국에서 할 집행)의 규정은 제2항의 경우에 관하여 준용한다. 다만, 「민사집행법」 제33조(집행문부여의 소), 제44조(청구에 관한 이의의 소) 및 제45조(집행문부여에 대한 이의의 소)의 규정에 의한 소는 회생계속법원의 관할에 전속한다.

3. 사안의 적용

1) 회생채권자표의 집행권원 인정여부

채무자회생법 제603조의 의해 채권자표는 확정판결과 동일한 효력이 있고, 폐지가 확정된 때에는 채권자표에 터잡아 강제집행 할 수 있다.

2) 집행문 필요여부

민집법 제28조에 의해 강제집행시 원칙적으로 집행권원에 더하여 집행문이 필요하다. 집행문은 이행권고 결정처럼 집행권원에 집행문이 함께 표시된 경우와 강제집행시 수소법원에 별도의 신청절차를 거쳐 집행문을 발급해야 하는 경우로 구분된다. 회생채권자표는 후자에 경우에 해당하여 집행문을 신청하여 발급해야 한다.

3) 집행문 발급법원

집행문은 채권의 인정여부를 확인한 수소법원에서 발급함이 원칙이다. 채무자회생법 제255조는 민집법 제33조(집행문부여의 소) 및 제45조(집행문부여 이의의소)에 대한 처리를 회생법원 전속관할로 두고 있어 집행문은 회생법원이 발급한다. 즉 집행문은 집행법원에서 발급하는 것이 아니다.

사례 6   채무자회생절차에서 저당권자의 지위

> 甲은 개인회생절차를, 乙은 회생절차를 신청하여 변제계획인가결정을 받은 채무자이다. A는 갑의 대한 채권과 관련하여 甲 소유 임야에 저당권을 설정 받았고, B는 乙의 대한 채권과 관련하여 乙 소유 임야에 저당권을 설정 받았다. 채권자 A와 B는 저당권자로서 권리를 행사할 수 있다고 판단하여 채무자회생절차에서 본인들의 채권이 누락되어 신고 되지 않은 사실을 간과 하였고 변제계획안에 미신고된 저당채권자의 처리에 대한 언급이 없었다.

[문제]
A와 B는 회생계획인가결정 확정된 후에 본인들의 저당권에 기해서 임의경매를 신청하였다. 채무자회생절차에서 변제계획안에 포함되지 않은 저당권부채권의 효력에 대해 설명하세요.

1. 문제 검토

개인회생절차와 회생절차 채무자에 대해서 근저당권부 채권자가 별제권을 행사할 수 있느지가 문제된다. 별제권의 내용과 각 절차에서의 별제권의 인정여부를 알아본다.

2. 별제권(제586조)

1) 의의

개인회생절차에서는 파산절차에서 인정되는 별제권에 대한 규정이 준용되어 법에서 인정하는 담보권자에게 파산절차(개인회생절차)에 의하지 아니하고 담보권에 기한 권리를 행사할 수 있는데 이를 별제권이라 한다.

  2) 별제권자의 범위

파산재단(개인회생재단)에 속하는 재산상에 존재하는 유치권·질권·저당권·「동산·채권 등의 담보에 관한 법률」에 따른 담보권 또는 전세권을 가진 자는 그 목적인 재산에 관하여 별제권을 가진다.

3) 별제권의 행사방법

별제권은 개인회생절차에 의하지 아니하고 행사한다. 즉 변제계획에 따라 변제 받는 것이 아니라 일반채권자의 권리행사 방법으로 강제집행 할 수 있다. 저당권자라면 임의경매를 진행해서 채권회수가 가능하다. 다만, 개시결정전 중지명령, 또는 개시결정의 효과에 따라 정지될 수 있다.

3. 각 절차에서의 별제권 인정여부

1) 개인회생절차(별제권으로 인정)

개인회생절차는 제586조에 따라 파산절차의 제411조 내지 제415조의 규정이 준용되어 별제권을 행사할 수 있다.

2) 회생절차 (회생담보권으로 인정)

① 회생담보권

회생절차에서는 채무자 소유부동산에 설정된 근저당권자는 회생담보권으로 인정된다. 즉 별제권으로 인정되지 않기 때문에 원칙적으로 독립하여 권리를 행사할 수 없다.

> 제141조(회생담보권 등) 회생채권이나 회생절차개시 전의 원인으로 생긴 채무자 외의 자에 대한 재산상의 청구권으로서 회생절차개시 당시 채무자의 재산상에 존재하는 유치권·질권·저당권·양도담보권·가등기담보권·「동산·채권 등의 담보에 관한 법률」에 따른 담보권·전세권 또는 우선특권으로 담보된 범위의 것을 회생담보권이라 한다.

② 변제계획에 반영되지 않은 저당권의 처리

회생계획인가의 결정이 있으면 회생계획 또는 법에서 인정한 권리를 제외하고는 모든 회생채권, 회생담보권에 관한 책임을 면하며, 채무자의 재산상에 있던 모든 권리는 소멸한다. 또한 회생계획에 따라 회생채권자, 회생담보권자의 권리는 계획에 따라 변경된다.

> 제251조(회생채권 등의 면책 등) 회생계획인가의 결정이 있는 때에는 회생계획이나 이 법의 규정에 의하여 인정된 권리를 제외하고는 채무자는 모든 회생채권과 회생담보권에 관하여 그 책임을 면하며, 주주·지분권자의 권리와 채무자의 재산상에 있던 모든 담보권은 소멸한다. 다만, 제140조제1항의 청구권은 그러하지 아니하다.
>
> 제252조(권리의 변경) ① 회생계획인가의 결정이 있는 때에는 회생채권자·회생담보권자·주주·지분권자의 권리는 회생계획에 따라 변경된다.

4. 사안의 적용

개인회생절차의 저당권자 A는 별제권자로서 변제계획이 인가된 이후에 저당권을 실행하여 추심절차를 진행할 수 있지만, 회생절차에서는 별도의 별제권제도가 인정되지 않아 변제계획에 반영되지 않은 저당권자 B는 인가결정의 효력으로 담보권이 소멸하여 임의경매를 진행할 수 없다.

사례 7 개인회생채권자표의 효력과 청구이의 소

> 사업자 甲은 채무초과로 정상적인 변제가 어려워지자 개인회생절차를 진행하였다. 甲의 채권자 중 한명인 A는 회생채권으로 확정되어 채권자표(금5천만원)가 작성 되었으나 연대보증인을 통해 채권의 50% 변제를 받은 사실이 있다.

[문제]
개인회생절차가 폐지되자 A는 확정된 채권자표를 집행권원(금5천만원)으로 甲의 소유부동산에 강제집행을 실시하자, 甲은 강제집행에 대하여 청구이의 소를 주장할 수 있는지 설명하세요.

1. 문제 검토

개인회생절차에서 채권의 존재에 별다른 이의가 없어 채권자표가 확정된 경우 그 효력이 무엇이고, 확정판결과 동일한 효력이 있다고 볼 경우 기판력 발생하는지가 문제된다. 이 경우 강제집행시 청구이의 소의 제기가 특히 문제될 수 있다.

2. 회생채권의 채권자표 확정에 따른 효과

1) 확정판결의 효력 및 집행권원으로서의 자격

법 제603조에 따라 개인회생채권자표가 기재되면 그 절차에 참여한 전원에 따라 확정판결과 동일한 효력이 부여되고 동조 제4항에 따라 강제집행 할 수 있다고 명시하여 집행권원으로서의 자격이 부여되고 있다.

2) 확정판결의 의미(기판력 발생여부)

'확정판결과 동일한 효력'은 기판력이 아닌 확인적 효력을 가지고 개인회생절차 내부에 있어 불가쟁의 효력이 있다는 의미에 지나지 않는다. 따라서 애당초 존재하지 않는 채권이 확정되어 개인회생채권자표에 기재되어 있더라도 이로 인하여 채권이 있는 것으로 확정되는 것이 아니므로 채무자로서는 별개의 소송절차에서 채권의 존재를 다툴 수 있다. [대법원 2017. 6. 19., 선고, 2017다204131, 판결]

3. 청구이의 소

1) 의의

채무자가 집행권원에 표시된 청구권에 대하여 변제나 이행기 유예를 주장하여 그 집행권원이 가지는 집행력의 배제를 구하는 소를 의미한다. 집행기관은 집행정본에 기초하여 강제집행이 진행될 때 청구권의 존재여부는 판단하지 않기 때문에 청구의 필요성이 있다.

> 제44조(청구에 관한 이의의 소) ① 채무자가 판결에 따라 확정된 청구에 관하여 이의하려면 제1심 판결법원에 청구에 관한 이의의 소를 제기하여야 한다.
> ② 제1항의 이의는 그 이유가 변론이 종결된 뒤(변론 없이 한 판결의 경우에는 판결이 선고된 뒤)에 생긴 것이어야 한다.
> ③ 이의이유가 여러 가지인 때에는 동시에 주장하여야 한다.

2) 대표적 이의사유 및 발생시기

① 이의 사유

변제, 공탁, 소멸시효 등 청구권의 소멸사유발생 ,채권양도, 전부명령에 의한 청구권 귀속주체의 변경

② 이의 사유의 발생시기

청구이의 소의 원인은 변론이 종결된 뒤에 생긴 것이여야 가능하다. 즉 기판력에 (시적적 범위)저촉되는 시기의 사유는 주장할 수 없다.

3) 개인회생채권자표와 청구이의 소제기

확정된 개인회생채권에 관한 개인회생채권자표의 기재에 기판력이 없는 이상 그에 대한 청구이의의 소에서도 기판력의 시간적 한계에 따른 제한이 적용되지 않는다. 그러므로 청구이의의 소송심리에서는 개인회생채권 확정 후에 발생한 사유뿐만 아니라 개인회생채권 확정 전에 발생한 청구권의 불성립이나 소멸 등의 사유도 심리·판단하여야 한다.

4. 사안의 적용

채권자 A는 본인의 개인회생채권자표를 집행권원으로 강제집행 할 수 있다. 이 경우 채무자 甲은 변제 사실을 주장하여 청구이의 소를 제기할 수 있는지가 문제되나 채권자표에서 인정되는 확정판결이란 불가쟁력을 의미하는 것이지 기판력을 의미하는 것은 아니다. 그 결과 판례에 따라 청구이의 사유 발생시기에 있어 기판력의 시간적 범위의 제한을 받지 않기 때문에 채권자표 기재 발생 전후에 상관없이 변제 사실을 청구이의 소로 주장할 수 있다.

> ☞ 청구이의 소의 관할은 집행법원이 아니라 제1심 수소법원이 전속관할이다. 채무자회생법은 이 청구에 대해 회생법원을 전속관할로 규정하고 있다.

사례 8   개인회생개시결정과 이행의 소제기

> 사업자 甲은 다중채무를 원인으로 개인회생신청을 하여 개시결정을 받았다. 甲의 채권자 A는 자신의 채권에 대한 소멸시효가 얼마남지 않았음을 확인하고 강제집행의 목적이 아닌 시효연장을 위해 법원에 이행의 소를 제기하였다.

[문제]
채권자 A가 소멸시효의 확장을 이유로 이행의 소제기가 가능한지 설명하세요

1. 문제 검토

개인회생개시결정이 있는 경우 원칙적으로 제600조에 따라 강제집행, 가압류, 가처분, 변제 등이 법에 근거해 중지 또는 금지된다. 담보권는 별제권으로 인정되지만 인가결정일까지 담보권에 기한 경매도 그러하다. 다만, 동조 제1항 제3호 단서에서 소송행위는 예외를 인정하고 있어 문제의 사례처럼 이행의 소가 제기가능한지, 강제집행이 아닌 시효연장의 목적으로 소가 가능한지가 문제된다.

2. 시효연장을 위한 소제기

1) 문제 소재

제600조에 의하면 강제집행, 가압류 등이 금지하고 있어 강제집행 등을 위한 소송은 금지된다고 볼 수 있으나 소멸시효 연장은 강제집행과 그 목적을 달리하고 있어 예외로 인정되는 소송행위에 해당하는지가 문제될 수 있다. 또한 가능한 소송행위의 의미를 판례로 확인해 본다.

2) 제600조 제1항 제3호 단서의 "소송행위" 의미

채무자 회생 및 파산에 관한 법률 제600조 제1항 제3호 본문, 제603조, 제604조의 내용과 집단적 채무처리절차인 개인회생절차의 성격, 개인회생채권조사확정재판 제도의 취지 등에 비추어 보면, 제600조 제1항 제3호 단서가 개인회생절차개시의 결정에 따라 중지 또는 금지되는 행위에서 소송행위를 제외하고 있다고 하여도 이는 개인회생절차개시의 결정 당시 개인회생채권자목록에 기재된 개인회생채권에 관한 소가 이미 제기되어 있는 경우에는 그에 관한 소송행위를 할 수 있다는 취지로 보아야 하고, 개인회생절차개시의 결정이 내려진 후에 새로이 개인회생채권자목록에 기재된 개인회생채권에 기하여 이행의 소를 제기하는 것은 허용되지 아니한다. [대법원 2013. 9. 12., 선고, 2013다42878, 판결]

3) 소멸시효 연장을 위한 소송행위 가부

채무자 회생 및 파산에 관한 법률 제32조 제3호, 제589조 제2항은 개인회생채권자목록의 제출에 대하여 시효중단의 효력이 있다고 규정하고 있고 그에 따른 시효중단의 효력은 특별한 사정이 없는 한 개인회생절차가 진행되는 동안에는 그대로 유지되므로, 개인회생채권자목록에 기재된 개인회생채권에 대하여는 소멸시효의 중단을 위한 소송행위를 허용하는 예외를 인정할 필요가 있다고 할 수도 없다. [대법원 2013. 9. 12., 선고, 2013다42878, 판결]

3. 사안의 적용

채권자 A의 채권은 개인회생절차에 포함되고 개시결정이 난 상태이다. 그 결과 개인회생절차가 시작되기 전 소송이 계속된 경우가 아니라면 그것이 소멸시효 확장을 위한 것이라도 새로운 이행의 소 제기는 제600조에 반한다.

☞ 현장 실무에서 개인회생절차가 인가 후 폐지된 경우 소송을 진행하는 경우가 종종 있다. 과연 이것이 필요할까 의문이 든다. 앞서 설명한 바, 확정된 채권자표에 기해서 시효 연장과 집행권원의 취득이라는 목적은 실현되기 때문이다. 그렇다면 소송일반 관점에서 별도의 이행의 소가 권리보호이익이 있을까?

사례 9 　사해행위의 수익자에 대한 강제집행

보증기관 A는 사해행위 수익자 甲과의 가액배상 취소소송을 제기, 가액배상금을 지급하기로 화해결정이 확정되었고 수익자에 대한 강제집행은 종료하지 않았다. 그 이후 A의 구상채무자 乙의 회생절차가 진행되어 회생계획이 인가되었고(면제 70%, 현금 변제 30%), 채무자 乙은 변제계획에 따라 변제를 완료한 상태이다.

[문제]
채권자 A는 수익자에 대한 화해권고 결정에 근거해 수익자를 상대로 강제집행을 할 수 있는지 설명하세요.

1. 문제 검토

취소소송에 따라 수익자와 화해권고결정이 있었으나 그 이후 채무자가 회생계획에 따라 채무를 변제한 경우 수익자와 합의한 화해권고결정으로 수익자에 대한 강제집행이 가능한지가 문제된다.

2. 구상채권자 A의 회생절차에서의 지위

1) 회생채권자

채무자 乙의 회생신청이 있었고 구상채권자 A의 채권은 회생절차개시 전에 발생한 금전채권이다. 따라서 회생절차에서 회생채권자에 해당한다.

2) 회생계획인가에 따른 권리변경

회생인가결정은 권리변경이라는 실체법적 효과가 발생하고, 회생계획에서 인정되지 않거나 법에서 인정된 것이 아니면 면책된다. 그 결과 면제되고 남은 현금변제 부분만 변제하면 채권은 모두 소멸한다.

3) 가액배상금 (취소소송) 피보전채권의 성질

구상채권자 A는 비록 수익자 갑과 가액배상금을 위한 취소소송을 제기하여 화해가 되었지만 그 피보전채권은 채무자 乙에 대한 구상채권이다. 이 구상채권은 채무자 乙의 회생절차에서 확정된 채권으로서 회생채권에 속한다.

3. 화해권고결정에 기한 수익자에 대한 강제집행 효력

채권자 A와 수익자 甲의 화해권고결정이 있었지만 채무자 乙에 대한 회생인가결정과 그 계획에 따라 乙의 변제로 채무는 모두 상환되었다. 그 결과 수익자에 대한 피보전채권도 소멸되었다. 피보전채권이 소멸되었다면 수익자에 대한 강제집행은 위법한 강제집행에 해당한다.

4. 사안의 적용

채무자 乙의 회생인가결정과 그에 따른 변제완료가 되어 乙의 채무가 모두 소멸하였고 그 원인채권에 기한 가액배상금 채권도 또한 소멸되었다. 화해권고결정 후 변제로 소멸된 집행권원에 기한 강제집행은 위법한 집행에 해당한다. 그 결과 채권자 A의 강제집행신청이 있다면 수익자 甲은 청구이의 소로 그 배제를 구할 수 있다.

> ☞ **사례 판례**
> 신용보증기금이 甲에 대한 구상금채권을 피보전채권으로 하여 甲이 체결한 부동산 증여계약의 수익자인 乙 등을 상대로 채권자취소소송을 제기하여 가액배상금을 지급하기로 하는 내용의 화해권고결정이 확정되었는데,(신보는 강제집행을 하지 않고 있는 상태에서, 저자) 그 후 甲에 대하여 개시된 회생절차에서 신용보증기금의 구상금채권에 관한 회생채권 중 일부는 면제하고, 나머지는 현금으로 변제하는 내용의 회생계획 인가결정이 이루어졌으며, 이에 따라 甲이 회생계

획에서 정한 변제의무를 완료한 후에 乙 등이 화해권고결정에 기한 강제집행의 불허를 구한 사안에서, 회생계획 인가결정이 이루어짐에 따라 구상금채권에 관한 회생채권이 회생계획에 따라 실체적으로 변경되어, 구상금채권에 관한 회생채권 중 회생계획에서 면제하기로 한 부분은 회생계획 인가결정 시점에, 현금으로 변제하기로 한 나머지 부분은 그 이후의 변제에 의하여 각 확정적으로 소멸하였으므로, 사해행위 취소로 인한 가액배상금 지급에 관한 화해권고결정의 전제가 된 신용보증기금의 피보전채권 역시 소멸하였는데도, 화해권고결정의 집행력 배제를 구할 청구이의 사유가 존재하지 않는다고 본 원심판단에 법리오해 등의 위법이 있다

사례 10 미신고된 담보권에 기한 배당금 수령과 부당이득 성립

채무자 甲소유 부동산이 저당권자 乙의 경매로 매각되고 매수인의 대금이 납부되었다. 배당기일 전 채무자에 대해 포괄적 금지명령과 회생개시결정이 있어 저당권자 乙에 대한 배당금이 공탁되었다. 乙은 배당금이 공탁된 사실을 확인하고 회생절차에 채권신고 등 절차에 참여하지 않고 회생인가결정이 있은 후 배당금을 수령하였다.

[문제]
저당권자의 乙의 배당금 수령이 부당이득에 해당하지는 검토하세요.

1. 문제 검토

회생개시결정과 회생인가결정이 강제집행에 미치는 효력이 어떻게 되는지가 우선 문제된다. 그리고 강제집행의 종료시점이 언제인지에 따라 부당이득의 성립도 의존하게 된다.

2. 회생절차가 강제집행에 미치는 효력과 강제집행 종료시점

1) 강제집행에 미치는 효력

회생절차가 개시되면 강제집행은 중지되고 이에 반한 집행은 무효이다. 또한 그 이후 인가결정이 있으면 중지된 집행절차는 효력을 잃는다.

2) 강제집행 종료시점

부동산에 대한 금전집행은 매각대금이 채권자에게 교부 또는 배당된 때에 종료한다.

3. 미신고된 저당권자의 지위

회생절차에서 신고 확정된 저당권은 회생담보권으로서의 지위를 가진다. 그러나 회생계획에 반영되지 않은 저당권은 별제권으로서 인정되지 않기 때문에 담보권으로서 효력이 소멸한다.

4. 부당이득 성립 판단

1) 부당이득 성립

경매절차에서 저당권자에게 공탁된 배당금에 대하여 저당권자가 회생계획인가결정 후에 회생계획과 무관(미신고된 저당권)하게 그 공탁금을 수령한다면 부당이득이 성립한다.

2) 부당이득으로 손해을 입은자

미신고된 저당권으로 배당금을 수령하여 부당이득이 성립하는 경우 그 손해를 입은자는 채무자이고 회생채권자 회생담보권자가 아니다.

5. 사안의 적용

금전채권의 강제집행에서 집행종료 시점은 배당금을 수령할 때이다. 배당금을 수령하기 전에 회생절차가 개시되어 인가결정이 되었다면, 회생담보권으로 신고되지 않은 저당권자는 실권되고 그 담보권에 기해서 배당금을 수령할 수 없다. 만약 수령한 경우라면 채무자에 대해서 부당이득이 성립한다.

> ☞ **사례 판례**
> 甲 주식회사의 소유 부동산에 관하여 근저당권자인 乙 주식회사의 신청에 따라 담보권실행을 위한 경매절차가 개시되어 진행되었고, 부동산이 매각되어 매각대금이 모두 납부되었으나, 배당기일이 열리기 전에 甲 회사가 회생절차개시신청을 하여 회생법원이 포괄적 금지명령을 한 후 회생절차개시결정을 하였고,

乙 회사는 회생절차에서 근저당권으로 담보되는 회생담보권을 신고하지 아니하였는데, 甲 회사에 대한 회생절차개시결정 후에 이루어진 경매절차의 배당절차에서 근저당권자인 乙 회사 명의로 배당금이 공탁되었고, 乙 회사가 회생계획이 인가된 후 공탁금을 수령한 사안에서, 이는 법률상 원인 없이 이득을 얻은 것에 해당하고, 乙 회사의 회생담보권과 같이 신고되지 않은 권리에 대하여는 甲 회사가 책임을 면하게 되었으므로, 乙 회사의 배당금 수령으로 인해 손해를 입은 자는 다른 회생채권자나 회생담보권자가 아닌 부동산 소유자인 甲 회사이고, 乙 회사가 법률상 원인 없이 배당금을 수령함으로 인해 부동산 소유자인 甲 회사는 자신이 수령해야 할 배당금 상당액의 손해를 입었고, 이에 乙 회사는 甲 회사에 수령한 배당금 상당액을 부당이득으로 반환할 의무가 있다.[대법원 2018. 11. 29., 선고, 2017다286577, 판결]

현 장 에 서 通 하 는 채무자회생법 실무

제6편
중요 결정사항 공고 例

제6편 중요 결정사항 공고 例

1. 개인회생절차 개시공고

서 울 회 생 법 원
개인회생절차개시공고

사　건　　2014개회229491 개인회생
채무자　　김 ㅇ ㅇ (1967. 7. 9. 생)
　　　　　서울 마포구 성미산로2길

위 사건에 관하여 이 법원은 개인회생절차개시결정을 하였으므로 채무자 회생 및 파산에 관한 법률 제597조에 의하여 다음과 같이 공고합니다.

다　　음

1. 개인회생절차개시결정의 주문
　　채무자에 대하여 개인회생절차를 개시한다.
2. 개인회생절차개시 결정일시 :2015. 6. 15.10:00
3. 이의기간 : 2015. 8. 3. 까지
4. 개인회생채권자집회의 기일 및 장소
　　① 개인회생채권자집회의 기일 : 2015.09.03 (목요일) 10:00
　　② 개인회생채권자집회의 장소 : 서 울 회 생 법 원 4별관 3층 제9호법정

5. 개인회생채권자목록의 내용에 관하여 이의가 있는 개인회생채권자는 위 이의기간 내에 자신 또는 다른 개인회생채권자의 채권내용에 관하여 서면으로 개인회생채권조사확정재판을 신청할 수 있다. 다만 개인회생절차개시 당시 이미 소송이 계속중인 권리에 대하 이의가 있는 경우에는 별도로 조사확정재판을 신청할 수 없고 이미 계속중인 소송의 내용을 개인회생채권확정의 소로 변경하여야 한다. (※ 계좌신고서 양식으로 제출을 할 경우 해당 내역이 반영이 되지 않을 수 있으니 반드시 명의변경 신청서 양식을 사용하여 제출해 주시기 바랍니다.)

2019. 10. 7.
서 울 회 생 법 원

2. 개인회생절차 인가결정 후 폐지 공고

서 울 회 생 법 원
개인회생절차 폐지결정 공고

사　건　　2015개회80983 개인회생
채무자　　지 ○ ○ (1979. 12. 9. 생)
서울 중랑구 용마산로96길

　이 법원은 2019. 10. 8. 위 사건에 관하여 개인회생절차 폐지결정을 하였으므로 다음과 같이 공고합니다.

다　　음

1. 개인회생절차 폐지결정의 주문
이 사건 개인회생절차를 폐지한다.
2. 개인회생절차 폐지결정의 이유의 요지
채무자 회생 및 파산에 관한 법률 제621조제1항
2019. 10. 7.
서 울 회 생 법 원　제 1 1 부

3. 개인회생 변제계획인가결정 공고

서 울 회 생 법 원
변제계획인가결정공고

사　건　　2019개회14991 개인회생
채무자　　김 ０ ０ (1967. 5. 29. 생)

　　이 법원은 2019. 10. 10. 위 채무자의 변제계획을 인가하였으므로 다음과 같이 공고한다.
다　　음

1. 변제계획 인가결정의 주문 및 이유의 요지
이 사건 변제계획을 채무자 회생 및 파산에 관한 법률 제614조에 의하여 인가한다.
2. 변제계획의 요지
　가. 변제율 : 일반개인회생채권 원금의 11 % 상당
　나. 변제기간 : 36 개월

2019. 10. 7.
서 울 회 생 법 원　제 １ １ 부

4. 개인회생채권 폐지결정 공고

서 울 회 생 법 원

개인회생채권 폐지결정 공고

사 건   2019개회8378 개인회생

채무자   안 ○ ○ (1975. 10. 3. 생)
         서울 동대문구 전농로20가길

　이 법원은 2019. 10. 17. 위 사건에 관하여 개인회생절차 폐지결정을 하였으므로 다음과 같이 공고한다.

다　　음

1. 개인회생절차 폐지결정의 주문
   이 사건 개인회생절차를 폐지한다.
2. 개인회생절차 폐지결정의 이유의 요지
   채무자 회생 및 파산에 관한 법률 제620조제1항

2019. 10. 17.
서 울 회 생 법 원

5. 개인회생채권 이의기간 및 채권자집회기일지정공고

서 울 회 생 법 원
개인회생채권 이의기간 및 채권자집회기일지정공고

사　건　　2019개회17655 개인회생
채무자　　이 ○ ○(1973. 8. 25. 생)
　　　　　서울 광진구 뚝섬로24길

위 사건에 관하여 이 법원은 다음과 같이 수정된 개인회생채권자목록 중 수정된 사항에 관한이의기간을 정하고, 개인회생채권자집회의 기일을 정하는 결정을 하였으므로채무자 회생 및 파산에 관한 법률 제597조 제3항, 제1항에 의하여 다음과 같이 공고합니다.

다　　음

1. 결정주문
    (1) 수정된 개인회생채권자목록 중 수정된 사항에 관한 이의기간을 2019. 11. 22.까지로 정한다.
    (2) 개인회생채권자집회의 기일 및 장소를 아래와 같이 지정한다.
        ① 개인회생채권자집회의 기일 : 2019.12.16.(월요일) 14:00
        ② 개인회생채권자집회의 장소 : 서 울 회 생 법 원 제4별관3층 제7호

2. 수정된 개인회생채권자목록의 수정된 사항에 관하여 이의가 있는 개인회생채권자는 위 이의기간 내에 수정된 사항의 채권내용에 관하여 서면으로 개인회생채권조사확정재판을 신청할 수 있다.

2019. 10. 7.
서 울 회 생 법 원 제 1 1 부

6. 포괄금지명령

서 울 회 생 법 원
포괄적 금지명령 공고

사　　　건 2019회단100156　회생
채 무 자 겸 관 리 인
　정 의 진 (800304-*******)
　서울 송파구 양재대로 1109,

　이 법원은 채무자에 관하여 2019. 10. 10. 다음과 같은 포괄적 금지명령을 하였으므로, 채무자 회생 및 파산에 관한 법률 제46조 제1항에 의하여 다음과 같이 공고합니 다.
- 다　음 -

이 사건에 관하여 회생절차의 개시신청에 대한 결정이 있을 때까지, 모든 회생채권자 및 회생담보권자에 대하여 회생채권 또는 회생담보권에 기한 강제집행, 가압류, 가처 분 또는 담보권실행을 위한 경매절차를 금지한다.

2019. 10. 7.
서 울 회 생 법 원

7. 회생절차 개시결정 및 관계인집회 공고

서 울 회 생 법 원
채무자 양정웅 회생절차 개시결정 및 관계인집회 공고

사　　건　2019회단100154　회생
채 무 자　양 정 웅 (630302-*******)
서울 성동구 살곶이4길 8-1,

위 사건에 관하여 이 법원은 회생절차 개시결정을 하였으므로 채무자 회생 및 파산에 관한 법률 제51조 제1항에 의하여 다음과 같이 공고합니다.

- 다 음 -

1. 회생절차 개시결정일시: 2019. 10. 17. 11:00
2. 관리인: 양정웅(630302-*******)
3. 회생채권자, 회생담보권자의 목록의 제출기간 : 2019. 10. 17.부터 2019. 10. 31.까지
4. 회생채권, 회생담보권의 신고기간과 장소
   가. 신고기간 : 2019. 11. 1 .부터 2019. 11. 14.까지
   나. 신고장소 : 서울회생법원 종합민원실
5. 회생채권? 회생담보권의 조사기간 : 2019. 11. 15. ~ 2019. 11. 28.
6. 회생계획안의 제출기간 및 장소
   가. 일시 : 2020. 1 . 9 .까지
   나. 장소 : 서울회생법원 종합민원실
   채무자, 목록에 기재되어 있거나 신고한 회생채권자柴 회생담보권자는 위 법원이 정한 기간 안에 회생계획안을 작성하여 법원에 제출할 수 있습니다.

7. 유의사항

　가. 회생채권자, 회생담보권자의 목록에 기재되지도 아니하고 위 권리신고기간 내에 권리신고도 없으면 실권될 수 있습니다.

　나. 회생절차가 개시된 채무자의 재산을 소지하고 있거나 그에게 채무를 부담하는 자는 회생절차가 개시된 채무자에게 그 재산을 교부하거나 그 채무를 변제하여서는 아니 되며, 회생절차가 개시된 채무자의 재산을 소지하고 있거나 그에게 채무를 부담하고 있다는 사실을 2019. 11. 14.까지 관리인에게 신고하여야 합니다.

2019. 10. 7.
서 울 회 생 법 원

8. 특별조사기일 및 제2,3회 관계인집회기일 공고

서 울 회 생 법 원
채무자 주식회사 삼흥 특별조사기일 및 제2,3회 관계인집회기일 공고

사　　　건　　2019회합100109　회생
채　무　자　　주 식 회 사　삼 흥 (춘천시 공지로 57-2 (석사동)
관　리　인　　서 0 0

　위 채무자의 회생계획안의 심리 및 결의를 위한 관계인집회와 추완신고된 회생채권 등의 조사를 위한 특별기일의 일시 및 장소를 2019. 11. 6 . 14:00, 서울법원종합청사 제3별관 제1호 법정으로 정하였으므로, 채무자 회생 및 파산에 관한 법률 제185조에 의하여 이를 공고합니다.

2019. 10. 7.

서 울 회 생 법 원　제 1 1 부

9. 회생계획 인가결정 공고

서 울 회 생 법 원
채무자 이재탁 회생계획 인가결정 공고

사　　건　　2018회단100169　회생
채 무 자　　이 ○ ○ (620920-*******)
　　　　　　인천 계양구 오조산로62번길 10,

　이 법원은 2019. 10. 17. 위 채무자의 회생계획을 인가하였으므로 채무자 회생 및 파 산에 관한 법률 제245조에 의하여 다음과 같이 공고합니다.

- 다 음 -

1. 회생계획 인가 결정의 주문
　　회생계획을 인가한다.

2. 이유의 요지
　　법률상관리인이 제출한 이 사건 회생계획안이 2019. 10. 17. 회생계획안 결의를 위 한 관계인집회에서 가결되었고, 채무자 회생 및 파산에 관한 법률 제243조 제1항 에서 정한 요건 역시 구비하였다고 인정되므로 주문과 같이 결정한다.
3. 회생계획의 요지
　　별첨 회생계획안의 요지 참조

회생계획안의 요지

1. 회생담보권의 권리변경과 변제방법

○ 회생담보권(물상보증채권, 보증채권)

1) 원금 및 개시전 이자 : 100%를 1차연도(2019년)에 현금으로 변제.
2) 개시후 이자 : 미변제 원금에 대하여 연 2% 이율을 적용하여 현금 변제하되, 1차연도(2019년)부터 2차연도(2020년)까지 균등변제.

2. 회생채권의 권리변경과 변제방법
가. 회생채권(대여금채권, 보증채권)
1) 원금 및 개시전 이자 :
　　94%를 면제하고, 6%를 현금으로 변제하되, 현금변제할 금액의 2%는 2차연도(2020년)에 변제하고, 8%는 3차연도(2021년)에 변제하고, 48%는 4차연도(2022년)부터 7차연도(2025년)까지 매년 균등분할 변제하고, 42%는 8차연도(2026년)부터 10차연도(2028년)까지 매년 균등분할 변제. 면제대상 채권액은 각 채권자별로 이 회생계획에 의한 현금 변제가 완료되는 날의 다음 날에 면제.
2) 개시 후 이자 : 면제
나. 회생채권(미발생구상채권, 미발생보증채권)
1) 대위변제금 : 보증기관이 채무자를 위하여 채무를 대위변제할 경우, 4%를 면제하고, 6%를 현금으로 변제하되, 현금변제할 금액의 2%는 2차연도(2020년)에 변제하고, 8%는 3차연도(2021년)에 변제하고, 48%는 4차연도(2022년)부터 7차연도(2025년)까지 매년 균등분할 변제하고, 42%는 8차연도(2026년)부터 10차연도(2028년)까지 매년 균등분할 변제.
면제대상 채권액은 각 채권자별로 이 회생계획에 의한 현금 변제가 완료되는 날의 다음날에 면제. 단 , 대위변제가 2차연도(2020년) 이후에 이루어지는 경우 이미 변제기일이 경과된 금액은 그 후 최초로 도래하는 변제기일에 합산하여 변제. 면제대상 채권액은 각 채권자별로 이 회생계획에 의한 현금 변제가 완료되는 날의 다음 날에 면제.
2) 개시 후 이자 : 면제

3. 조세 등 채권의 권리변경과 변제방법
1) 채무자 회생 및 파산에 관한 법률 제140조 제2항에 의하여 회생계획 인가결정일 이후 변제일까지 국세징수법 또는 국세징수의 예에 의한 징수 및 체납처분에 의한 재산의 환가는 유예함.
2) 채무자는 회생계획 인가결정 전일까지 발생한 조세 등 채권의 가산금 및 중가산금을 포함한 금액 100%를 현금으로 변제하되, 1차연도(2019년)부터 2차연도(2020년)까지 균등분할 변제함.

4. 장래의 구상권의 권리변경과 변제방법
가. 회생절차개시결정 이후 채무자 회사를 위한 보증인, 물상보증인(담보 목적물의 제3취득자를 포함한다), 기타 제3자가 자기의 출재로 인하여 회생담보권자 또는 회생채권자에게 변제한 경우에는 채무자 회사에 대하여 구상권을 취득함.
나. 다만, 구상권자는 채권자의 권리변경 전의 채권이 회생절차에 의하여 또는 회생절차에 의하지 아니하고 모두 소멸한 경우에 한하여 자기의 구상권을 행사할 수 있음. 채무자는 이 회생계획안에 의하여 변제하여야 할 회생담보권 또는 회생채권의 잔액 범위 내에서 구상권자들의 구상권 비율에 따라 변제함.
다. 특수관계인이 회생절차개시결정 이후 대위변제 등으로 채무자에 대하여 취득하는 구상권은 전액 면제. 이때 면제되는 구상권의 액은 전항의 구상권의 비율을 산정함에 있어서 총액에 산입함.

2019. 10. 7.
서 울 회 생 법 원

10. 회생절차 종결결정 공고

서 울 회 생 법 원
채무자 성승민 회생절차 종결결정 공고

사　　건　　2019간회단100003　간이회생
채무자겸　관리인
　　성　○　○ (780320-*******)
　　포천시 소흘읍 태봉로 227,

위 사건에 관하여 이 법원은 2019. 10. 21. 회생절차 종결결정을 하였으므로 채무자 회생 및 파산에 관한 법률 제293조의3 제1항, 제283조 제2항에 의하여 다음과 같이 결정의 요지를 공고합니다

- 다 음 -

1. 주　문
이 사건 간이회생절차를 종결한다.
2. 이유의 요지
채무자는 회생계획에 따른 변제를 시작하였고, 앞으로 회생계획의 수행에 지장이 있다고 인정되지 아니하므로, 채무자 회생 및 파산에 관한 법률 제293조의3 제1항, 제283조 제1항에 의하여 주문과 같이 결정한다.

2019. 10. 7.
서 울 회 생 법 원

11. 회생절차 폐지결정 공고

서 울 회 생 법 원
채무자 이강문 회생절차 폐지결정 공고

사　　　건　2019회단100045　회생
채　　무　　자
(법률상관리인)
　이 강 문 (650326-*******)
　고양시 일산동구 산두로 128,

이 사건에 관하여 이 법원은 2019. 10. 15.자로 회생절차 폐지결정을 하였으므로 채무자 회생 및 파산에 관한 법률 제289조에 의하여 다음과 같이 공고합니다.

- 다　음 -

1. 주 문
이 사건 회생절차를 폐지한다.

2. 이유의 요지
채무자에 대한 회생계획안은 그 결의를 위한 관계인집회에서 부결되었으므로, 채무자 회생 및 파산에 관한 법률 제286조 제1항 제2호에 의하여 주문과 같이 결정한다.

2019. 10. 7.
서 울 회 생 법 원

12. 파산선고결정 및 면책이의신청기간 공고

사 건
2019하단1708 파산선고
2019하면1708 면책

채 무 자 문 ○ ○ (1981.09.02.생)

위 사건에 관하여 이 법원은 2019.10.21. 14:00 파산선고를 하였으므로, 채무자 회생 및 파산에 관한 법률 제313조 제1항, 제365조, 제367조, 제368조, 제545조, 제549조 제2항에 의하여 다음과 같이 공고합니다.

다 음

1. 파산결정의 주문
   채무자 문소영에 대하여 파산을 선고한다.
2. 파산관재인의 성명 및 사무소 소재지
   김수경(1974.05.10. 생, 서울특별시 서초구 서초대로 270 (서초동, 서보빌딩) 502호, 2697-8330)
3. 채권신고기간·채권조사기일 및 면책에 대한 이의신청기간·채권자집회기일·면책이의에 대한 의견청취기일
   ① 채권신고기간 및 장소, 채권조사의 기일 및 장소 : 각 추후지정
   ② 면책에 대한 이의신청기간 : 2019.11.27.까지
   ③ 채권자집회·파산폐지에 관한 의견청취·파산관재인의 임무종료에 따른 계산보고의 각 기일 및 장소: 2019.12.04. 16:00 서울법원종합청사 4별관 제9호법정
   ④ 채권자집회는 고가품의 보관방법에 관하여 결의를 할 수 있음.
4. 간이파산의 결정
   이 사건 파산을 간이파산으로 한다.

5. 유의사항

① 파산선고를 받은 채무자에게 채무를 부담하는 자와 파산재단에 속하는 재산의 소유자는 파산선고를 받은 자에게 채무를 변제하거나 그 재산을 교부하여서는 아니되며, 채무를 부담하고 있다는 사실 및 그 재산을 소지하고 있다는 사실, 소지자가 별제권을 가지고 있는 경우에는 그 채권을 가지고 있다는 사실을 2019.11.27. 까지 파산관재인에게 신고하여야 합니다.

② 이의신청한 채권자 및 채무자는 의견청취기일에 출석하여 의견을 진술하여 주시기바랍니다.

2019. 10. 7.
서 울 회 생 법 원

현장에서 通하는 채무자회생법 실무

제7편
법인
회생계획안 例

서울회생법원 제12부(다)
사건번호 2017 회합 100100 회생
회생절차 개시결정일 : 2017. 8. 00.

회 생 계 획 안
(2차 수 정 안)

2018. 01. 08.

채무자 주식회사 휴○스

법률상관리인 대표이사 홍 ○ 식

< 목 차 >

제 1 장 회생계획안 제출에 이르기까지의 경과와 현황 ···1
   제 1 절 회생절차 개시신청에 이르기까지의 경과 ···2
   제 2 절 회생절차개시 신청 후의 경과 ···5
제 2 장 회생계획안의 요지 ··6
   제 1 절 회생계획안 입안의 기초 ··7
   제 2 절 시인된 총 채권의 내역 ··7
   제 3 절 권리의 변경과 변제방법의 요지 ···9
   제 4 절 결 언 ···15
제 3 장 회생담보권 및 회생채권에 대한 권리변경과 변제방법 ·································17
   제 1 절 총 칙 ···18
   제 2 절 회생담보권의 권리변경과 변제방법 ···22
   제 3 절 회생채권의 권리변경과 변제방법 ···26
   제 4 절 조세 등 채권의 권리변경과 변제방법 ···40
   제 5 절 신고되지 아니한 회생채권 등의 처리 ···41
   제 6 절 장래의 구상권의 처리 ···41
   제 7 절 부인권 행사로 부활될 회생담보권 및 회생채권의 처리 ·····························42
   제 8 절 미확정 회생담보권 및 회생채권의 처리 ···42
제 4 장 공익채권의 변제방법 ···44
제 5 장 변제자금의 조달방법 ···46
   제 1 절 영업수익금 ···47
   제 2 절 보유자산의 처분 ···47
   제 3 절 차입금 등 ···47
   제 4 절 기타 수익금 ···47
제 6 장 자구노력의 추진 ···48
   제 1 절 자산의 조기매각 및 회수 ··49
   제 2 절 현금유동성 중시의 경영 ··49
   제 3 절 투명하고 공개적인 기업경영 ··49

제 7 장 예상 수익금 과부족 시 처리 방법 ·····50
　제 1 절 예상수익금의 초과 시 처리방법 ·····51
　제 2 절 예상수익금의 부족 시 처리방법 ·····51
제 8 장 분쟁 해결의 방법 ·····52
제 9 장 M&A의 추진 ·····54
　제 1 절 M&A의 추진 ·····55
　제 2 절 회사의 분할 ·····55
제 10 장 주주의 권리변경과 신주의 발행 ·····56
　제 1 절 주주의 권리 제한 ·····57
　제 2 절 신주의 발행 ·····57
　제 3 절 자본의 감소 ·····57
　제 4 절 출자전환에 따른 신주 발행 ·····58
　제 5 절 출자전환 후 자본의 감소(주식의 재병합) ·····60
　제 6 절 주식 재병합 후 납입 자본금 ·····61
제 11 장 사채의 발행 ·····62
제 12 장 정관의 변경 ·····64
제 13 장 임원의 선임 및 해임 ·····67
제 14 장 관리인의 보수 ·····70
제 15 장 운영자금의 조달방법 ·····72
제 16 장 회생절차의 종결 ·····74
제 17 장 회생절차의 폐지신청 ·····76
제 18 장 기타사항 ·····78

< 별표 목차 >

별표1. 재무상태표 ··· 79
별표2. 조사기간 이후 회생담보권·회생채권 등의 변동사항 ·············· 80
    별표2-1. 추완신고 회생담보권자, 회생채권자, 조세·벌금 등의 목록·신고 및 시부인 총괄표 81
    별표2-2. 추완 신고 회생채권 시·부인 명세서 ······································ 82
    별표2-3. 추완 신고 벌금·조세 등의 명세서 ·· 84
    별표2-4. 회생채권 명의변경 현황 ··· 86
별표3. 회생담보권 및 회생채권의 변동 및 권리변경 총괄표 ············ 87
    별표3-1. 회생담보권(미발생구상채권)의 권리변경 및 변제방법 ······· 88
    별표3-2. 회생채권(대여금채권)의 권리변경 및 변제방법 ··················· 89
    별표3-3. 회생채권(구상채권)의 권리변경 및 변제방법 ······················· 90
    별표3-4. 회생채권(상거래채권)의 권리변경 및 변제방법 ··················· 91
    별표3-5. 회생채권(소액상거래채권)의 권리변경 및 변제방법 ··········· 94
    별표3-6. 회생채권(미발생구상채권)의 권리변경 및 변제방법 ··········· 96
    별표3-7. 회생채권(특수관계인채권)의 권리변경 및 변제방법 ··········· 97
    별표3-8. 회생채권(조세 등 채권)의 권리변경 및 변제방법 ··············· 98
별표4. 회생담보권 및 회생채권의 변제계획 총괄표 ··························· 99
    별표4-1. 회생담보권(미발생구상채권)의 변제계획 내역표 ·············· 101
    별표4-2. 회생채권(대여금채권)의 변제계획 내역표 ·························· 102
    별표4-3. 회생채권(구상채권)의 변제계획 내역표 ······························ 103
    별표4-4. 회생채권(상거래채권)의 변제계획 내역표 ·························· 104
    별표4-5. 회생채권(소액상거래채권)의 변제계획 내역표 ·················· 110
    별표4-6. 회생채권(미발생구상채권)의 변제계획 내역표 ·················· 113
    별표4-7. 회생채권(특수관계인채권)의 변제계획 내역표 ·················· 114
    별표4-8. 회생채권(조세 등 채권)의 변제계획 내역표 ······················ 115
별표5. 주주의 권리변경 및 출자전환에 따른 지분변동표 ················ 116
    별표5-1. 주식병합 및 출자전환, 주식 재병합 후 주주명세서 ········ 119
별표6. 담보물 배분 명세서 ·· 123
별표7. 추정자금수지계획표 ·· 124
별표8. 현실화 예상액 산출내역 ·· 125
별표9. 사업계획서 ·· 127

제 1 장

회생계획안 제출에 이르기까지의 경과와 현황

제 1 장 회생계획안 제출에 이르기까지의 경과와 현황

제 1 절 회생절차 개시신청에 이르기까지의 경과

1. 채무자 회사에 대한 일반사항

가. 채무자 회사의 개요

(1) 회사의 명칭 : 주식회사 휴O스
(2) 회사 형태 : 주식회사
(3) 본점 소재지 : 서울특별시 강남구 선릉로119길 O. O층(논현동, OOOO빌딩)
(4) 설립 연월일 : 2005년 8월 23일
(5) 법률상관리인 : 홍O식
(6) 종   목 : 인테리어, 태양광관련제품, 건설사업관리 및 컨설팅
(7) 사업목적 (회사 법인등기사항전부증명서상의 사업목적)
- 인테리어 설계 및 시공
- 가구제작 및 판매업
- 건설사업관리 및 컨설팅업
- 태양광 관련제품 도,소매, 무역 및 유통
- 각호에 관련된 부대사업 일체

나. 채무자 회사의 연혁

채무자 회사의 주요연혁은 다음과 같습니다.

구 분	내 용
2005년 8월	(주)휴O스 설립
2005년 9월	실내건축공사업 면허취득(등록번호 : 강남05-01-O)
2007년 10월	자본금 증자 (200백만원 → 400백만원)
2009년 12월	서울특별시장 표창장 수여
2010년 10월	서울시 강남구 선릉로 119길 O(논현동, O빌딩 O층)으로 본점 이전
2015년 12월	경영혁신형 중소기업(MAIN-BIZ) 선정

다. 자본현황

발행할 주식의 총수 :   160,000주
발행 주식의 총수 : 보통주 80,000주
1주의 금액 :   금 5,000원
자본의 총액 : 금 400,000,000원

라. 주주현황

회사의 주주에 대한 자세한 내역은 아래와 같습니다.

(단위 : 주, 원)

주주 명	주식 수	1주 금액	금액	지분율
홍O식	39,990	5,000	199,950,000	49.99%
천O실	2,610	5,000	13,050,000	3.26%
홍O식	20,000	5,000	100,000,000	25.00%
홍O수	2,400	5,000	12,000,000	3.00%
김O수	12,000	5,000	60,000,000	15.00%
홍O욱	3,000	5,000	15,000,000	3.75%
합계	80,000		400,000,000	100.00%

마. 채무자 회사의 인원현황

(1) 주요 임원진 현황

현재 회사의 주요 임원진은 다음과 같습니다.

순번	직책명	성명	비고
1	관리인	홍O식	등기임원
2	사내이사	홍O식	등기임원
3	감사	천O실	등기임원
4	구조조정담당임원	천O병	비등기임원

(2) 인원 현황

현재 회사의 인원현황은 다음과 같습니다.

(단위: 명)

구분	인원수	비고
임원	4	구조조정담당임원(CRO) 포함
직원	6	
합계	10	

2. 회생절차개시 신청에 이르게 된 사정

채무자 회사는 2005년 8월부터 인테리어 설계 및 시공, 건설사업관리 및 컨설팅업을 영위하고 있습니다. 그러던 중 채무자회사는 2016년경 제주 오조리 호텔 공사를 수주하였으며, 준공 전 분양이 100% 완료된 공사였기에 공사대금 수령 또한 문제가 없다고 판단하고 채무자 회사자금을 투입하여 공사를 진행하였습니다. 그러나 준공을 앞둔 시점에서 허가 기준에 위배되는 시설이 발견되어 준공허가를 받을 수 없게 되었습니다. 따라서 채무자 회사는 준공을 마치고도 27억원 상당의 대금을 지급받지 못하는 처지가 되었고, 그 여파로 채무자 회사는 자금 사정이 악화되는 등 최악의 상황에 이르게 되면서 불가피하게 회생절차 개시신청을 하게 되었습니다.

제 2 절 회생절차개시 신청 후의 경과

1. 회생절차개시 신청 후 개시결정에 이르기까지의 경과

채무자 회사는 2017. 7. 20. 서울회생법원에 회생절차개시 신청을 하여, 2017. 7. 25. 재산의 보전처분 명령을 받음으로써 갱생의 계기를 마련하였습니다. 2017. 8. 11. 회생절차 개시 결정과 함께 대표이사 홍○식이 법률상관리인으로 선임되어, 업무의 조기 정상화를 위하여 최선의 노력을 다하고 있습니다.

2. 회생절차개시 결정 후의 경과

- 2017. 08. 11.   회생절차 개시결정 및 법률상관리인 선임
- 2017. 08. 28.   회생담보권자, 회생채권자, 조세 등 채권자목록 제출
- 2017. 09. 11.   회생담보권자, 회생채권자, 조세 등 채권신고기간
- 2017. 09. 25.   회생담보권자, 회생채권자, 조세 등 시부인표 제출
- 2017. 10. 13.   관리인 조사보고서 제출
- 2017. 10. 24.   주요사항 요지통지

3. 회생절차개시 결정 후 개선노력

 채무자 회사는 회생절차 개시 결정 이후 회사의 조기 정상화를 위하여 채무자 회사가 보유하고 있는 매출 채권을 조기에 회수할 수 있도록 노력하고 있으며, 기존 거래 업체와의 유대관계를 강화하고, 더 나아가 신규 거래처를 확보해 나갈 수 있도록 임직원 모두가 각고의 노력을 다 해 나갈 것입니다. 또한, 내부 원가절감을 통하여 수익성을 극대화하여 안정적으로 운전자금을 확보할 수 있도록 노력을 다하고 있습니다.

제 2 장

회생계획안의 요지

제 2 장 회생계획안의 요지

제 1 절 회생계획안 입안의 기초

본 회생계획안은 채무자 회생 및 파산에 관한 법률에 따라 채권자 등 이해관계인들 간에 공정성과 형평성을 기하면서, 채무자 회사의 회생이 가능하도록 작성하였습니다.

채무자 회사는 2017. 7. 20. 회생절차개시신청을 하였으며, 2017. 8. 11. 회생절차개시결정을 받았습니다. 조사기준일(회생절차개시일 2017. 8. 11.) 현재 채무자 회사의 총자산은 1,841,828천원이고, 부채는 3,905,210천원으로서 부채가 자산을 2,063,382천원 초과하고 있습니다. 채무자 회사의 재산에 대한 상세내역은 <별표 1> 재무상태표와 같습니다.

채무자 회사의 재정상태는 비록 파탄에 이르렀으나, 그 동안 축적해온 경험과 노하우를 바탕으로 수익성 있는 매출을 달성하도록 할 것이며, 지속적인 원가절감, 비용지출의 최소화 등의 다각적인 방법을 통해 채권자 및 이해관계인 여러분의 손해를 최소화 하고, 채무변제가 원만히 이뤄지도록 노력할 것입니다.

제 2 절 시인된 총 채권의 내역

1. 시인된 총 채권의 내역

채권조사기간(2017. 9. 12. ~ 2017. 9. 25.)에 시인한 채권액에서 채권신고기간 이후 추후보완 신고되어 관리인이 특별조사기일에 시인할 것으로 예상되는 채권액 및 명의변경 등을 반영한 시인된 총 채권의 내역은 다음과 같습니다.

(단위 : 원)

구분		조사기간 내 시인된 채권액				변동액(+,-)				변동 후 시인된 채권액
		원금	개시전이자	개시후이자	계	원금	개시전이자	개시후이자	계	
회생담보권	미발생구상채권 ○○○조합	113,242,008	-	-	113,242,008	-	-	-	-	113,242,008
	합계	113,242,008	-	-	113,242,008	-	-	-	-	113,242,008
회생채권	대여금채권	744,726,612	4,897,977	-	749,624,589	(256,500,000)	(1,135,276)	-	(257,635,276)	491,989,313
	구상채권	335,896,302	-	1,189,184	337,085,486	256,500,000	1,135,276	706,394	258,341,670	595,427,156
	상거래채권	2,206,217,916	2,439,167	-	2,208,657,083	3,594,169	-	-	3,594,169	2,212,251,252
	소액상거래채권	34,336,057	-	-	34,336,057	585,396	-	-	585,396	34,921,453
	미발생구상채권	4,327,169,379	-	-	4,327,169,379	-	-	-	-	4,327,169,379
	특수관계인채권	44,234,212	-	-	44,234,212	-	-	-	-	44,234,212
	합계	7,692,580,478	7,337,144	1,189,184	7,701,106,806	4,179,565	-	706,394	4,885,959	7,705,992,765
	조세 등 채권	8,492,620	659,510	-	9,152,130	47,391,090	1,456,600	9,398,110	58,245,800	67,397,930
총계		7,814,315,106	7,996,654	1,189,184	7,823,500,944	51,570,655	1,456,600	10,104,504	63,131,759	7,886,632,703

2. 시인된 채권액의 주요 변동내역

가. 회생담보권의 변동

해당사항 없음.

나. 회생채권의 변동

(1) 추완 신고된 회생채권 내역
　채권 신고기간 이후 추후 보완 신고된 회생채권은 10건 243,334,947원으로 이중 관리인이 특별조사기일에 시인할 것으로 예상되는 회생채권은 4,885,959원이며, 그 상세내역은 〈별표2-1, 2-2〉와 같습니다.

(2) 명의변경된 회생채권 내역

채권 조사기간 이후, 명의변경 된 회생채권은 1건, 257,635,276원으로 그 상세내역은 <별표2-4>와 같습니다.

다. 조세 등 채권의 변동

(1) 추완 신고된 조세 등 채권 내역
채권 신고기간 이후, 추후 보완 신고된 조세채권은 2건, 59,410,080원으로 그 상세내역은 <별표 2-1, 2-3>과 같습니다.

제 3 절 권리의 변경과 변제방법의 요지

1. 권리변경 후 변제할 채권

채무자 회사는 채권자 및 기타 이해관계인 여러분에 대한 최선의 이익을 도모하는 한편 채무자의 재건 및 회생을 전제로 공정성과 형평성의 원칙에 입각하여 권리변경과 변제방법의 기준을 마련하였으며, 권리변경 후 변제할 채권액은 다음과 같습니다.

(단위 : 원)

구분		시인한 총 채권액	권리변경(출자전환 또는 면제)				권리변경 후 변제할 채권액			
			원금	개시전 이자	개시후 이자	계	원금	개시전 이자	개시후 이자	계
회생담보권	미발생구상채권	113,242,008	미정	미정	미정	미정	미정	미정	미정	미정
	합계	113,242,008	미정	미정	미정	미정	미정	미정	미정	미정
회생채권	대여금채권	491,989,313	214,819,709	1,655,589	-	216,475,298	273,406,903	2,107,112	-	275,514,015
	구상채권	595,427,156	260,654,373	499,521	1,895,578	263,049,472	331,741,929	635,755	-	332,377,684
	상거래채권	2,212,251,252	972,317,318	1,073,233	-	973,390,551	1,237,494,767	1,365,934	-	1,238,860,701
	소액상거래채권	34,921,453	15,365,441	-	-	15,365,441	19,556,012	-	-	19,556,012
	미발생구상채권	4,327,169,379	미정	미정	미정	미정	미정	미정	미정	미정
	복수관계인채권	44,234,212	44,234,212	-	-	44,234,212	-	-	-	-
	합계	7,705,992,765	1,507,391,053	3,228,343	1,895,578	1,512,514,974	1,862,199,611	4,108,801	-	1,866,308,412
조세 등 채권		67,397,930	-	-	-	-	55,883,710	2,116,110	9,398,110	67,397,930
총계		7,886,632,703	1,507,391,053	3,228,343	1,895,578	1,512,514,974	1,918,083,321	6,224,911	9,398,110	1,933,706,342

2. 회생담보권의 권리변경과 변제방법

가. 회생담보권(미발생구상채권)

(1) 대위변제금
   보증기관 등이 채무자 회사를 위하여 대위변제할 경우 대위변제금의 100%를 대위변제를 한 연도 변제기일에 현금으로 변제합니다.

(2) 개시 후 이자
   개시 후 이자는 면제합니다.

3. 회생채권의 권리변경과 변제방법

가. 회생채권(대여금채권)

(1) 원금 및 개시 전 이자

(가) 원금 및 개시 전 이자의 44%는 출자전환하고, 56%는 현금으로 변제하되, 현금변제할 금액의 70%는 제2차연도(2019년)부터 제3차연도(2020년)까지 2년간 매년 35%씩 균등분할 변제하고, 10%는 제4차연도(2021년)부터 제5차연도(2022년)까지 2년간 매년 5%씩 균등분할 변제하며, 나머지 20%는 제6차연도(2023년)부터 제10차연도(2027년)까지 5년간 매년 4%씩 균등분할 변제합니다.

(나) 출자전환 대상 채권은 본 회생계획 제10장 제4절에 의하여 채무자 회사가 하는 신주발행의 효력발생일에 당해 회생채권의 변제에 갈음하여 소멸합니다.

(2) 개시 후 이자

개시 후 이자는 면제합니다.

나. 회생채권(구상채권)

(1) 원금 및 개시 전 이자

(가) 원금 및 개시 전 이자의 44%는 출자전환하고, 56%는 현금으로 변제하되, 현금변제할 금액의 70%는 제2차연도(2019년)부터 제3차연도(2020년)까지 2년간 매년 35%씩 균등분할 변제하고, 10%는 제4차연도(2021년)부터 제5차연도(2022년)까지 2년간 매년 5%씩 균등분할 변제하며, 나머지 20%는 제6차연도(2023년)부터 제10차연도(2027년)까지 5년간 매년 4%씩 균등분할 변제합니다.

(나) 출자전환 대상 채권은 본 회생계획 제10장 제4절에 의하여 채무자 회사가 하는 신주발행의 효력발생일에 당해 회생채권의 변제에 갈음하여 소멸합니다.

(2) 개시 후 이자

개시 후 이자는 면제합니다.

다. 회생채권(상거래채권)

(1) 원금 및 개시 전 이자

(가) 원금 및 개시 전 이자의 44%는 출자전환하고, 56%는 현금으로 변제하되, 현금변제할 금액의 70%는 제2차연도(2019년)부터 제3차연도(2020년)까지 2년간 매년 35%씩 균등분할 변제하고, 10%는 제4차연도(2021년)부터 제5차연도(2022년)까지 2년간 매년 5%씩 균등분할 변제하며, 나머지 20%는 제6차연도(2023년)부터 제10차연도(2027년)까지 5년간 매년 4%씩 균등분할 변제합니다.

(나) 출자전환 대상 채권은 본 회생계획 제10장 제4절에 의하여 채무자 회사가 하는 신주발행의 효력발생일에 당해 회생채권의 변제에 갈음하여 소멸합니다.

(2) 개시 후 이자

개시 후 이자는 면제합니다.

라. 회생채권(소액상거래채권)

(1) 원금 및 개시 전 이자

(가) 원금 및 개시 전 이자의 44%는 출자전환하고, 56%는 현금으로 변제하되, 현금변제할 금액의 60%는 제1차연도(2018년)에 변제하고, 나머지 40%는 제2차연도(2019년)에 변제합니다.

(나) 출자전환 대상 채권은 본 회생계획 제10장 제4절에 의하여 채무자 회사가 하는 신주발행의 효력발생일에 당해 회생채권의 변제에 갈음하여 소멸합니다.

(2) 개시 후 이자

개시 후 이자는 면제합니다.

마. 회생채권(미발생구상채권)

(1) 대위변제금

(가) 보증기관 등이 채무자 회사를 위하여 대위변제할 경우 대위변제금의 44%는 출자전환하고, 56%는 현금으로 변제하되, 현금변제할 금액의 70%는 제2차연도(2019년)부터 제3차연도(2020년)까지 2년간 매년 35%씩 균등분할 변제하고, 10%는 제4차연도(2021년)부터 제5차연도(2022년)까지 2년간 매년 5%씩 균등분할 변제하며, 나머지 20%는 제6차연도(2023년)부터 제10차연도(2027년)까지 5년간 매년 4%씩 균등분할 변제합니다. 단, 대위변제가 제3차연도(2020년) 이후에 이루어지는 경우 이미 변제기일이 경과된 금액은 그 후 최초로 도래하는 변제기일에 합산하여 변제합니다.

(나) 출자전환 대상 채권액은 본 회생계획안 제10장 제4절에 의하여, 채무자 회사가 하는 신주발행의 효력발생일에 당해 회생채권의 변제에 갈음하여 소멸합니다.

(2) 개시 후 이자

개시 후 이자는 면제합니다.

바. 회생채권(특수관계인채권)

(1) 원금 및 개시 전 이자

(가) 원금 및 개시 전 이자 전액을 출자전환 합니다.

(나) 출자전환 대상 채권은 본 회생계획 제10장 제4절에 의하여 채무자 회사가 하는 신주발행의 효력발생일에 당해 회생채권의 변제에 갈음하여 소멸합니다.

(2) 개시 후 이자

개시 후 이자는 면제합니다.

4. 조세 등 채권의 권리변경과 변제방법

 채무자 회생 및 파산에 관한 법률 제140조 제2항에 의하여 회생계획 인가결정일 이후 변제일까지 국세징수법 또는 국세징수의 예에 의한 징수 및 체납처분에 의한 재산의환가는 유예합니다. 채무자 회사는 회생계획 인가결정 전일까지 발생한 조세 등 채권의 가산금 및 중가산금을 포함한 금액을 100% 현금으로 변제하되, 현금 변제할 금액의 20%는 제1차연도(2018년)에 변제하며, 나머지 80%는 제2차연도(2019년)부터 제3차연도(2020년)까지 2년간 매년 40%씩 균등 분할하여 변제합니다. 단, 제3차연도(2020년)에는 인가결정일에 해당하는 날짜의 전일자에 변제합니다.

다툼이 있는 경우에는 이의신청 또는 소송제기 등을 통하여 확정하는 것으로 한다. 단, 법원의 허가를 얻어 조기에 변제할 수 있도록 합니다.

5. 장래의 구상권의 권리변경과 변제방법

가. 회생절차개시결정 이후 채무자 회사를 위한 보증인, 물상보증인(담보목적물의 제3취득자를 포함한다), 기타 제3자가 자기의 출재로 인하여 회생담보권자 또는 회생채권자에게 변제한 경우에는 채무자 회사에 대하여 구상권을 취득합니다.

나. 다만, 구상권자는 채권자의 권리변경 전의 채권이 회생절차에 의하여 또는 회생절차에 의하지 아니하고 모두 소멸된 경우에 한하여 자기의 구상권을 행사할 수 있으며, 채무자 회사는 이 회생계획안에 의하여 변제하여야 할 회생담보권 또는 회생채권의 잔액 범위 내에서 구상권자들의 구상권 비율에 따라 변제합니다.

6. 주주의 권리변경 및 신주의 발행

가. 주식병합에 의한 자본의 감소

이 회생계획 인가 전에 발행한 주식 80,000 주에 대하여 액면가 5,000 원의 보통주 2주를 액면가 5,000 원의 보통주 1주로 병합 합니다. 단, 주식병합으로 인하여 발생되는 1주 미만의 단주는 관리인이 법원의 허가를 받아 무상 소각합니다.

나. 출자전환에 따른 신주발행

회생채권(대여금채권, 구상채권, 상거래채권, 소액상거래채권, 미발생구상채권, 특수관계인채권)에 해당하는 총 채무액 중 출자전환 대상금액에 대하여 액면가 주당 5,000 원의 보통주를 주당 5,000 원의 발행가로 출자전환하여 신주를 발행합니다. 단, 1주 미만의 단주는 관리인이 법원의 허가를 받아 무상소각 합니다.

다. 출자전환 후 주식 재병합

 구주의 주식병합 및 회생채권의 출자전환 후, 회사 자본금 규모의 적정화를 위하여 발행주식의 액면가 5,000원의 보통주 5주를 액면가 5,000원 보통주 1주로 재병합 합니다. 단, 주식 재병합으로 인하여 발생하는 1주 미만의 단주는 관리인이 법원의 허가를 받아 무상소각 합니다.

제 4 절 결 언

 본 회생계획안을 입안 작성함에 있어서 채무자 회사는 채권자 및 주주, 이해관계인 여러분의 이익을 최대한 보호하고, 채무자 회사의 회생을 도모하여 경영정상화를 조기에 달성하는 균형점을 찾고자 하였으며, 모든 채권자들에게 공정하고 형평에 맞는 회생계획을 수립하고자 노력하였습니다.

 다만, 현재 채무자 회사가 처해있는 여건으로 볼 때, 업무정상화와 채무를 변제함에 있어서 채무자 자체의 힘만으로는 한계가 있다고 판단되어, 회생담보권자, 회생채권자 여러분의 일부 권리를 변경하고 변제기간을 유예할 수밖에 없었던 점에 대하여 매우 송구스럽게 생각하고 있습니다.

 채무자 회사가 이해관계인 여러분의 고통에 보답하는 길은 회사가 경영정상화를 반드시 달성하여 채권자 여러분에게 더 이상 피해를 입히지 않고, 회생계획안에 따라 정상적으로 채무를 변제하는 것이라 생각합니다. 이를 위하여 관리인과 채무자회사의 임직원은 모든 노력을 다하겠으며, 앞으로도 이해관계인 여러분의 계속적인 지원과 협조를 부탁드립니다.

 끝으로 본 회생계획안이 제출되기까지 협조와 지원을 아끼지 않았던 채권자 여러분과 법원, 그리고 관계 당국에 진심으로 머리 숙여 감사드립니다.

제 3 장

회생담보권 및 회생채권에 대한 권리변경과 변제방법

제 3 장 회생담보권 및 회생채권에 대한 권리변경과 변제방법

제 1 절 총 칙

1. 용어의 정의

본 회생계획에서 사용하는 용어의 뜻은 다음과 같습니다.

(1) "회생계획기간"이란 준비연도(2017년)와 그 다음 연도인 2018년부터 10년간의 기간을 말하며, 2027년 12월 31일에 종료하는 것으로 합니다.
(2) "준비연도"라 함은 회생절차 개시결정일(2017년 8월 11일)부터 2017년 12월 31일까지를 말합니다.
(3) "제1차 연도"란 준비연도의 다음 연도인 2018년 1월 1일부터 12월 31일까지를 말하며, 제2차 연도 이후의 각 연도는 순차적으로 그 다음해 1월 1일부터 12월 31일까지로 합니다.
(4) "개시 전 이자"란 회생절차 개시결정일 전날(2017년 8월 10일)까지 회생담보권 및 회생채권에 대하여 발생한 이자 및 지연손해금을 말합니다.
(5) "개시 후 이자"란 회생절차 개시결정일(2017년 8월 11일)부터 회생담보권 및 회생채권에 대하여 발생하는 이자 및 지연손해금을 말합니다.
(6) "연체이자"란 회생계획에 따른 채무의 변제를 변제기일에 이행하지 못할 경우 그 미변제 금액에 대하여 발생하는 지연손해금을 말합니다.
(7) "금융기관"이란 은행법, 기타 법률에 의하여 금융업무를 행하는 기관을 말합니다.
(8) "보증기관"이란 관계 법령에 따라 채무의 보증을 업으로 하는 기관으로서 채무자 회사를 위하여 보증한 기관을 말합니다.
(9) "대여금채권"이란 채무자 회사에 대한 금전의 대여(어음할인, 그 밖에 이와 비슷한 방법을 통하여 교부한 금전을 포함합니다)에 따른 채권을 말하며, 금융기관이 제3자와의 거래를 통하여 채무자 회사가 발행, 배서, 인수나 보증한 어음(수표를 포함합니다. 이하 같습니다)을 취득함으로써 채무자 회사에 대하여 가지는 채권을 포함합니다.
(10) "상거래채권"이란 채무자 회사의 영업으로 인하여 채권자가 채무자회사에 대하여 가지는 채권으로서 대여금채권이 아닌 것을 말한다.

(11) "소액상거래채권" 이란 동일한 채권자가 채무자 회사에 대하여 가지는 상거래채권의 합산액이 400만원 이하인 채권을 말한다.

(12) "보증채권" 이란 채무자 회사가 주채무자의 채무이행을 보증하거나 연대하여 보증한 경우에 채권자가 보증인인 채무자 회사에 대하여 가지는 채권을 말합니다.

(13) "구상채권" 이란 채무자 회사의 다른 채권자에 대한 채무를 변제 기타 자기의 출재로 소멸하게 한 채권자가 그로 인하여 채무자 회사에 대하여 가지는 채권을 말합니다.

(14) "미발생구상채권" 이란 보증기관 등이 회생계획인가일 이후 채무자 회사의 다른 채권자에 대한 채무를 변제 기타 자기의 출재로 소멸하게 함으로서 채무자 회사에 대하여 가지게 될 구상채권을 말합니다.

(15) "특수관계인" 이란 채무자 회생 및 파산에 관한 법률 시행령 제4조에 규정된 법인, 그 밖의 단체, 개인 및 그 밖에 이에 준하는 자를 말합니다.

(16) "조세 등 채권" 이란 국세징수법 또는 지방세법에 의하여 징수할 수 있는 채권(국세징수의 예에 의하여 징수할 수 있는 채권으로서, 그 징수 우선순위가 일반 회생채권보다 우선하는 것을 포함합니다)을 말합니다.

2. 변제기일

이 회생계획에 의하여 매년 변제할 원금 및 이자는 해당 연도의 12월 30일(다만, 공휴일인 경우에는 그 직전 영업일)에 변제하며, 위 변제기일 전이라도 관리인은 법원의 허가를 받아 회생담보권 또는 회생채권의 전부 또는 일부를 수시로 변제할 수 있고, 이때 관리인은 이 회생계획 제7장 제1절(예상수익금의 초과 시 처리방법)에 의한 할인율을 적용하여 계산한 조기변제기일에 있어서의 현재가치 상당액을 변제하기로 합니다. 이 경우 관리인은 허가를 받은 날로부터 1개월 이내의 날을 조기변제일로 합니다.

3. 변제장소

이 회생계획에서 정하는 변제는 채무자 회사의 본점 소재지나 채무자 회사가 지정하여 통지하는 장소에서 행합니다. 다만, 금융기관에 대하여는 해당 금융기관의 본점과 지점으로 할 수 있습니다. 그리고 채권자와 협의하여 채권자가 지정한 예금계좌에 입금함으로써 변제할 수 있으며, 그 경우 그 입금증으로 상환영수증 또는 변제확인서를 대신할 수 있습니다.

4. 회생담보권 및 회생채권 변제 시 채권자 확인방법

회생담보권 및 회생채권의 변제 시 법인은 법인등기부등본 및 법인인감증명서를, 개인은 신분증 및 인감증명서를, 채권자의 대리인은 채권자 본인의 위임장 및 인감증명서를 제시하여야 하며, 채무자 회사는 회생담보권자 및 회생채권자가 제시한 서류로 채권자 본인임을 확인한 후 변제합니다. 다만, 회생담보권자 및 회생채권자가 미리 지정한 금융기관의 계좌로 입금하는 방식으로 변제할 수 있으며, 회생담보권자 및 회생채권자가 금융기관인 경우 위와 같은 채권자 확인절차를 거치지 아니하고 해당 금융기관이 발행한 상환확인서 또는 상환영수증으로 갈음할 수 있습니다.

5. 변제 충당 순서

(1) 이 회생계획 인가일 이후의 회생담보권 및 회생채권 변제충당 순서는 원금, 개시 전 이자, 개시 후 이자, 연체이자 순으로 합니다.

(2) 변제재원의 부족으로 변제계획에 따라 당해 연도 변제할 채권액을 전액 변제할 수 없는 경우에는 회생담보권의 원금, 회생채권의 원금의 순으로 당해 연도 변제예정 금액에 비례하여 변제하며, 나머지가 있을 경우에는 회생담보권의 개시 전 이자, 회생채권의 개시 전 이자, 회생담보권의 개시 후 이자, 회생채권의 개시 후 이자, 회생담보권의 연체이자, 회생채권의 연체이자 순으로 당해 연도 변제예정금액에 비례하여 변제하되 당해 연도 변제예정금액 중 미변제분은 다음 연도 변제기일에 우선하여 변제합니다.

(3) 금융기관 회생담보권 및 회생채권에 대한 대출과목별 변제충당순서는 회생담보권 및 회생채권별 변제금액의 범위 내에서 해당 금융기관이 정하는 바에 따릅니다.

6. 권리변경 시 단수 처리방법

회생담보권, 회생채권 권리변경 시 발생하는 "1"원 미만의 금액은 "1"원으로 합니다.

7. 변제금액의 확정

이 회생계획상의 채권별 권리변경 및 변제방법에 의해 산정된 금액 및 변제일이 별표된 채권별 변제계획표의 금액 및 변제일과 상이한 경우에는 회생계획 본문에서 정한 권리변경 및 변제방법에 의해 산정된 변제금액 및 변제일을 기준으로 변제합니다.

8. 외화표시채권의 원화환산 기준

외화표시채권은 외화로 변제하거나 변제 당일에 한국산업은행이 최초로 고시하는 대고객 전신환매도율로 환산한 원화로 변제합니다. 다만, 외화표시채권을 원화로 대위변제한 구상금채권자에 대하여는 대위변제한 시점의 중소기업진흥공단 대고객 전신환매도율을 적용하여 환산한 원화로 변제합니다.

9. 채권양도의 특례

회생담보권자 또는 회생채권자에 관하여 회생절차개시결정일 이후 채권양도 등의 원인으로 채권자가 변경되었다 하더라도 채권의 승계취득자에 대하여 회생절차개시 결정일 당시의 채권자 및 채권액을 기준으로 하여 이 회생계획의 권리변경과 변제방법을 적용합니다. 채권자의 변경으로 인하여 종전의 회생담보권 또는 회생채권에 관하여 수인의 채권자가 있게 된 경우에는 각 채권자들의 채권액 비율에 따라 배분하여 권리변경 및 변제방법을 적용합니다.

10. 변제 미이행 시의 처리

이 회생계획에 따른 채무의 변제를 변제기일에 이행하지 못할 경우에는 미변제 금액에 대하여 변제기일 다음날부터 실제 변제일 까지 연 10%를 적용하여 계산한 연체이자를 가산하여 변제합니다. 다만, 개시 전 이자 및 개시 후 이자의 미변제 금액에 대하여는 적용하지 아니합니다.

11. 회계연도

이 회생계획의 회계연도 표시는 매년 1월 1일부터 12월 31일까지로 합니다.

12. 기한의 이익 상실

회생절차가 폐지되는 경우에는 회생담보권 및 회생채권에 관하여 이 회생계획에서 정한 변제기일에도 불구하고 그 변제기가 도래하는 것으로 합니다.

13. 기타

이 회생계획의 용어 및 문헌 해석에 이의가 있을 경우에는 채무자 회생 및 파산에 관한 법률의 취지에 따라 해석하되, 다툼이 있을 경우에는 본 회생사건을 담당하는 법원의 해석에 따릅니다.

제 2 절 회생담보권의 권리변경과 변제방법

1. 회생담보권(미발생구상채권)

가. 시인한 총 채권액의 내역

조사기간에 시인한 회생담보권(미발생구상채권)과 그 이후의 변동내역은 다음과 같습니다.

(단위 : 원)

신고번호	목록번호	채권자명	조사기간에 시인된 채권액				변동액(+,-)	변동 후 시인된 총 채권액
			원금	개시전 이자	개시후 이자	계		
담보권1	-	(이사장 ○○○ 직무대행자 ○○○)	113,242,008	-	-	113,242,008	-	113,242,008
합계			113,242,008	-	-	113,242,008	-	113,242,008

나. 권리변경 및 변제방법

(1) 대위변제금

　보증기관 등이 채무자 회사를 위하여 대위변제할 경우 대위변제금의 100%를 대위변제를 한 연도 변제기일에 현금으로 변제합니다.

(2) 개시 후 이자

　개시 후 이자는 면제합니다.

다. 권리변경 후 채무자가 변제해야 할 회생담보권(미발생구상채권)은 다음과 같습니다.

(단위 : 원)

신고번호	목록번호	채권자명	시인된 총 채권액	권리변경 (출자전환 또는 면제)	권리변경 후 변제할 채권액			
					원금	개시전이자	개시후이자	계
담보권1	-	전문건설공제조합 (이사장 이인의신 직무대행자 손병선)	113,242,008	미정	미정	미정	미정	미정
합계			113,242,008	미정	미정	미정	미정	미정

라. 회생담보권(미발생구상채권)의 세부적인 권리변경 내역은 <별표3-1>와 같고, 원금 및 이자의 구체적인 연도별 변제계획은 <별표4-1>와 같습니다.

3. 담보권의 존속 및 소멸과 담보목적물의 처분 등

가. 채무 변제 시 담보권 소멸 및 존속

(1) 회생절차개시 당시 채무자 회사의 재산상에 존재하는 저당권, 근저당권, 양도담보권, 질권 등 담보권은 이 회생계획에 의하여 권리변경된 회생담보권을 피담보채권으로 하는 담보권으로서 회생계획 인가 이후에도 종전 순위에 따라 존속합니다. 단 회생담보권으로 인정되지 아니한 담보권과 담보 목적물에 설정된 지상권은 소멸합니다.

(2) 이 회생계획에 따라 채무자 회사가 권리변경된 회생담보권을 변제하는 경우 그에 관한 담보권 일체가 소멸합니다. 이 때 회생담보권자는 점유하고 있는 담보목적물을 채무자 회사에 인도하거나 담보권의 말소에 필요한 일체의 서류를 지체 없이 채무자 회사에 교부하는 등 담보권의 소멸 및 그 처리에 필요한 제반 절차를 즉시 이행해야 합니다. 회생담보권자가 위와 같

은 절차를 이행하지 않을 것이 명백하거나 이행하지 아니한 때에는 법원은 해당 담보목적물에 존재하는 담보권 말소를 촉탁할 수 있습니다.

나. 담보목적물 처분 및 처분대금의 사용 방법

(1) 채무자 회사가 담보목적물을 처분할 경우, 매매계약이 완료된 후 소유권이전등기 시 필요한 경우 법원은 해당 담보목적물에 존재하는 담보권 말소를 촉탁할 수 있습니다.
(2) 채무자 회사가 법원의 허가를 받아 담보목적물을 매각할 경우에는 매각대금에서 매각관련 제 세금 및 기타 비용을 공제한 금액으로 당해 담보목적물의 권리변경된 회생 담보권을 변제합니다. 다만 위 금액으로 당해 담보목적물의 회생담보권을 모두 변제하기에 부족한 경우 그 회생담보권의 변제는 원금, 개시 전 이자, 개시 후 이자, 연체이자 순으로 변제하고, 같은 순위의 것 중에서는 변제기일이 먼저 도래하는 순서에 따르며, 남은 회생담보권액은 이 회생계획에 의한 회생담보권 변제방법에 따라 변제합니다. 담보목적물에 대한 회생담보권자가 여럿일 경우 그 담보권의 순위에 따라 순차적으로 변제하고, 같은 순위 회생담보권자가 있는 경우에는 그 회생담보권자들의 채권액 비율에 비례하여 변제합니다.
(3) 담보목적물의 처분으로 인한 변제대금이 회생담보권 변제액에 미달하거나 부득이한 사정으로 계획 기간 내에 담보목적물의 매각이 이루어지지 못할 경우, 미변제 회생담보권은 이 회생계획에 따른 본래의 변제계획에 따릅니다.
(4) 회생담보권을 변제한 후 남은 처분대금은 법원의 허가를 받아 공익채권의 변제 또는 채무자 회사의 운영자금으로 사용할 수 있습니다.

다. 담보목적물 처분 위임

(1) 이 회생계획의 회생담보권 변제계획을 이행하지 못할 경우 회생담보권자는 변제계획 불이행이 있은 연도의 다음 연도에 담보목적물 처분권한 위임을 관리인에게 요청할 수 있습니다. 회생담보권자의 요청이 있는 경우 관리인은 법원의 허가를 받아 최우선순위 회생 담보권자에게 당해 담보목적물의 처분권한을 위임할 수 있고, 이 경우 최우선순위 회생담보권자는 담보목적물을 매각함에 있어 그 매각 조건에 관하여 관리인을 통하여 법원의 허가를 받아야 합니다.

(2) 다만 처분권한을 위임한 날의 다음날부터 변제일까지는 그 담보목적물에 관한 회생담보권 전액에 대한 연체이자가 발생하지 않습니다.

4. 보험사고 발생 시 처리

가. 관리인은 보험계약이 만료되는 경우 계속하여 보험계약을 체결합니다.
나. 관리인이 위와 같이 담보목적물에 대한 보험가입의무를 이행하지 않을 경우, 회생담보권자는 자신의 비용으로 보험료를 지불하여 보험계약을 체결할 수 있고, 보험료로 지출된 금액은 채무자 회사에 대한 공익채권으로 봅니다. 관리인은 이를 우선적으로 변제하되, 그 원금에 대하여 보험료 지급일부터 변제일까지 중소기업진흥공단의 일반자금대출 최저 연체이자율에 따른 지연손해금을 지급하여야 합니다.
다. 보험에 가입되어 있는 담보목적물에 대하여 보험사고가 발생한 경우, 관리인은 법원의 허가를 받아 해당 보험금을 담보목적물의 복구에 사용하여야 하고, 복구한 물건에 대하여는 잔존 회생담보권을 피담보채권으로 하여 종전 순위에 따라 담보권을 설정하여야 합니다.
라. 관리인이 보험금으로 담보목적물을 복구하지 아니할 경우에는 당해 담보목적물에 설정되어 있는 담보권의 순위에 따라 이 회생계획에 의하여 변제하여야 할 회생담보권의 범위 내에서 (3.64%의 현가율을 적용하여) 조기 변제하되, 당해 담보목적물의 회생담보권을 모두 변제하기에 부족한 경우에는 변제기일이 먼저 도래하는 회생담보권의 원금, 개시 전 이자, 개시 후 이자, 연체이자 순으로 변제하고, 변제 후 남은 금액이 있을 경우에는 법원의 허가를 받아 공익채권을 변제하거나 채무자 회사의 운영자금으로 사용할 수 있습니다.
마. 관리인이 담보목적물의 복구나 채권 변제에 사용하고 남는 보험금은 법원의 허가를 받아 채무자 회사의 운영자금으로 사용할 수 있습니다.
바. 담보목적물의 보험청구권에 대하여 질권이 설정되어 있는 경우에는 보험기간 종료 후 보험갱신 시마다 기존 권리를 재설정하기로 합니다.

5. 담보권자의 물상대위권 행사

가. 회생담보권자의 담보목적물이 훼손된 경우, 당해 담보목적물의 복구가 가능하다면, 관리인은 법원의 허가를 받아 해당 담보목적물의 훼손으로 인하여 지급되는 손해배상금이나 보상금을

수령하여 담보목적물의 복구에 사용하여야 하며, 복구된 물건에 대하여는 잔존 회생담보권을 피담보채권으로 하여 종전의 순위에 따라 담보권을 설정하여야 합니다.

나. 회생담보권자의 담보목적물이 멸실, 훼손, 공용 징수된 경우 관리인이 손해배상금이나 보상금을 수령하여 담보목적물을 복구하지 아니하는 때에는 그 담보목적물에 설정되어 있는 담보권의 순위에 따라 이 회생계획에 의하여 변제하여야 할 회생담보권의 범위 내에서의 현가율을 적용하여(3.64%) 조기 변제하되, 당해 담보목적물의 회생담보권을 모두 변제하기에 부족한 경우에는 변제기일이 먼저 도래하는 회생담보권의 원금, 개시 전 이자, 개시 후 이자, 연체이자 순으로 변제하고, 남는 것이 있으면 같은 방법으로 다음 연도 회생담보권을 변제합니다.

다. 관리인이 담보목적물의 복구나 회생담보권의 변제에 사용하고 남는 금액은 법원의 허가를 받아 채무자 회사의 운영자금으로 사용할 수 있습니다.

제 3 절 회생채권의 권리변경과 변제방법

1. 회생채권(대여금채권)

가. 시인한 총 채권액의 내역

조사기간에 시인한 회생채권(대여금채권)과 그 이후의 변동내역은 다음과 같습니다.

(단위 : 원)

신고번호	목록번호	채권자명	조사기간에 시인된 채권액				변동액(+,-)	변동 후 시인된 총 채권액
			원금	개시전이자	개시후이자	계		
채권4	채권5	㈜○○○○(대표이사 ○○○)	4,057,170	5,652	-	4,062,822	-	4,062,822
채권13	채권6	㈜○○○○○○(대표이사 ○○○)	3,391,191	44,313		3,435,504	-	3,435,504
채권23	채권3	㈜○○○○(대표이사 ○○○)	62,133,792	641,852		62,775,644	-	62,775,644
채권24	채권2	㈜○○○○(대표이사 ○○○)	315,000,000	2,090,411		317,090,411	(257,635,276)	59,455,135
채권27	채권1	○○○○○○(이사장 ○○○)	324,950,000	1,255,324		326,205,324	-	326,205,324
채권30	채권7	○○○○○(대표이사 ○○○)	5,194,459	9,477		5,203,936	-	5,203,936
채권37	채권4	㈜○○○○(대표이사 ○○○)	30,000,000	850,948		30,850,948	-	30,850,948
	합계		744,726,612	4,897,977	-	749,624,589	(257,635,276)	491,989,313

나. 권리변경 및 변제방법

(1) 원금 및 개시 전 이자

(가) 원금 및 개시 전 이자의 44%는 출자전환하고, 56%는 현금으로 변제하되, 현금변제할 금액의 70%는 제2차연도(2019년)부터 제3차연도(2020년)까지 2년간 매년 35%씩 균등분할 변제하고, 10%는 제4차연도(2021년)부터 제5차연도(2022년)까지 2년간 매년 5%씩 균등분할 변제하며, 나머지 20%는 제6차연도(2023년)부터 제10차연도(2027년)까지 5년간 매년 4%씩 균등분할 변제합니다.

(나) 출자전환 대상 채권은 본 회생계획 제10장 제4절에 의하여 채무자 회사가 하는 신주발행의 효력발생일에 당해 회생채권의 변제에 갈음하여 소멸합니다.

(2) 개시 후 이자

개시 후 이자는 면제합니다.

다. 권리변경 후 채무자 회사가 변제해야 할 회생채권(대여금채권)은 다음과 같습니다.

(단위 : 원)

신고번호	목록번호	채권자명	시인된 총 채권액	권리변경 (출자전환 또는 면제)	권리변경 후 변제할 채권액			
					원금	개시전이자	개시후이자	계
채권4	채권5	㈜○○○○ (대표이사 ○○○)	4,062,822	1,787,642	2,272,015	3,165	-	2,275,180
채권13	채권6	㈜○○○○○ (대표이사 ○○○)	3,435,504	1,511,622	1,899,067	24,815	-	1,923,882
채권23	채권3	㈜○○○○ (대표이사 ○○○)	62,775,644	27,621,283	34,794,924	359,437	-	35,154,361
채권24	채권2	㈜○○○○ (대표이사 ○○○)	59,455,135	26,160,259	32,760,000	534,876	-	33,294,876
채권27	채권1	중소기업진흥공단 (이사장 ○○○)	326,205,324	143,530,343	181,972,000	702,981	-	182,674,981
채권30	채권7	○○○○ (대표이사 ○○○)	5,203,936	2,289,732	2,908,897	5,307	-	2,914,204
채권37	채권4	㈜○○○○ (대표이사 ○○○)	30,850,948	13,574,417	16,800,000	476,531	-	17,276,531
	합계		491,989,313	216,475,298	273,406,903	2,107,112	-	275,514,015

라. 회생채권(대여금채권)의 세부적인 권리변경 내역은 <별표3-2>과 같고, 원금 및 이자의 구체적인

연도별 변제계획은 <별표4-2>과 같습니다.

2. 회생채권(구상채권)

가. 시인한 총 채권액의 내역

조사기간에 시인한 회생채권(구상채권)과 그 이후의 변동내역은 다음과 같습니다.

(단위 : 원)

신고번호	목록번호	채권자명	조사기간에 시인된 채권액				변동액(+,-)	변동 후 시인된 총 채권액
			원금	개시전 이자	개시후 이자	계		
채권15-1	-	서울○○○○○○ (대표이사 ○○○)	651,300	-	-	651,300	-	651,300
채권19	-	○○○○○○○ (이사장 ○○○)	335,245,002	-	1,189,184	336,434,186	-	336,434,186
추완채권4	-	○○○○○○ (이사장 ○○○)	-	-	-	-	258,341,670	258,341,670
합계			335,896,302	-	1,189,184	337,085,486	258,341,670	595,427,156

나. 권리변경 및 변제방법

(1) 원금 및 개시 전 이자

(가) 원금 및 개시 전 이자의 44%는 출자전환하고, 56%는 현금으로 변제하되, 현금변제할 금액의 70%는 제2차연도(2019년)부터 제3차연도(2020년)까지 2년간 매년 35%씩 균등분할 변제하고, 10%는 제4차연도(2021년)부터 제5차연도(2022년)까지 2년간 매년 5%씩 균등분할 변제하며, 나머지 20%는 제6차연도(2023년)부터 제10차연도(2027년)까지 5년간 매년 4%씩 균등분할 변제합니다.

(나) 출자전환 대상 채권은 본 회생계획 제10장 제4절에 의하여 채무자 회사가 하는 신주발행의 효력발생일에 당해 회생채권의 변제에 갈음하여 소멸합니다.

(2) 개시 후 이자

개시 후 이자는 면제합니다.

다. 권리변경 후 채무자 회사가 변제해야 할 회생채권(구상채권)은 다음과 같습니다.

(단위 : 원)

신고 번호	목록 번호	채권자명	시인된 총 채권액	권리변경 (출자전환 또는 면제)	권리변경 후 변제할 채권액			
					원금	개시전이자	개시후이자	계
채권15-1			651,300	286,572	364,728	-	-	364,728
채권19			336,434,186	148,696,985	187,737,201	-	-	187,737,201
추완채권4			258,341,670	114,065,915	143,640,000	635,755	-	144,275,755
합계			595,427,156	263,049,472	331,741,929	635,755	-	332,377,684

라. 회생채권(구상채권)의 세부적인 권리변경 내역은 <별표3-3>과 같고, 원금 및 이자의 구체적인 연도별 변제계획은 <별표4-3>과 같습니다.

3. 회생채권(상거래채권)

가. 시인한 총 채권액의 내역

조사기간에 시인한 회생채권(상거래채권)과 그 이후의 변동내역은 다음과 같습니다.

(단위 : 원)

신고 번호	목록 번호	채권자명	조사기간에 시인된 채권액				변동액(+,-)	변동 후 시인된 총 채권액
			원금	개시전 이자	개시후 이자	계		
채권1	채권62		9,391,311	2,439,167	-	11,830,478	-	11,830,478
채권2	채권18		11,000,000	-	-	11,000,000	-	11,000,000
채권6	채권41		10,340,000	-	-	10,340,000	-	10,340,000
채권9	채권58		115,897,608	-	-	115,897,608	-	115,897,608
채권10	채권31		8,800,000	-	-	8,800,000	-	8,800,000
채권14	채권50		5,500,000	-	-	5,500,000	-	5,500,000
채권16	채권60		117,830,000	-	-	117,830,000	-	117,830,000
채권17	채권34		49,500,000	-	-	49,500,000	-	49,500,000

(단위 : 원)

신고 번호	목록 번호	채권자명	조사기간에 시인된 채권액				변동액(+,-)	변동 후 시인된 총 채권액
			원금	개시전 이자	개시후 이자	계		
채권16	채권35	(불명)	29,500,000	-	-	29,500,000	-	29,500,000
채권22	채권16	(사내이사 불명)	12,500,000	-	-	12,500,000	-	12,500,000
채권28	채권12	(대표이사 불명)	52,930,000	-	-	52,930,000	-	52,930,000
채권29	채권11	(대표이사 불명)	14,080,000	-	-	14,080,000	-	14,080,000
채권31	채권68	(대표이사 불명)	66,000,000	-	-	66,000,000	-	66,000,000
채권32	채권28	(불명)	4,400,000	-	-	4,400,000	-	4,400,000
채권35	채권52	(사내이사 불명)	172,120,737	-	-	172,120,737	-	172,120,737
채권39	채권17	(대표이사 불명)	61,512,500	-	-	61,512,500	-	61,512,500
채권42	채권48	(불명)	4,400,000	-	-	4,400,000	-	4,400,000
채권43	채권22	(불명)	5,500,000	-	-	5,500,000	-	5,500,000
	채권8	(대표이사 불명)	4,400,000	-	-	4,400,000	-	4,400,000
	채권10	(대표이사 불명)	39,766,420	-	-	39,766,420	-	39,766,420
	채권13	(대표이사 불명)	4,750,000	-	-	4,750,000	-	4,750,000
	채권14	(대표이사 불명)	5,500,000	-	-	5,500,000	-	5,500,000
	채권19	(대표이사 불명)	6,600,000	-	-	6,600,000	-	6,600,000
	채권20	(불명)	153,340,000	-	-	153,340,000	-	153,340,000
	채권21	(불명)	20,000,000	-	-	20,000,000	-	20,000,000
	채권25	(불명)	52,170,000	-	-	52,170,000	-	52,170,000
	채권26	(불명)	5,500,000	-	-	5,500,000	-	5,500,000
	채권27	(불명)	40,700,000	-	-	40,700,000	-	40,700,000
	채권29	(불명)	72,040,000	-	-	72,040,000	-	72,040,000
	채권32	(불명)	10,450,000	-	-	10,450,000	-	10,450,000
	채권40	(불명)	5,060,000	-	-	5,060,000	-	5,060,000
	채권42	(불명)	39,050,000	-	-	39,050,000	-	39,050,000
	채권44	(불명)	21,900,000	-	-	21,900,000	-	21,900,000
	채권45	(불명)	16,340,000	-	-	16,340,000	-	16,340,000
	채권46	(불명)	128,920,000	-	-	128,920,000	-	128,920,000

(단위 : 원)

신고번호	목록번호	채권자명	조사기간에 시인된 채권액				변동액(+,-)	변동 후 시인된 총 채권액
			원금	개시전 이자	개시후 이자	계		
	채권47	(흐림)	42,460,000	-	-	42,460,000	-	42,460,000
	채권49	(흐림)	5,500,000	-	-	5,500,000	-	5,500,000
	채권51	(흐림)	8,800,000	-	-	8,800,000	-	8,800,000
	채권53	(흐림)	34,837,000	-	-	34,837,000	-	34,837,000
	채권55	(흐림)	35,029,880	-	-	35,029,880	2,571,694	37,601,574
	채권56	(흐림)	190,647,678	-	-	190,647,678	-	190,647,678
	채권59	(흐림)	11,220,000	-	-	11,220,000	-	11,220,000
	채권63	(흐림)	18,500,000	-	-	18,500,000	-	18,500,000
	채권64	(흐림)	102,752,182	-	-	102,752,182	1,022,475	103,774,657
	채권65	(흐림)	8,000,000	-	-	8,000,000	-	8,000,000
	채권67	(흐림)	50,000,000	-	-	50,000,000	-	50,000,000
	채권69	(흐림)	200,000,000	-	-	200,000,000	-	200,000,000
	채권70	(흐림)	6,600,000	-	-	6,600,000	-	6,600,000
	채권71	(흐림)	20,460,000	-	-	20,460,000	-	20,460,000
	채권73	(흐림)	23,502,600	-	-	23,502,600	-	23,502,600
	채권74	(흐림)	58,670,000	-	-	58,670,000	-	58,670,000
	채권75	(흐림)	11,550,000	-	-	11,550,000	-	11,550,000
		합계	2,206,217,916	2,439,167	-	2,208,657,083	3,594,169	2,212,251,252

나. 권리변경 및 변제방법

(1) 원금 및 개시 전 이자

(가) 원금 및 개시 전 이자의 44%는 출자전환하고, 56%는 현금으로 변제하되, 현금변제할 금액의 70%는 제2차연도(2019년)부터 제3차연도(2020년)까지 2년간 매년 35%씩 균등분할 변제하고, 10%는 제4차연도(2021년)부터 제5차연도(2022년)까지 2년간 매년 5%씩 균등분할 변제하며, 나머지 20%는

제6차연도(2023년)부터 제10차연도(2027년)까지 5년간 매년 4%씩 균등분할 변제합니다.

(나) 출자전환 대상 채권은 본 회생계획 제10장 제4절에 의하여 채무자 회사가 하는 신주발행의 효력발생일에 당해 회생채권의 변제에 갈음하여 소멸합니다.

(2) 개시 후 이자

개시 후 이자는 면제합니다.

다. 권리변경 후 채무자 회사가 변제해야 할 회생채권(상거래채권)은 다음과 같습니다.

(단위 : 원)

신고번호	목록번호	채권자명	시인된 총 채권액	권리변경 (출자전환 또는 면제)	권리변경 후 변제할 채권액			
					원금	개시전이자	개시후이자	계
채권1	채권62	(주)유영 (공동대표이사 ...)	11,830,478	5,205,410	5,259,134	1,365,934	-	6,625,068
채권2	채권18	(대표이사 ...)	11,000,000	4,840,000	6,160,000	-	-	6,160,000
채권6	채권41	(...)	10,340,000	4,549,600	5,790,400	-	-	5,790,400
채권9	채권58	(대표이사 ...)	115,897,608	50,994,948	64,902,660	-	-	64,902,660
채권10	채권31	(대표이사 ...)	8,800,000	3,872,000	4,928,000	-	-	4,928,000
채권14	채권50	(대표이사 ...)	5,500,000	2,420,000	3,080,000	-	-	3,080,000
채권16	채권60	(사내이사 ...)	117,830,000	51,845,200	65,984,800	-	-	65,984,800
채권17	채권34	(...)	49,500,000	21,780,000	27,720,000	-	-	27,720,000
채권18	채권35	(...)	29,500,000	12,980,000	16,520,000	-	-	16,520,000
채권22	채권16	(사내이사 ...)	12,500,000	5,500,000	7,000,000	-	-	7,000,000
채권28	채권12	(대표이사 ...)	52,930,000	23,289,200	29,640,800	-	-	29,640,800
채권29	채권11	(대표이사 ...)	14,080,000	6,195,200	7,884,800	-	-	7,884,800
채권31	채권68	(대표이사 ...)	66,000,000	29,040,000	36,960,000	-	-	36,960,000
채권32	채권28	(...)	4,400,000	1,936,000	2,464,000	-	-	2,464,000
채권35	채권52	(사내이사 ...)	172,120,737	75,733,124	96,387,613	-	-	96,387,613
채권39	채권17	(대표이사 ...)	61,512,500	27,065,500	34,447,000	-	-	34,447,000
채권42	채권48	(...)	4,400,000	1,936,000	2,464,000	-	-	2,464,000
채권43	채권22	(...)	5,500,000	2,420,000	3,080,000	-	-	3,080,000
	채권8	(주)...	4,400,000	1,936,000	2,464,000	-	-	2,464,000

(단위 : 원)

신고번호	목록번호	채권자명	시인된 총 채권액	권리변경 (출자전환 또는 면제)	권리변경 후 변제할 채권액			
					원금	개시전이자	개시후이자	계
	채권10	(대표이사 ○○○) (㈜○○○○○ (대표이사 ○○○)	39,766,420	17,497,225	22,269,195	-	-	22,269,195
	채권13	(㈜○○○ (대표이사 ○○○)	4,750,000	2,090,000	2,660,000	-	-	2,660,000
	채권14	(㈜○○○○ (대표이사 ○○○)	5,500,000	2,420,000	3,080,000	-	-	3,080,000
	채권19	○○○ (대표이사 ○○○)	6,600,000	2,904,000	3,696,000	-	-	3,696,000
	채권20	○○○ (○○○○○)	153,340,000	67,469,600	85,870,400	-	-	85,870,400
	채권21	○○○ (○○○○○)	20,000,000	8,800,000	11,200,000	-	-	11,200,000
	채권25	○○○ (○○○○)	52,170,000	22,954,800	29,215,200	-	-	29,215,200
	채권26	○○○ (○○○○○)	5,500,000	2,420,000	3,080,000	-	-	3,080,000
	채권27	○○○ (○○○)	40,700,000	17,908,000	22,792,000	-	-	22,792,000
	채권29	○○○ (○○○○)	72,040,000	31,697,600	40,342,400	-	-	40,342,400
	채권32	○○○ (○○○○)	10,450,000	4,598,000	5,852,000	-	-	5,852,000
	채권40	○○○ (○○○○)	5,060,000	2,226,400	2,833,600	-	-	2,833,600
	채권42	○○○ ○○○	39,050,000	17,182,000	21,868,000	-	-	21,868,000
	채권44	○○○ ○○○	21,900,000	9,636,000	12,264,000	-	-	12,264,000
	채권45	○○○ (○○○○○)	16,340,000	7,189,600	9,150,400	-	-	9,150,400
	채권46	○○○ (○○○○)	128,920,000	56,724,800	72,195,200	-	-	72,195,200
	채권47	○○○ (○○○○○)	42,460,000	18,682,400	23,777,600	-	-	23,777,600
	채권49	(㈜○○○○ (대표이사 ○○○)	5,500,000	2,420,000	3,080,000	-	-	3,080,000
	채권51	(㈜○○○ (대표이사 ○○○)	8,800,000	3,872,000	4,928,000	-	-	4,928,000
	채권53	(㈜○○○○ (대표이사 ○○○)	34,837,000	15,328,280	19,508,720	-	-	19,508,720
	채권55	(㈜○○○ (대표이사 ○○○)	37,601,574	16,544,693	21,056,881	-	-	21,056,881
	채권56	(㈜○○○○ (사내이사 ○○○)	190,647,678	83,884,978	106,762,700	-	-	106,762,700
	채권59	(㈜○○○○ (대표이사 ○○○)	11,220,000	4,936,800	6,283,200	-	-	6,283,200
	채권63	(㈜○○○ (대표이사 ○○○)	18,500,000	8,140,000	10,360,000	-	-	10,360,000
	채권64	(㈜○○○○ (대표이사 ○○○)	103,774,657	45,660,849	58,113,808	-	-	58,113,808
	채권65	(㈜○○○○ (대표이사 ○○○)	8,000,000	3,520,000	4,480,000	-	-	4,480,000
	채권67	(㈜○○○○ (대표이사 ○○○)	50,000,000	22,000,000	28,000,000	-	-	28,000,000
	채권69	(㈜○○○○ (대표이사 ○○○)	200,000,000	88,000,000	112,000,000	-	-	112,000,000
	채권70	○○○ (○○○○)	6,600,000	2,904,000	3,696,000	-	-	3,696,000

(단위 : 원)

신고번호	목록번호	채권자명	시인된 총 채권액	권리변경 (출자전환 또는 면제)	권리변경 후 변제할 채권액			
					원금	개시전이자	개시후이자	계
	채권71	(⋯)	20,460,000	9,002,400	11,457,600	-	-	11,457,600
	채권73	(⋯)	23,502,600	10,341,144	13,161,456	-	-	13,161,456
	채권74	(⋯)	58,670,000	25,814,800	32,855,200	-	-	32,855,200
	채권75	(⋯)	11,550,000	5,082,000	6,468,000	-	-	6,468,000
	합계		2,212,251,252	973,390,551	1,237,494,767	1,365,934	-	1,238,860,701

라. 회생채권(상거래채권)의 세부적인 권리변경 내역은 <별표3-4>과 같고, 원금 및 이자의 구체적인 연도별 변제계획은 <별표4-4>과 같습니다.

4. 회생채권(소액상거래채권)

가. 시인한 총 채권액의 내역

조사기간에 시인한 회생채권(소액상거래채권)과 그 이후의 변동내역은 다음과 같습니다.

(단위 : 원)

신고번호	목록번호	채권자명	조사기간에 시인된 채권액				변동액(+,-)	변동 후 시인된 총 채권액
			원금	개시전이자	개시후이자	계		
채권7	채권66	(⋯)	3,003,847	-	-	3,003,847	-	3,003,847
채권20	채권23	(⋯)	2,500,000	-	-	2,500,000	-	2,500,000
채권41	채권15	(⋯)	3,250,000	-	-	3,250,000	-	3,250,000
	채권9	(⋯)	270,000	-	-	270,000	-	270,000
	채권24	(⋯)	1,000,000	-	-	1,000,000	-	1,000,000
	채권30	(⋯)	3,000,000	-	-	3,000,000	-	3,000,000
	채권33	(⋯)	79,480	-	-	79,480	-	79,480
	채권36	(⋯)	2,700,000	-	-	2,700,000	-	2,700,000
	채권37	(⋯)	3,000,000	-	-	3,000,000	300,000	3,300,000
	채권38	(⋯)	3,318,140	-	-	3,318,140	-	3,318,140

(단위 : 원)

신고번호	목록번호	채권자명	조사기간에 시인된 채권액				변동액(+,-)	변동 후 시인된 총 채권액
			원금	개시전이자	개시후이자	계		
	채권39	(채○○원)	800,000	-	-	800,000	-	800,000
	채권43	(토○○런)	2,900,000	-	-	2,900,000	-	2,900,000
	채권54	(대표이사 ○○○)	1,000,000	-	-	1,000,000	-	1,000,000
	채권57	(대표이사 ○○○)	3,000,000	-	-	3,000,000	-	3,000,000
	채권61	(대표이사 ○○○)	1,160,500	-	-	1,160,500	-	1,160,500
	채권72	(○○○○○)	2,343,000	-	-	2,343,000	-	2,343,000
	채권76	(대표이사 ○○○)	475,662	-	-	475,662	285,396	761,058
	채권77	(대표이사 ○○○)	104,550	-	-	104,550	-	104,550
	채권78	(대표이사 ○○○)	383,870	-	-	383,870	-	383,870
	채권79	(사장 조환익)	47,008	-	-	47,008	-	47,008
합계			34,336,057	-	-	34,336,057	585,396	34,921,453

나. 권리변경 및 변제방법

(1) 원금 및 개시 전 이자

 (가) 원금 및 개시 전 이자의 44%는 출자전환하고, 56%는 현금으로 변제하되, 현금변제할 금액의 60%는 제1차연도(2018년)에 변제하고, 나머지 40%는 제2차연도(2019년)에 변제합니다.

 (나) 출자전환 대상 채권은 본 회생계획 제10장 제4절에 의하여 채무자 회사가 하는 신주발행의 효력발생일에 당해 회생채권의 변제에 갈음하여 소멸합니다.

(2) 개시 후 이자

개시 후 이자는 면제합니다.

다. 권리변경 후 채무자 회사가 변제해야 할 회생채권(소액상거래채권)은 다음과 같습니다.

(단위 : 원)

신고번호	목록번호	채권자명	시인된 총 채권액	권리변경 (출자전환 또는 면제)	권리변경 후 변제할 채권액			
					원금	개시전이자	개시후이자	계
채권7	채권66	(대표이사)	3,003,847	1,321,693	1,682,154	-	-	1,682,154
채권20	채권23	( )	2,500,000	1,100,000	1,400,000	-	-	1,400,000
채권41	채권15	(대표이사)	3,250,000	1,430,000	1,820,000	-	-	1,820,000
	채권9	(대표이사)	270,000	118,800	151,200	-	-	151,200
	채권24	( )	1,000,000	440,000	560,000	-	-	560,000
	채권30	(대표이사)	3,000,000	1,320,000	1,680,000	-	-	1,680,000
	채권33	( )	79,480	34,971	44,509	-	-	44,509
	채권36		2,700,000	1,188,000	1,512,000	-	-	1,512,000
	채권37	(사내이사)	3,300,000	1,452,000	1,848,000	-	-	1,848,000
	채권38	( )	3,318,140	1,459,982	1,858,158	-	-	1,858,158
	채권39	( )	800,000	352,000	448,000	-	-	448,000
	채권43	( )	2,900,000	1,276,000	1,624,000	-	-	1,624,000
	채권54	(대표이사)	1,000,000	440,000	560,000	-	-	560,000
	채권57	(대표이사)	3,000,000	1,320,000	1,680,000	-	-	1,680,000
	채권61	(대표이사)	1,160,500	510,620	649,880	-	-	649,880
	채권72	( )	2,343,000	1,030,920	1,312,080	-	-	1,312,080
	채권76	(대표이사)	761,058	334,866	426,192	-	-	426,192
	채권77	(대표이사)	104,550	46,002	58,548	-	-	58,548
	채권78	(대표이사)	383,870	168,903	214,967	-	-	214,967
	채권79	(사장)	47,008	20,684	26,324	-	-	26,324
	합계		34,921,453	15,365,441	19,556,012	-	-	19,556,012

라. 회생채권(소액상거래채권)의 세부적인 권리변경 내역은 <별표3-5>과 같고, 원금 및 이자의 구체

적인 연도별 변제계획은 <별표4-5>과 같습니다.

5. 회생채권(미발생구상채권)

가. 시인한 총 채권액의 내역

조사기간에 시인한 회생채권(미발생구상채권)과 그 이후의 변동내역은 다음과 같습니다.

(단위 : 원)

신고번호	목록번호	채권자명	조사기간에 시인된 채권액				변동액(+,-)	변동 후 시인된 총 채권액
			원금	개시전이자	개시후이자	계		
채권5	채권81	신용보증기금조합(이사장 ○○○의 직무대행자 ○○○)	848,061,076	-	-	848,061,076	-	848,061,076
채권15-2	채권82	서울보증보험㈜(대표이사 ○○○)	3,479,108,303	-	-	3,479,108,303	-	3,479,108,303
		합계	4,327,169,379	-	-	4,327,169,379	-	4,327,169,379

나. 권리의 변경 및 변제방법

(1) 대위변제금

 (가) 보증기관 등이 채무자 회사를 위하여 대위변제할 경우 대위변제금의 44%는 출자전환하고, 56%는 현금으로 변제하되, 현금변제할 금액의 70%는 제2차연도(2019년)부터 제3차연도(2020년)까지 2년간 매년 35%씩 균등분할 변제하고, 10%는 제4차연도(2021년)부터 제5차연도(2022년)까지 2년간 매년 5%씩 균등분할 변제하며, 나머지 20%는 제6차연도(2023년)부터 제10차연도(2027년)까지 5년간 매년 4%씩 균등분할 변제합니다. 단, 대위변제가 제3차연도(2020년) 이후에 이루어지는 경우 이미 변제기일이 경과된 금액은 그 후 최초로 도래하는 변제기일에 합산하여 변제합니다.

 (나) 출자전환 대상 채권액은 본 회생계획안 제10장 제4절에 의하여, 채무자 회사가 하는 신주발행의 효력발생일에 당해 회생채권의 변제에 갈음하여 소멸합니다.

(2) 개시 후 이자

개시 후 이자는 면제합니다.

다. 권리변경 후 채무자 회사가 변제해야 할 회생채권(미발생구상채권)은 다음과 같습니다.

(단위:원)

신고번호	목록번호	채권자명	시인된 총 채권액	권리변경 (출자전환 또는 면제)	권리변경 후 변제할 채권액			
					원금	개시전 이자	개시후 이자	계
채권5	채권81	(이사장 직무대행자)	848,061,076	미정	미정	미정	미정	미정
채권15-2	채권82	(대표이사)	3,479,108,303	미정	미정	미정	미정	미정
합계			4,327,169,379	미정	미정	미정	미정	미정

라. 회생채권(미발생구상채권)의 세부적인 권리변경 내역은 <별표3-6>과 같고, 원금 및 이자의 구체적인 연도별 변제계획은 <별표4-6>과 같습니다.

6. 회생채권(특수관계인채권)

가. 시인한 총 채권액의 내역

조사기간에 시인한 회생채권(특수관계인채권)과 그 이후의 변동내역은 다음과 같습니다.

(단위 : 원)

신고번호	목록번호	채권자명	조사기간에 시인된 채권액				변동액(+,-)	변동 후 시인된 총 채권액
			원금	개시전 이자	개시후 이자	계		
-	채권80		44,234,212	-	-	44,234,212	-	44,234,212
합계			44,234,212	-	-	44,234,212	-	44,234,212

나. 권리의 변경 및 변제방법

(1) 원금 및 개시 전 이자

(가) 원금 및 개시 전 이자 전액을 출자전환 합니다.

(나) 출자전환 대상 채권은 본 회생계획 제10장 제4절에 의하여 채무자 회사가 하는 신주발행의 효력발생일에 당해 회생채권의 변제에 갈음하여 소멸합니다.

(2) 개시 후 이자

개시 후 이자는 면제합니다.

다. 권리변경 후 채무자 회사가 변제해야 할 회생채권(특수관계인채권)은 다음과 같습니다.

(단위:원)

신고번호	목록번호	채권자명	시인된 총채권액	권리변경 (출자전환 또는 면제)	권리변경 후 변제할 채권액			
					원금	개시전이자	개시후이자	계
-	채권80	홍○○	44,234,212	44,234,212	-	-	-	-
합계			44,234,212	44,234,212	-	-	-	-

라. 회생채권(특수관계인채권)의 세부적인 권리변경 내역은 <별표3-7>과 같고, 원금 및 이자의 구체적인 연도별 변제계획은 <별표4-7>과 같습니다.

제 4 절 조세 등 채권의 권리변경과 변제방법

1. 조세 등 채권

가. 신고된 총 채권액의 내역

신고된 조세 등 채권과 그 이후의 변동내역은 다음과 같습니다.

(단위 : 원)

신고번호	목록번호	채권자	조사기간 내 신고된 채권액				변동액(+,-)	변동 후 신고된 총 채권액
			본세	가산금	중가산금	계		
조세1	조세3	국민건강보험공단	7,328,340	659,510	-	7,987,850	-	7,987,850
	조세1	강남세무서	996,090	-	-	996,090	57,178,450	58,174,540
	조세2	강남구청	168,190	-	-	168,190	1,067,350	1,235,540
합계			8,492,620	659,510	-	9,152,130	58,245,800	67,397,930

나. 권리변경 및 변제방법

 채무자 회생 및 파산에 관한 법률 제140조 제2항에 의하여 회생계획 인가결정일 이후 변제일까지 국세징수법 또는 국세징수의 예에 의한 징수 및 체납처분에 의한 재산의환가는 유예합니다. 채무자 회사는 회생계획 인가결정 전일까지 발생한 조세 등 채권의 가산금 및 중가산금을 포함한 금액을 100% 현금으로 변제하되, 현금 변제할 금액의 20%는 제1차연도(2018년)에 변제하며, 나머지 80%는 제2차연도(2019년)부터 제3차연도(2020년)까지 2년간 매년 40%씩 균등 분할하여 변제합니다. 단, 제3차연도(2020년)에는 인가결정일에 해당하는 날짜의 전일자에 변제합니다.

 다툼이 있는 경우에는 이의신청 또는 소송제기 등을 통하여 확정하는 것으로 합니다. 단, 법원의 허가를 얻어 조기에 변제할 수 있도록 합니다.

다. 권리변경 후 채무자 회사가 변제해야 할 조세 등 채권은 다음과 같습니다.

(단위 : 원)

신고번호	목록번호	채권자	변동 후 신고된 총 채권액	권리변경 (면제)				권리변경 후 변제할 채권액			
				본세	가산금	중가산금	계	본세	가산금	중가산금	계
조세1	조세3	국민건강보험공단	7,987,850	-	-	-	-	7,328,340	659,510	-	7,987,850
	조세1	강남세무서	58,174,540	-	-	-	-	47,355,790	1,420,640	9,398,110	58,174,540
	조세2	강남구청	1,235,540	-	-	-	-	1,199,580	35,960	-	1,235,540
합계			67,397,930	-	-	-	-	55,883,710	2,116,110	9,398,110	67,397,930

라. 조세 등 채권의 세부적인 권리변경 내역은 <별표3-8>과 같고, 본세, 가산금 및 중가산금의 구체적인 연도별 변제계획은 <별표4-8>와 같습니다.

제 5 절 신고되지 아니한 회생채권 등의 처리

 채무자 회생 및 파산에 관한 법률 제147조 내지 제156조에 따라 회생담보권자의 목록 및 회생채권자의 목록에 기재되지 않고 신고되지 아니한 회생담보권, 회생채권은 같은 법률 제251조에 의하여 그 권리가 소멸됩니다.

제 6 절 장래의 구상권의 처리

1. 회생절차개시결정 이후 채무자 회사를 위한 보증인, 물상보증인(담보목적물의 제3취득자를 포함한다), 기타 제3자가 자기의 출재로 인하여 회생담보권자 또는 회생채권자에게 변제한 경우에는 채무자 회사에 대하여 구상권을 취득합니다.

2. 다만, 구상권자는 채권자의 권리변경 전의 채권이 회생절차에 의하거나 회생절차에 의하지 아니하고 모두 소멸된 경우에 한하여 자기의 구상권을 행사할 수 있으며, 채무자 회사는 이 회생계획에 의하여 변제하여야 할 회생담보권 또는 회생채권의 잔액 범위 내에서 구상권자들의 구상권 비율에 따라 변제합니다.

제 7 절 부인권 행사로 부활될 회생담보권 및 회생채권의 처리

1. 신고기간 만료 후 관리인이 부인의 소 또는 부인의 청구를 제기하여 그에 관한 재판이 확정된 후 1개월 내에 상대방이 신고를 추후 보완하고 그 상대방이 받은 이행을 반환하거나 그 가액을 상환한 경우, 그 추후 보완된 신고가 시인되거나 그에 관한 채권조사확정재판 등이 확정되면 그 권리의 성질 및 내용에 비추어 가장 유사한 회생담보권 또는 회생채권의 권리변경 및 변제방법을 적용합니다.
2. 위 1항에 따라 권리변경 및 변제방법을 적용하는 것에 관하여 다툼이 있는 경우에는 관리인의 신청에 의하여 법원이 이를 결정합니다.

제 8 절 미확정 회생담보권 및 회생채권의 처리

1. 미확정 회생담보권, 회생채권의 내역

가. 회생담보권자, 회생채권자의 목록에 기재된 채권, 신고기간 내에 신고된 회생담보권, 회생채권

으로서 조사기간 내에 이의가 제기된 채권 중에서 채권조사확정재판이 제기되어 회생채권 등의 확정소송이 진행되고 있는 것은 회생계획안 제출일 현재 다음과 같습니다.

(단위 : 원)

구분	신고번호	목록번호	채권자	조사확정 신청금액	법원	사건번호	비고
1	채권28	채권12	(주)○○○○○ (대표이사 ○○○)	69,595,000	서울회생법원	2017회확○○○	
2	채권12	-	(주)○○○ (대표이사 ○○○)	9,372,000	서울회생법원	2017회확○○○	
3	채권26	-	(주)○○○○ (대표이사 ○○○)	12,000,000	서울회생법원	2017회확○○○	
4	채권31	채권68	(주)○○○○ (대표이사 ○○○)	136,477,000	서울회생법원	2017회확○○○	
5	채권33	-	(주)○○○○ (사내이사 ○○○)	25,074,940	서울회생법원	2017회확○○○	

나. 회생계획안 제출일 현재 채무자 회사가 피고로 계속중인 소송사건은 다음과 같습니다.

(단위 : 원)

구분	신고 번호	목록 번호	거래상대방(원고)	소송금액	법원	사건번호
1	채권3	-	(사내이사 ○○○)	5,689,380	대전지방법원	2017 가소 ○○○○○ 물품대금
2	채권16	채권60	(주)○○○○○○ (사내이사 ○○○)	156,718,181	서울중앙지방법원	2017 가단 ○○○○○○ 공사대금
3	채권17	채권34	(주)○○○○○	85,927,273	서울중앙지방법원	2017 가단 ○○○○○○ 공사대금
4	채권18	채권35	(주)○○○○ (○○○○○○)	60,118,182	서울중앙지방법원	2017 가단 ○○○○○○ 공사대금
5	채권25	-	(주)○○○○○	44,845,300	서울남부지방법원	2017 가단 ○○○○ 물품대금
6	추완 채권1	-	○○○	16,782,083	수원지방법원 안산지원	2017 가단 ○○○○○ 용역비
7	추완 채권2	-	○○○	5,085,479	수원지방법원 안산지원	2017 가단 ○○○○○ 용역비
8	추완 채권3	-	○○○	46,379,572	수원지방법원 안산지원	2017 가단 ○○○○○ 용역비
9	추완 채권10	-	○○○	12,604,130	충주지방법원 청주지원	2017 가소 ○○○○○ 식대

2. 미확정 회생담보권 및 회생채권의 권리변경과 변제방법

가. 조사확정재판이나 이의의 소, 기타 소송에 의하여 회생담보권 및 회생채권으로 확정되었을 경우

에는 그 권리의 성질 및 내용에 비추어 가장 유사한 회생담보권 또는 회생채권의 권리변경과 변제방법에 따라 변제합니다.

나. 위 가.항에 따라 가장 유사한 권리변경 및 변제방법을 적용하는 것에 다툼이 있는 경우에는 관리인의 신청에 의하여 법원이 이를 결정합니다.

다. 회생담보권 및 회생채권 조사확정재판이나 확정소송에 의하는 채권 이외에 미확정채권이 회생담보권 및 회생채권으로 확정되는 경우에는 위 가., 나.항에 따라 권리변경 및 변제방법을 정합니다.

제 4 장

공익채권의 변제방법

제 4 장 공익채권의 변제방법

회생계획 작성일 현재 미지급 공익채권 및 이후 발생하는 공익채권은 회생절차 종료 시까지 영업수익금과 기타의 재원으로 법원의 허가를 받아 수시로 변제하며, 회생계획 작성일 현재 미지급 공익채권의 내역은 다음과 같습니다.

(단위 : 원)

구분	금액	비고
미지급급여(일용직)	92,788,581	제1차연도(2018년) 변제
조세채권(부가가치세 2017년 2기분)	136,001,393	
합 계	228,789,974	

제 5 장

변제자금의 조달방법

제 5 장 변제자금의 조달방법

제 1 절 영업수익금

변제자금은 영업수익금으로 충당함을 원칙으로 합니다.

제 2 절 보유자산의 처분

영업수익금과 별도로 법원의 허가를 받아 보유자산(비영업용 부동산 등)을 매각할 경우에는 이 회생계획에 따라 처분하여 변제자금 등으로 사용합니다.

제 3 절 차입금 등

영업수익금 및 자산의 매각대금이 변제자금의 충당에 부족할 때에는 법원의 허가를 받아 금융기관 등으로부터 차입하여 이를 변제자금으로 사용할 수 있습니다.

제 4 절 기타 수익금

기타 수시로 발생하는 수익금은 법원의 허가를 받아 변제자금으로 사용 할 수 있습니다.

제 6 장

자구노력의 추진

제 6 장 자구노력의 추진

 채무자 회사는 원가절감 및 수익률 제고 등 경영개선 노력과 함께 이 회생계획이 정하는 절차에 따라 법원의 허가를 받아 비업무용 자산의 조기환가를 실현하여 회생담보권 및 회생채권의 변제자금, 공익채권의 변제자금 및 운영자금으로 사용함으로써 회생계획이 원활히 수행될 수 있도록 최선의 노력을 다하겠습니다.

제 1 절 자산의 조기매각 및 회수

 채무자가 보유중인 비업무용 자산을 조기에 매각하여 회생담보권 및 회생채권 변제자금으로 사용하겠습니다.

제 2 절 현금유동성 중시의 경영

 인력 구조조정을 통하여 인적 자원의 효율성을 제고하고, 불요불급한 경비의 사용을 억제하여 재무구조 개선에 최선을 다하고, 현금흐름 중시의 경영체제 확립과 원가절감을 통한 수익의 극대화, 연도별 매출목표 달성을 주요 추진사항으로 하여 노력하겠습니다.

제 3 절 투명하고 공개적인 기업경영

 관리인을 비롯한 채무자의 전 임직원은 회사의 정상화를 위해 투명하고 공개적인 윤리경영 체제를 확립하여 협력업체, 금융권 및 관계당국으로부터 신뢰를 받는 기업이 되도록 최선의 노력을 다하겠습니다.

제 7 장

예상 수익금 과부족 시 처리 방법

제 7 장 예상 수익금 과부족 시 처리 방법

제 1 절 예상수익금의 초과 시 처리방법

1. 예상수익금을 초과하는 영업수익금 또는 자산매각대금이 발생한 때에는 법원의 허가를 받아 공익채권의 변제, 운전자금의 사용, 회생담보권 및 회생채권의 변제 등으로 사용합니다.

2. 조세채권을 제외한 회생담보권 및 회생채권을 조기에 변제할 경우, 법원의 허가를 받아 해당 채권에 대하여 연 3.64%의 할인율을 적용하여 채권액을 변제합니다.

제 2 절 예상수익금의 부족 시 처리방법

예상수익금의 부족으로 이 회생계획의 변제금액을 전액 변제할 수 없을 때에는 다음의 순서에 따라 변제합니다.

1. 우선 회생담보권의 원금, 회생채권의 원금 순으로 당해 연도의 변제예정 금액에 비례하여 변제합니다.

2. 나머지가 있을 경우에는 회생담보권의 개시 전 이자, 회생채권의 개시 전 이자, 회생담보권의 개시 후 이자, 회생채권의 개시 후 이자, 회생담보권의 연체이자, 회생채권의 연체이자 순으로 당해 연도 변제예정금액에 비례하여 변제합니다.

3. 당해 연도의 변제예정금액 중 미변제분은 다음 연도에 우선하여 변제합니다.

제 8 장

분쟁 해결의 방법

제 8 장 분쟁 해결의 방법

　관리인이 회생절차 진행 중 채무자 회사에게 속하는 권리로서 분쟁이 발생하여 화해, 조정의 수락 또는 소송 수행에 필요한 의사결정을 함에 있어서는 법원의 허가를 받아 이를 시행합니다.

제 9 장

M&A의 추진 및 회사의 분할

제 9 장 M&A의 추진

제 1 절 M&A의 추진

1. 관리인은 회생계획 인가 후 회생계획의 수행이 불확실하다고 인정되는 경우, 채무자 회사의 경영정상화 및 채무변제의 극대화를 위하여 법원의 허가를 받아 채무자 회사에 대한 제3자 매각, 영업양도 등 적절한 방식의 M&A를 적극적으로 추진하여야 합니다.

2. 관리인 및 이해관계인은 필요한 경우 채무자 회생 및 파산에 관한 법률 제282조에 따라 회생계획의 변경을 신청할 수 있습니다.

제 2 절 회사의 분할

1. 분할의 목적

채무자회사는 회생절차의 신속한 종결과 부인권 소송 등의 계속을 위하여 법원의 허가를 받아 채무자 회생 및 파산에 관한 법률 제212조에 따라 회사를 분할하여 "분할신설회사"를 설립할 수 있습니다. 회사 분할 후 존속하는 회사를 "분할존속회사"라 하며 분할존속회사는 분할 이후 회생절차의 종결절차를 밟아 정상적으로 사업을 영위하고, 분할신설회사는 회생절차에 남아 부인권 소송 등을 계속 수행한 후 소송결과에 따른 권리, 의무를 분할존속회사에 이전하는 것으로 합니다.

2. 분할의 방법

채무자 회생 및 파산에 관한 법률 제212조에 의하여 부인권 소송 등과 관련된 자산, 부채 및 계약 일체 등과 소송비용 등의 지급을 위한 현금 일정액 등을 분할신설회사에 이전하고, 분할신설회사의 발행주식 전부를 분할존속회사가 인수함으로써 분할신설회사를 신설합니다. 분할기준일과 분할 등기일 등은 관련 법률에 따라 법원의 허가를 받아 결정합니다.

제 10 장

주주의 권리변경과 신주의 발행

제 10 장 주주의 권리변경과 신주의 발행

제 1 절 주주의 권리 제한

1. 회생절차가 종료될 때까지 주주에 대하여 이익배당을 하지 아니합니다.
2. 이 회생계획에 특별히 정함이 없는 한 채무자 회사는 회생절차 진행 중에 법원의 허가를 받아 주주총회를 개최할 수 있습니다. 주주는 법원의 허가 없이 개최된 주주총회에서 의결권을 행사할 수 없습니다.

제 2 절 신주의 발행

채무자 회사는 법원의 허가를 받아 다음과 같이 신주를 발행할 수 있습니다.

1. 주식의 종류 : 기명식 보통주
2. 1주의 액면가 : 5,000원
3. 채무자 회사는 수권 자본금 범위 내에서 관리인이 법원의 허가를 받아 수차례에 걸쳐 발행할 수 있습니다.
4. 신주를 발행하고자 하는 경우에 관리인은 정관에 정한 발행예정 주식총수의 범위 내 에서 발행할 주식 수, 신주를 인수할 자, 배정방법, 발행가액, 납입기일, 단주 및 실권주의 처리, 기타 신주 발행에 관한 사무절차에 관하여 법원의 허가를 얻어 정합니다. 다만, 회생절차 종결 이후에는 상법에 따라 처리합니다.(이하 같습니다).
5. 신주발행의 효력은 신주 납입금 납입기일의 다음 영업일부터 발생합니다.

제 3 절 자본의 감소

1. 주식병합에 의한 자본의 감소(주식의 1차 병합)

가. 주식병합의 방법

이 회생계획 인가 전에 발행한 주식 80,000주에 대하여 액면가 5,000원의 보통주 2주를 액면가 5,000원의 보통주 1주로 병합 합니다. 단, 주식병합으로 인하여 발생되는 1주 미만의 단주는 관리인이 법원의 허가를 받아 무상 소각합니다.

나. 주권의 제출

병합되는 주권의 소지자는 이 회생계획 인가일로부터 1개월 이내에 해당 주권을 채무자 회사의 관리인에게 제출하여야 합니다.

다. 주식 병합의 효력 발생일

주식 병합에 따른 자본감소의 효력은 이 회생계획 인가일에 발생합니다.

2. 주식의 1차 병합 후 주식 수 및 자본금

(단위 : 주, 원)

구분		구주 병합 전			구주병합(2주→1주)			구주 병합 후		
		주식수	자본금	지분율	주식수	자본금	주식수	자본금	지분율
기존 주주	○○○	39,990	199,950,000	49.99%	19,995	99,975,000	19,995	99,975,000	49.99%
	○○○	2,610	13,050,000	3.26%	1,305	6,525,000	1,305	6,525,000	3.26%
	○○○	20,000	100,000,000	25.00%	10,000	50,000,000	10,000	50,000,000	25.00%
	○○○	2,400	12,000,000	3.00%	1,200	6,000,000	1,200	6,000,000	3.00%
	○○○	12,000	60,000,000	15.00%	6,000	30,000,000	6,000	30,000,000	15.00%
	○○○	3,000	15,000,000	3.75%	1,500	7,500,000	1,500	7,500,000	3.75%
기존주주 합계		80,000	400,000,000	100.00%	40,000	200,000,000	40,000	200,000,000	100.00%

제 4 절 출자전환에 따른 신주 발행

1. 이 회생계획의 권리변경에 따라 회생채권자가 주금을 신규로 납입하지 아니하고 회생채권액을 출자전환하는 경우, 관리인은 법원의 허가를 받아 다음과 같이 신주를 발행하고, 발행되는 신주의 효력발생일에 해당 회생채권의 변제에 갈음합니다. 이때 발생하는 1주 미만의 단주는 관리인

이 법원의 허가를 받아 무상 소각합니다.

신주를 배정받을 채권자가 신주발행을 위한 관련자료 등을 제출하지 아니하거나 기타 사유로 인하여 채무자 회사가 신주발행을 할 수 없는 경우 채무자 명의로 일괄 배정할 수 있습니다. 이 경우 채무자 회사는 신주를 발행할 수 없었던 사유가 해소된 이후에 해당 채권자에게 신주를 양도합니다.

2. 회생채권(대여금채권, 구상채권, 상거래채권, 소액상거래채권, 특수관계인채권)의 신주발행
   가. 주식의 종류: 기명식 보통주
   나. 1 주의 액면가: 5,000 원
   다. 1 주의 발행가: 5,000 원
   라. 발행할 주식수: 302,092 주
   마. 신주발행으로 증가하는 자본금의 액 : 1,510,460,000 원
   바. 신주발행으로 감소하게 되는 부채액 : 1,510,619,396 원
   사. 신주발행의 효력발생일 : '본 장 제3절 제1항'에 따른 주식병합에 의한 자본감소의 효력발생일 익일에 효력이 발생합니다.

3. 회생채권(미발생구상채권)의 신주발행
   가. 주식의 종류: 기명식 보통주
   나. 1 주의 액면가: 5,000 원
   다. 1 주의 발행가: 5,000 원
   라. 발행할 주식수: 미정
   마. 신주발행으로 증가하는 자본금의 액 : 미정
   바. 신주발행으로 감소하게 되는 부채액 : 미정
   사. 신주발행의 효력발생일 : 채무자 회사가 변제할 사유가 성립되어 해당 회생채권이 확정된 날이 속한 분기의 다음 분기 초일에 효력이 발생합니다.

4. 주식 병합 및 출자전환 후의 자본금 변동내역은 다음과 같습니다.

(단위 : 주,원)

구분		출자전환 전			출자전환		출자전환 후		
		주식수	자본금	지분율	주식수	자본금	주식수	자본금	지분율
기존주주	○○○	19,995	99,975,000	49.99%			19,995	99,975,000	5.84%
	○○○	1,305	6,525,000	3.26%			1,305	6,525,000	0.38%

(단위 : 주,원)

구분		출자전환 전			출자전환		출자전환 후		
		주식수	자본금	지분율	주식수	자본금	주식수	자본금	지분율
	○○○	10,000	50,000,000	25.00%			10,000	50,000,000	2.92%
	○○○	1,200	6,000,000	3.00%			1,200	6,000,000	0.35%
	○○○	6,000	30,000,000	15.00%			6,000	30,000,000	1.75%
	○○○	1,500	7,500,000	3.75%			1,500	7,500,000	0.44%
기존주주합계		40,000	200,000,000	100.00%			40,000	200,000,000	11.69%
출자전환	대여금채권				43,292	216,460,000	43,292	216,460,000	12.66%
	구상채권				52,229	261,145,000	52,229	261,145,000	15.27%
	상거래채권				194,659	973,295,000	194,659	973,295,000	56.90%
	소액상거래				3,066	15,330,000	3,066	15,330,000	0.90%
	미발생구상채권				미정	미정	미정	미정	미정
	특수관계인				8,846	44,230,000	8,846	44,230,000	2.59%
출자전환 합계					302,092	1,510,460,000	302,092	1,510,460,000	88.31%
총계		40,000	200,000,000	100.00%	302,092	1,510,460,000	342,092	1,710,460,000	100.00%

주1) 단주의 발생 등으로 자본금이 위와 다를 수 있습니다.
주2) 세부적인 주식병합 및 출자전환 후의 지분율 및 자본금은 <별표 5, 5-1>와 같습니다.

제 5 절 출자전환 후 자본의 감소(주식의 재병합)

1. 주식의 재병합 방법

구주의 주식병합 및 회생채권의 출자전환 후, 회사 자본금 규모의 적정화를 위하여 발행주식의 액면가 5,000원의 보통주 5주를 액면가 5,000원 보통주 1주로 재병합 합니다. 단, 주식 재병합으로 인하여 발생하는 1주 미만의 단주는 관리인이 법원의 허가를 받아 무상소각 합니다.

2. 주식의 재병합에 따른 자본감소의 효력발생일

출자전환에 따른 신주발행의 효력발생일 익일에 발생합니다.

제 6 절 주식 재병합 후 납입 자본금

1. 주식 재병합에 의한 자본의 감소 및 자본금 내역은 다음과 같습니다.

(단위 : 주,원)

구분		주식 재병합 전			주식 재병합에 따른 감소(5주→1주)		주식 재병합 후		
		주식수	자본금	지분율	주식수	자본금	주식수	자본금	지분율
기존주주	홍○○	19,995	99,975,000	5.84%	15,996	79,980,000	3,999	19,995,000	5.85%
	심○○	1,305	6,525,000	0.38%	1,044	5,220,000	261	1,305,000	0.38%
	홍○○	10,000	50,000,000	2.92%	8,000	40,000,000	2,000	10,000,000	2.92%
	홍○○	1,200	6,000,000	0.35%	960	4,800,000	240	1,200,000	0.35%
	김○○	6,000	30,000,000	1.75%	4,800	24,000,000	1,200	6,000,000	1.75%
	홍○○	1,500	7,500,000	0.44%	1,200	6,000,000	300	1,500,000	0.44%
기존주주 합계		40,000	200,000,000	11.69%	32,000	160,000,000	8,000	40,000,000	11.70%
출자전환	대여금채권	43,292	216,460,000	12.66%	34,637	173,185,000	8,655	43,275,000	12.66%
	구상채권	52,229	261,145,000	15.27%	41,784	208,920,000	10,445	52,225,000	15.27%
	상거래채권	194,659	973,295,000	56.90%	155,750	778,750,000	38,909	194,545,000	56.90%
	소액상거래	3,066	15,330,000	0.90%	2,461	12,305,000	605	3,025,000	0.88%
	미발생구상채권	미정	미정	미정	미정	미정	미정	미정	미정
	특수관계인	8,846	44,230,000	2.59%	7,077	35,385,000	1,769	8,845,000	2.59%
출자전환 합계		302,092	1,510,460,000	88.31%	241,709	1,208,545,000	60,383	301,915,000	88.30%
총계		342,092	1,710,460,000	100.00%	273,709	1,368,545,000	68,383	341,915,000	100.00%

2. 주식의 1차 병합, 출자전환, 주식재병합 후의 주식 수와 자본금의 액수는 본 장 제2절 내지 제5절에 따라 변동될 수 있으며, 단주의 처리로 인하여 자본금이 위와 일치하지 않을 경우에는 실제의 신주 발행 결과에 따릅니다.

제 11 장

사채의 발행

제 11 장 사채의 발행

　채무자 회사는 이 회생계획 인가결정일 이후부터 회생절차가 종료될 때까지 관련법규 및 채무자의 자금사정과 유가증권 발행시장의 형편에 따라 사채를 분할하여 발행할 수 있습니다. 다만, 사채의 발행규모와 발행 시기 및 발행방법 등 구체적인 사항은 관리인이 법원의 허가를 받아 처리하여야 합니다.

제 12 장

정관의 변경

제 12 장 정관의 변경

1. 이 회생계획 인가결정일로부터 회사의 정관을 다음과 같이 변경합니다.

구분	조항	변경 전	변경 후
회사가 발행할 주식의 총수	제5조(회사가 발행할 주식의 총수 및 각종 주식의 내용과 수)	본 회사가 발행할 주식의 총수는 보통주식 160,000주로 한다.	본 회사가 발행할 주식의 총수는 보통주식 500,000주로 한다.
신주인수권	제9조 (신주인수권)	① 이 회사의 주주는 신주발행에 있어서 그가 소유한 주식수에 비례하여 신주의 배정을 받을 권리를 가진다. ② 제1항의 규정에 불구하고 다음 각호의 경우에는 주주외의 자에게 신주를 배정할 수 있다. 1. 신기술의 도입, 재무구조의 개선, 연구개발, 생산, 판매자본제휴를 위하여 그 상대방에게 신주를 발행하는 경우. 2. 상법 제340조의2의 규정에 의하여 주식매수선택권의 행사로 인하여 신주를 발행하는 경우 3. 회사가 경영상 필요로 외국인투자촉진법에 의한 외국인투자를 위하여 신주를 발행하는 경우 4. 긴급한 자금의 조달을 위하여 국내외 금융기관 또는 기관투자자, 개인에게 신주를 발행하는 경우 5. 주권을 신규상장하거나 협회등록하기 위하여 신주를 모집하거나 인수인에게 인수하게 하는 경우 6. 우리사주조합원에게 주식을 우선 배정하는 경우 7. 근로자복지기본법에 의한 우리사주매수선택권의 행사로 신주를 발행하는 경우 ③ 주주가 신주인수권을 포기 또는 상실하거나 신주배정에서 단주가 발생하는 경우에 그 처리방법은 이사회의 결의로 정한다. 이사회가 구성되지 않는 경우 대표이사가 정한다. ④ 주주 이외의 자에게 신주를 배정하는 경우 납입기일 2주 전까지 다음 사항을 주주에게 통지하거나 공고하여야 한다. 1. 신주의 종류와 수 2. 신주의 발행가액과 납입기일 3. 무액면주식의 경우에는 신주의 발행가액 중 자본금으로 계상하는 금액	① 〈좌동〉 ② 〈좌동〉 1. - 7. 〈좌동〉 8. 긴급한 자금의 조달을 위하여 신주를 발행하는 경우 9. 회생담보권, 회생채권을 출자전환하여 신주를 발행하는 경우 10. M&A를 통한 재무구조개선을 위하여 유상신주를 발행하는 경우 ③ 〈좌동〉 ④ 〈좌동〉 ⑤ 〈좌동〉

구분	조항	변경 전	변경 후
		4. 신주의 인수방법 5. 현물출자를 하는 자의 성명과 그 목적인 재산의 종류, 수량, 가액과 이에대하여 부여할 주식의 종류와 수 5 제2항 각호중 어느 하나의 규정에 의해 신주를 발행할 경우 발행할 주식의 종류와 수 및 발행가격등은 이사회의 결의로 정하며, 이사회가 구성되지 않는 경우 주주총회의 결의로 정한다.	

2. 회생절차 진행 중 정관의 변경이 필요한 경우, 관리인은 법원의 허가를 받아 정관을 변경할 수 있습니다.

제 13 장

임원의 선임 및 해임

제 13 장 임원의 선임 및 해임

1. 채무자 회사의 현 대표이사, 이사는 회생계획의 인가에도 불구하고 전원 유임됩니다.

2. 유임되는 대표이사, 이사의 임기는 본 회생계획의 인가 이후 최초로 개최되는 주주총회의 결의에 의하여 후임 대표이사, 이사가 선임될 때까지로 합니다.

3. 위 2.항의 인가 이후 최초로 개최되는 주주총회는 회생계획 인가일로부터 50일 이내에 개최합니다. 위 기간은 법원의 허가를 받아 30일의 범위 내에서 연장할 수 있습니다.

4. 인가 이후 최초로 개최되는 주주총회의 결의에 의하여 대표이사, 이사를 선임하는 경우를 제외하고는, 채무자 회사의 이사는 매년 인가결정일이 속한 달에 개최되는 주주총회 결의에 의하여, 대표이사는 위 주주총회결의 후 지체 없이 개최되는 이사회 결의에 의하여 선임합니다. 다만, 채무자 회사가 회생절차 종료를 앞두고 필요한 경우에는 위 본문이 정한 기간이 도래하기 전이라도 주주총회 및 이사회를 개회하여 기존 대표이사, 이사를 해임하고 새로운 대표이사, 이사의 선임을 할 수 있습니다.

5. 위 2.항 및 4.항에 의하여 선임된 채무자 회사의 대표이사, 이사는 '채무자 회생 및 파산에 관한 법률' 제74조 제2항 제1호에서 정한 사유에 해당하지 아니하여야 합니다.

6. 위1.항에 의하여 유임된 대표이사에게 '채무자회생 및 파산에 관한 법률' 제2항 각호의 사유가 있다고 인정되는 경우 또는 위2.항 및 4.항의 방법에 의하여 선임된 대표이사가 위 5.항의 요건을 갖추지 못한 경우, 법원은 제3자를 관리인으로 선임하는 결정을 할 수 있습니다.

7. 법원이 위6.항에 의하여 제3자를 관리인으로 선임하는 경우, 그 관리인은 법원의 허가를 받아 기존 대표이사, 이사를 해임함과 아울러 새로운 대표이사, 이사를 선임할 수 있습니다.

8. 위 7.항에 의하여 선임된 대표이사, 이사의 임기는 1년으로 합니다.

9. 위 7.항에 의하여 선임된 대표이사, 이사의 보수는 관리인이 법원의 허가를 받아 정합니다.

10. 위 7.항에 의하여 선임된 대표이사, 이사의 임기 중 대표이사, 이사를 변경 또는 보충할 필요가 있는 경우, 관리인이 법원의 허가를 받아 대표이사 또는 이사를 선임하되, 이 경우 변경 또는 보충된 대표이사, 이사의 임기는 종전 대표이사, 이사의 잔여 임기까지로 합니다.

제 14 장

관리인의 보수

제 14 장 관리인의 보수

회생절차 진행 중에 주주총회는 대표이사, 이사의 보수를 정할 수 있습니다. 다만 주주총회에서의 보수 결정의 효력은 법원이 그에 관한 허가 또는 결정을 하는 때로부터 발생합니다.

제 15 장

운영자금의 조달방법

제 15 장 운영자금의 조달방법

채무자 회사의 운영자금 조달방법은 영업소득 중 수익금으로 충당합니다. 다만, 부득이한 경우에는 법원의 허가를 받아 금융기관 등으로부터 차입 및 기타 방법에 의하여 조달합니다.

제 16 장

회생절차의 종결

제 16 장 회생절차의 종결

1. 회생채권에 대한 변제가 완료되면 관리인은 지체 없이 회생절차 종결을 신청하여야 합니다.

2. 관리인은 「채무자 회생 및 파산에 관한 법률」 제283조(회생절차의 종결) 및 「서울회생법원 실무준칙」 제251호(회생절차의 조기종결)에 따라 에 정한 바에 따라 이 회생계획의 수행가능성과 관련하여 아래의 사항을 고려한 결과 회생계획의 수행에 지장이 없다고 인정되는 때에는 조기에 회생절차의 종결신청을 할 수 있습니다.

   가. 채무자가 회생계획에 따른 변제를 시작하였는지 여부
   나. 채무자의 총 자산이 총 부채를 안정적으로 초과하고 있는지 여부
   다. 제3자가 채무자를 인수하였거나 채무자의 매출실적이나 영업실적이 양호하여 회생계획 수행에 필요한 자금조달이 가능한지 여부
   라. 담보물이 처분되지 아니하였더라도 회생절차를 계속하는 것이 담보물 처분에 불리할 것인지 여부
   마. 회생절차를 종결하면 채무자의 영업이나 매출이 개선될 것으로 예상되는 등 회생계획 수행가능성이 높아지는지 여부

3. 회생절차를 조기에 종결하는 경우 채권자협의회는 채무자 회사의 회생계획 수행을 감독할 새로운 협의체를 구성할 수 있습니다. 새로이 구성되는 채권자 협의체의 구성과 운영 및 활동범위에 관하여는 채권자협의회와 관리인이 회생절차 종결 이전에 법원의 허가를 받아 협약을 체결하여 정하기로 합니다.

제 17 장

회생절차의 폐지신청

제 17 장 회생절차의 폐지신청

다음의 경우 관리인은 회생절차의 폐지신청을 하여야 합니다.

1. 채무자 회사가 회생계획에 따른 변제를 제대로 이행하지 못하고 있고, 앞으로도 변제의 지체가 계속될 것으로 예상되는 경우

2. 사업실적이 회생계획상 예견된 사업계획 수준에 비하여 현저히 미달하고 있고, 가까운 장래에 회복될 전망이 보이지 않는 경우

3. 회생계획에서 정한 자산매각 계획을 실현하지 못하여 향후 자금수급계획에 현저한 지장을 초래할 우려가 있는 경우

4. 공익채권이 과다하게 증가하여 향후 회생계획 수행에 지장을 초래할 우려가 있는 경우

5. 노사쟁의 기타 회사내부의 분규나 이해관계인의 불합리하고 과다한 간섭 등이 계속 되어 회사운영에 심각한 차질이 발생한 경우

제 18 장

기타사항

제 18 장 기타사항

1. 채무자 회사는 「서울회생법원 실무준칙」 제253호(외부감사인에 의한 회계감사)이 정하는 바에 따라 매년 외부감사인으로부터 회계감사를 받습니다.

2. 이 회생계획에 언급되지 않은 사항은 「채무자 회생 및 파산에 관한 법률」, 「채무자 회생 및 파산에 관한 법률 시행령」, 「채무자 회생 및 파산에 관한 규칙」 및 「서울회생법원 실무준칙」에 근거하여 법원의 허가를 받아 시행합니다.

3. 이 회생계획의 용어나 자구해석에 대하여 다툼이 있는 경우 서울회생법원의 해석에 따릅니다.

천 기 문

[약 력]
- 안동고등학교 졸업
- 성균관대학교 졸업
- 고려대 노사관계전문가 과정 수료(제11기)
- '19 서울시 노동이사 협의회 사무총장
- 신용보증재단중앙회 채권관리 강사(현)
- 서울 신용보증재단 재직 중

[저 서]
- 현장에서 通하는 사건유형별 채권관리실무

현장에서 通하는 채무자회생법 실무

2019년 12월 24일 발행
저　　자 : 천 기 문
발 행 인 : 이 인 규
발 행 처 : 도서출판 (주)학연
주　　소 : 서울시 관악구 호암로 602, 7층
전　　화 : 02-887-4203　　팩　스 : 02-6008-1800
출판등록 : 2012.02.06. 제2012-13호
홈페이지 : www.baracademy.co.kr/　e-mail : baracademy@naver.com

저자와 협의하여 인지를 생략함

정 가 : 27,000원　　ISBN : 979-11-5824-464-4(13360)

파본은 바꿔드립니다. 본서의 무단전제·복제 행위를 금합니다.

「이 도서의 국립중앙도서관 출판시도서목록(CIP)은 서지정보유통지원시스템 홈페이지(http://seoji.nl.go.kr)와 국가자료공동목록시스템(http://www.nl.go.kr/kolisnet)에서 이용하실 수 있습니다.(CIP 제어번호 : CIP2019051799)